21世紀の国際法秩序

ポスト・ウェストファリアへの展望

Law in an Emerging Global Village-A Post Westphalian Perspective

原著者　リチャード・フォーク
訳　者　川崎　孝子

東信堂

Richard Falk
LAW in an Emerging Global Village:A Post-Westphalian Perspective,
published by arrangement with Transnational Publishers, INC.
Japanese Translations rights arranged through The Sakai Agency

Published by Toshindo Publishing Co.Ltd., Tokyo
1-20-6, Mukougaoka, Bunkyo-ku, Tokyo, 113-0023, JAPAN

日本の読者の皆様へのメッセージ

私の著書、'Law in an Emerging Global Village―A Post Westphalian Perspective'が日本語に翻訳されることを深謝いたします。今、世界の政治において、私たちは、将来のグローバル・ガヴァナンスについて、緊急に諸々の文明の間で対話を進める必要に迫られています。この対話の重要な部分は、世界中の個人や市民団体が果たしている役割を探求するという試みです。日本の視点が特に重要な意味を有しているというのは、この国が、深い文化的アイデンティティをもちながら、しかも欧米とアジアの両国の様々な国々の情報源から影響を受けてきているからなのです。

私は世界の異なる地域の人々が、平和と正義に基づいた、世界秩序の未来像を作り始めることを希望しています。この地球という惑星の政治上の活動において、主権国家というのは、支配的であり続けるでしょうが、今は人類の幸福について国家主義者的に解釈することを乗り越えて、人類の連帯感を強める時です。地球温暖化の脅威は、世界の人々が運命を共にしており、諸政府は、気候変動の全体的影響から逃れることはできず、これまでに経験したことのない協力ということを学ばなければならないこと、そして効果的にこれを実行するには、市民社会の全面的参加が必要であるということを我々に、何よりも強く感じさせたのです。

私はそのような目標のために捧げられた本書が、特に、二一世紀の初めの今日、国際法の役割を深く評価するよう促してくれることを期待しています。もしも我々が世界経済を公正に、そして効果的に扱おうとするのなら、急激な変動に起因する社会的な弊害を避け、また世界の貧困を減らすと共に、現にある貧富の格差を是正して、経済成長の利益の公平な配分を保証する規制の枠組みを作り上げる必要があります。グローバル化は、現実のものですが、その社会的および経済的効果は、グローバルな公益のための管理に従うべきものです。

日本が、このための対話に関わることは特に重要です。日本は、安全保障の面では最良の非軍事的なモデルを世界に示しているからです。軍隊の役割を自国の防衛に限定し、軍事支出の上限を実質ＧＮＰの一パーセントにとどめるという日本の考え方を世界の他の国々が見習うことはたいへん有益なことです。現在、日本ではこれに変更を加えようとする多少の圧力はありますが、第二次世界大戦後ずっとこのような考え方が存在しているということは、他の国家に対して、戦争システムへの依存を最小限に抑え、あるいは、非軍事化の考えを実行に移す勇気をもつように励ます力となっています。

結局のところ、本書は、個々の市民の視点から真剣に、将来の国際法と国際秩序をとらえようとの誘いであります。本書は、極めてローカルなものからグローバルなものまで多様な帰属意識を基礎として、一つの政治的アイデンティティが生まれるよう働きかけることを意図しています。いくつかの章は、国連を正式に統制しているのは今なお国家であっても、世界経済や地球環境は、より複雑に参加者が入り組んでいることを示唆しているという、この時代の独自性を強調しています。グローバル・システムへの過渡期にある新世紀の今、国家体系の夜明けに、オランダの法学者フーゴ・グロチウスによって明瞭に表現されたものに匹敵するような新たな国際法像が必要とされていることを確信しています。法律的な視点からは、これは国際法から地球法への移行を意味しています。

この移行はまず、想像力を働かせて生まれるアイディアの中で行われる必要があります。それは、次第に様々な決定の場で影響力を発揮するようになるでしょう。世界の諸問題の性質を考慮すると、最終的に地球法は、歴史が展開する方向に沿った、必然的な成り行きであると考えられます。この移行の完成が早ければ早いほど、多くの人々はそれに伴う調整のための損失で受ける苦痛から免れることになるでしょう。換言すれば、私たちは皆、顕れてきた地球村の法について、建設的にまた創造的に考えるよう求められているのです。

リチャード・フォーク

二〇〇七年九月二〇日　カルフォルニア州、サンタバーバラにて

訳者解説

リチャード・フォーク（Falk, Richard A.）著、Law in an Emerging Global Village: A Post-Westphalian Perspective（一九九八年）の訳書は、二〇〇八年三月に訳者の監訳による「顕れてきた地球村の法」として上梓された。折悪しく年度末という大学の繁忙期と永年勤務した大学を退職するという私自身の人生の節目とが重なったために、極度の時間的制約の中で、校正上のミスを防ぐことができなかった。正誤表を作成していくうちに、訳文自体にも意に満たない箇所を見出し、全面的に訳出し直すことを決意した。

また表題について「21世紀の国際法秩序」と変更したのは以下の理由によるものである。「顕れてきた地球村の法」というのは原題に忠実な訳ではあったが、日本語としてはいささか違和感を覚え、原著の内容を適確に伝えていると は言い切れない憾みがあった。このたび新版として刊行するに至った次第である。

とは言え、本書を読む上で、Global Village（地球村）という術語を著者はなぜ用いたのかを確認しておくことがやはり必要であると思われる。この術語の起源はカナダの社会学者で、文明批評家であったマクルーハン（McLuhan, Herbert Marshall 1911-80）の造語である。彼はテレビなど、現代のメディアの発達により「村」と見立てられるほどに狭くなった地球社会の統合のあり方を重視したのである。ここではその言葉が借用されたと思われる。新自由主義を旗印に掲げて国家を凌駕するほどの市場勢力が台頭し、さらに地球上の住人全てが瞬時につながることの可能なコンピューターネットワーク社会が出現したことによって、この呼び名がさらにふさわしくなったと著者は判断したのである。「村」となった国際社会は、新たな規範の枠組みを作り出す必要に迫られている。これが著者の問題意識である。

国家のみが国際法を担う主体であるとされてきた従来のウェストファリア的思考にいつまでも安住してはいられない。十数年前アメリカで、広範な分野の学者グループが、とくに国連の名のもとで人道的介入をすることによってウェストファリア体制が変化したか否かの検討を要請され、その解答が「ウェストファリアは超えられたか。」（一九九五年刊）という本にまとめられた。いくつかの肯定論があったものの、学者達の合意は、国家から国連の水準へと権力の移動があったとは言えないとし、なお国家主権主義が世界秩序の基礎として続いていることを認めるものであった。他方湾岸戦争ではブッシュ大統領の「新世界秩序」が喧伝され、またフクヤマ、ハンチントン、カプランの言説が脚光を浴び、一時的に新たな世界秩序の現出を思わせた。しかしそれらはいずれも長続きしなかった。新世紀に入っても世界秩序の展望は貧弱である。アメリカのみならず、全世界でグロチウスの再来が待望される所以である。

「ウェストファリア後の国際法」と言っても、著者は国家の存在意義を軽視しているわけではない。彼は「国家は、国際的な活動の主要なアクターであるが、もはや規範の調整を図る主要な機関としては頼りにはならないことを認識しておかねばならない」と論じ、国家の能力の衰退を現実として認める。しかし、他方で環境保護をはじめとし、グローバル・コモンズの扱いを、利益優先の民間部門に任せていては、将来にわたりこれらを良好な状態に維持することはできないことも指摘している。現在の市場勢力はすでに経済のみならず政治的問題にまで影響力を行使し、政府の決定に深く関わり合っているが、この抗い難いと思われる状況を著者は上からのグローバル化（globalization from above）と呼び、これに対しては批判の目を向けている。著者は「グローバル化の有害な側面に対応するための、唯一の希望のもてる方法は、国家を信頼して、その国民の守り手としての役割を回復させることである」とも論じている。上からのグローバル化に対して、世界に法の支配を実現するため、市民たちが国境を超えて連携しようとする（トランスナショナルな）活動を下からのグローバル化（globalization from below）と呼んで、国家のみならず市民社会が国際法の形成と実施の過程に参入することの意義を高く評価する。言い換えれば、依然として国家でなければ果たせない領分があるけれども、加えて世界を動かしていく行動の主体に、国境を超えて活動する市民社会の力が認められるべきであるとするのである。

個人は国際法上主体性をもつのかという課題は従来から議論されてきたが、現在ではすでにそのコンセンサスが得られ、「限定的」ではあるが肯定されている。著者は国連機関が、ＩＣＪの勧告的意見を求めるに至った核兵器の合法性事件（一九九六年）や、これよりもはるかに影響力は小さいが対人地雷禁止条約の成立などの過程でＮＧＯが果たした役割にみられる、市民社会の力に「市民権」を付与しようと言うのである。

もちろん、異論のある向きも考えられる。例えば世界的な経済会議の開催毎に、反対するトランスナショナルな市民による暴力行為が引き起こされた。また調査捕鯨を行なう日本の船舶に対して、反捕鯨団体による度重なる実力行使がこれまでも見られた。今年初めて調査捕鯨が打ち切られるという事態に至ったのは、悪質な妨害行為から船員の生命を守るための止むを得ない措置であった。こうしてＩＷＣが認める加盟国の基本的権利は侵害されたのである。このようにすべての市民活動が望ましいものばかりとは言えない。国際的に活動するＮＧＯを野放しにせず、国連などと連携して客観的なチェックと評価のシステムを作る必要がある。また「選挙」というプロセスを経る国家経営にも共通する問題であるが、大衆迎合に陥りやすい面もあり、市民社会の規範形成やその実施に際して課題が多いことも事実である。著者自身、国境を越えた市民活動を高く評価する一方で、それらのもつ問題点を充分に認識している。

本書が上梓された一九九八年という年を振り返ってみると、冷戦終結がもはや一昔前の話となり、ソ連は解体し、軍事的にはアメリカが唯一のスーパー・パワーとして世界に君臨することが半ば約束されていた。しかしアメリカに対するテロは頻発する兆候を見せていた。イスラムの動向に対する欧米の不安が高まりつつあった、あの九・一一事件発生の三年前のことである。

九・一一以後、アフガニスタン侵攻とイラク戦争が引き起こされた。二〇〇八年九月、世界はアメリカ発、リーマン・ショック起源の歴史的な金融危機に陥った。翌年春には自動車産業の世界的シンボル、GMのよもやの経営破綻である。雇用不安、社会的格差の拡大と、新自由主義の影の部分が顕在化し、その様々の負の影響はまさに、グローバル化したのである。二〇一一年一月にチュニジアでベン・アリ政権が、二月にエジプトでムバラク政権が民衆革命によって打倒された。これらの事態は明らかにグローバル化の負の効果が要因となっている。両国は、IMFによる融資と引き替えに構造調査計画（SAP）を受託して、〈上からのグローバル化〉に邁進した。結果は、国民の多くを経済的に苦しめ、為政者とその一族は国営事業の民営化の過程で資産を私物化し蓄財に走った。民衆の忍耐も限界に達したのである。

著者は言う。「新自由主義をよしとする雰囲気の中にあっては、利潤をあげることを後生大事にする市場に、持続可能な開発のために多くのことを期待するのは馬鹿げている」。第十章の、グローバル化の功罪についての記述などは、今日の世界の状況を予言したかのように適確である。

七章、八章と二章にわたってICJの核兵器の使用・威嚇の合法性事件（一九九六年）が取り上げられ、その審議過程と勧告的意見が地球市民社会の法体系に与える影響が論じられる。この事案とは文脈を異にするが、日本では東京地方裁判所が「原爆投下は国際法に反する」と明言した一九六三年の原爆訴訟事件がある。著者はこれを原告の名前に因んで「シモダ・ケース」として英訳し、アメリカ国際法雑誌を通じて世界に紹介した。核兵器問題についての著者の思い入れには並々ならぬものがある。

二〇〇九年四月、プラハで米大統領オバマが核兵器国として初めてその道義的責任と核廃絶の決意を表明した。著者は本書の第七章ですでに、「重要なのは…核兵器国において、政治的指導者としての先見性のある個人が顕れることである」と書いている。かくて同年九月、国連安全保障理事会の首脳会議は、「核なき世界」を決議として採択するに至った。

著者はプリンストン大学アルバート・G・ミルバンク校の名誉教授であり、現在カリフォルニア大学サンタバーバラ校の客員教授を勤めている。また反核NGOの理事長としても活動している。学問的系統としては、本書の謝辞の中にも示されている、「数十年間にわたる導き手であり、最も厳しい論敵であった」故M・S・マクドゥーガル教授との結びつきが強く、一般的にはニューヘブン学派と目されている。しかし彼の考え方が同学派の地政学geopolitics重視の立場とは一線を画しているのは、本書のみならず他の著書においても明らかである。たとえば第九章において、同学派の考え方を紹介したすぐ後で、「私の考えでは、法が地政学に譲歩するということは……地球というこの惑星のために、人道に適った統治が行なわれる世界秩序を推進する上で、国際法の果たすであろう役割を損なうことになるのである」との批判がなされている。他方では、核兵器に無条件の反対論者であり、裁判官は立法せずという法律家の職分にこだわるウィーラマントリー元ＩＣＪ判事の理想主義者的姿勢に対する賛辞を惜しまないものの、「しかしながら私は、ウィーラマントリーの立場よりも、核兵器事件の勧告的意見において多数派によって採択されたものにより近い、国際法と地政学との間の関係を作り上げようとする法理の方向に賛成する」、とその立場を明らかにしている。国際法を地政学に譲歩させようとする現実主義者に強く抵抗を示す著者は、現実を直視することを避ける、夢見る人ではない。

二〇〇七年六月初めに、来日されたフォーク教授ご夫妻と国際法研究者との夕食会が催され、思いがけなくも出席する機会を得た。隣席のフォーク教授との会話は本訳書についてはもちろん、最近上梓された The Record of the Paper について、また目下執筆中のテーマが中東問題であることにまでも及んだ。御著書へのサインをお願いすると、〈私たちの初めての出会いを喜び、私の本を進んで翻訳してくださることを大変有り難く思います〉というメッセージも添えてくださった。その大切な蔵書も繰り返して読んだため今では再製本を必要とする状態になっている。

帰り際、「翻訳を頑張ってください」と励ましていただいた。「序文」をお願いしたのにもご快諾下さって本書を飾ることができた。印象深い著者との出会いに筆者の使命感は高まり、訳業に励みがついたことは言うまでもない。

新たな版を刊行するにあたり、種々の便宜を図ってくださった東信堂の社長、下田勝司氏にお礼を申し上げ、訳業に際しよき環境を作ってくれた夫、温にも感謝の意をささげたい。

川崎　孝子

二〇一一年二月

謝辞

数年間を費やして書かれた本にはありがちなことであるが、この本もある部分は友人や同僚たちと共同で書いたようなものであるし、またある部分は彼らとの継続的な対話によってできあがったものである。物の見方や価値観に深い親近感を覚えるような人たちよりも、むしろ対立している人々から、時にはより多くのことを学ぶことがあるというのは別に驚くべきことではない。しかし責任を分かち合うということで、骨の折れる学問上の仕事を、より値打ちのある、より満足の得られるものに仕上げることができるというのは、なおさら驚くに値しないことである。こう考えると、名前を挙げることはしないが、私は、論敵となった人々と、共に仕事をしてくれた人々の双方に対して、激励されたことに感謝したい。もっとも論敵の相手にしてみればこれは、彼らの意図では多分なかったかもしれないのであるが。

しかしながら、何人かの人々にははっきりしたお礼の言葉を申し上げたい。私は、ニューヘブン学派の国際法に深い親近感を抱き続けているが、まず最近亡くなられたその創始者であるマイレス・S・マクドゥーガル先生に対しては格別の思いがある。数十年間にわたって、マクドゥーガル先生は私の変わらぬ導き手であり、また最も厳しい論敵でもあった。明らかに彼と私との間にはある微妙な均衡が保たれていて、それでいて極めて満足のいくものであった。

私はまた、一九五〇年代後半に、ハーバード法科大学院での日々を共に過ごして以来の友人であり、共同研究者であるサウル・S・メンドロヴィッツにも言及したいと思う。彼は三〇年間にわたって、世界秩序モデル・プロジェクトの着想を得て、それを指揮してきた。自らが夢見た、戦争のない、衡平で、持続可能な世界秩序の実現をかなえることはできなかったが、国境を越えた共同研究というこのすばらしい仕事に、私たちは幸運にも参加でき、すばらしい学びの経験を得ることができた。不幸なことなのであるが、現実には私たちは、歩一歩と全く反対方向に進んでいて、暴力的で不公正な、環境を確実に破壊する世界秩序を形成しているのかもしれないのである。

私にとってもう一つの重要な知的形成のための繋がりは、「国際法と世界秩序」INTERNATIONAL LAW AND WORLD ORDER の三巻の刊行のための長期間続いた苦闘にかかわってくれた、バーンズ・ウェストン、アンソニー・ダマト、そして、ヒラリー・チャールスワースとのものであった。この企画は、バーンズが国際法の仕組みを探求する上で、そのあらゆる面に価値観を与えようという強い意識をもって始められたもので、学者たちが、彼らの時として異なった才能と、相対立する職業上の優先事項とを組み合わせて仕事をしようとする場合に起こってくる、避け難い緊張はあったものの、彼の感覚がこの仕事を導き、形作り、価値あるものにしたのである。

私の本拠により近いところでは、プリンストン大学の国際研究センターと、近年精力的に所長をつとめた、ヘンリー・ビーネン、ジョン・ウォーターベリー、およびミカエル・ドールの三氏に感謝したい。彼らは、国際的政治活動の多面的研究を目的とした、刺激的で効率的な研究共同体を作るために多大な貢献をした。さらに私の秘書のジューン・ガーソンは、実に二五年以上にわたり、有能ですばらしく、これ以上他の誰にも期待できないほど多くの仕事をしてくれた。

トランスナショナル・パブリッシャーのハイケ・フェントンや彼女の同僚と数年間、共に仕事ができたことは満足のいく経験であったことも申し上げたい。本書の原稿を扱うにあたって、彼らが有能で、友好的であったことに感謝したい。

最後に、より身近なところでは、私の最近の数年間が支障なく運んだのは、妻のヒラル・エルバー、そして、私たちのやんちゃではあるが、それでいてすばらしい私たちの子供たち、デミトリ、ノア、そしてゼイニップのおかげである。本書は私の妻に捧げるものである。

下記の過去に出版されたものの一部を使用することの許可が与えられたことを感謝したい。

" The Grotian Moment: Unfulfilled Promise, Harmless Fantasy, Missed Opportunity?" International Insights, vol. 13S' Special Issue（Fall 1997）, pp.3-34.

"The World Order between Inter-State Law and the Law of Humanity: The Role of Civil Soceity Institutions." In Daniele Archibugi and David Held, eds., Cosmopolitan Democracy. Cambridge, England: Polity Press, 1995, pp.163-179.

"The United Nations, the Rule of Law and Humanitarian Intervention, Reproduced from Mary Kaldor and Basker Vashee, eds., on behalf of the United Nations University, World Institute for Development Economics Research (UN/WIDER). Restructuring the Global Military Sector, Volume 1: New Wars. London and Washington:" Pinter, 1997, pp.108 – 133, by permission of Printer, an imprint of Cassell, Wellington House, 125 Strand, London WC2R 0BB, England.

"The Complexities of Humanitarian Intervention: A New World Order Challenge." Michigan Jounal of International Law, Vol.17, No.2（Winter 1996）, pp.491-513.

"Environmental Protection in an Era of Globalization." Yearbook of International Environmental Law, Vol.6（1996）, pp.3-25, by permission of Oxford University Press.

"A Peaceful Future for the Oceans?" In Elisabeth Mann Borgese, ed. Peace in the Oceans: Ocean Government and the Agenda for Peace, The Proceedings of Pacem in Maribus XXIII, Costa Rica, pp.3-7 December 1995, IOC Technical Series No. 47. Paris, France: UNESCO, 1997 (English), pp.45-51.

"Nuclear Weapons, International Law and the World Court: A Historic Encounter." The American Jounal of International Law, Vol. 91, No.1 (January 1997）, pp. 64-75. Reproduced with permission by the American Society of International Law.

"The Nuclear Weapons Advisory Opinion and the New Jurisprudence of Global Civil Society" Transnational Law and Contemporary Problems, Vol.7, No.2 (Fall 1997), pp. 333-352.

"The Coming Global Civilization: Neo-Liberal or Humanist? In Antony Anghie and Garry Sturgess, eds. Legal Visions of the 21st Century: Essays in Honour of Judge Christopher Weeramantry. The Hague, The Netherlands: Kluwer Law International, 1998 .

"The Quest for Humane Governance in an Era of Globalization." In Don Kalb, Marco van der Land, Richard Staring, Bart van Steenbergen, Nico Wilterdink, eds. Globalization, Inequality, and Differenace: Consequences of Transnational Flows. (1998).

リチャード・フォーク

はじめに

国際法の刷新のために書かれている本シリーズに所収された各巻は、目下関心の的になりつつある事柄（将来の世代、衡平の問題、テロリズム）に光を当てることと、その概念を明らかにすることが必要とされている根本的な変化を確認するという全体的な目的をもっている。本シリーズの第四巻は、後者に分類され、もはや主権的領域国家間の相互作用それのみに、有効に関連づけられているとは言い難い国際法の枠組みに焦点を当てている。また本書では、地球村という隠喩が用いられているが、これは世界の人々の関わり合いの中で、多くの最も重要な局面に付随するより高度な統合*というものをとらえてのことである。これについて本書の特別の主張は、序論で明らかにされるので、ここで重ねて述べることはしない。

この地球村論について、三つの要件を指摘して主張を明解なものにしたい。第一に国家は、地球規模の主要なアクターとして消滅しつつあるという意味の主張がなされているのではなく、他の主体が十分に重要性をもつようになってきているので、法の枠組みをこの現実を踏まえるように再整理しなければならないということである。第二に、グローバル化の達成度は、問題の領域により異なっていて、お金、アイディア、情報、物品の流れについては、安全保障あるいは移民の問題に関してよりもはるかに高いと言える。結局は、情報技術が広範に適用されるようになるにつれ、地球規模の市場勢力や資本市場が興隆してきたので、世界秩序を「ウェストファリア後の」ものと考えるのが、ともかくも道理に適っていると思えるようになったということである。第三は、グローバルであることを強調することは、この時期に最も革新的な新制度が地域的なレベルで、特にヨーロッパ連合という舞台で起こっている、とする見解に別に反対しているというわけではないということである。

今は調整と変革の時なので、人間社会の出来事において、法の任務を方向付けている実体や、周囲の状況に生じている大規模な変化を確認するために、また地平線上に垣間見えている［新しい］世界秩序の課題に立ち向う上で、さらに役に立つ方法を提案するためにも、革新的精神を育てることが特に大切であると思われる。このような観点に立ち、ウェストファリア的見地から少し離れてみることが、解決と安定をもたらす力としての、法の潜在的な能力のすべてを発揮させるための重要な一歩となる。そのような距離を置くことで、大量破壊兵器、大規模なテロ、国際犯罪、気候変動、知的財産権、植民地独立後の民族自決の要求などの、最近際立っている問題に対応するために、政治的想像力をより自由に働かせることができるのではないだろうか。とりわけ、概念上の距離を置くことによって、安全保障上の問題を解決するために、武力行使という、いっそうきわどい取り組みに駆り立てることになるかもしれない。この改革シリーズのこれから刊行される巻が、これらの問題や、類似の性格を有する他の問題のいくつかをとり上げ、我々が暴力によらない和解や紛争解決に自信と経験が得られるよう、助けとなってくれることを期待している。

もちろん、あらゆる形態の変革が歓迎されるべきものというわけではないことはつけ加えるまでもあるまい。その中には、国家のいくつかの権能が衰退しているということも含まれている。政府の役割に対する新自由主義の思想の衝撃的な影響力は、ビジネスや金融活動を規制するという国家の能力を弱めてしまった。そのような思想はまた、教

＊ここでは特に、人々の生活における、政治的、経済的、社会的、文化的な結びつきを指している。統合とは主に、国家が単位となっている体制から、EUの例のように、より高度の秩序へと移行する国家間の結びつきを意味していたが、それが国家間のみならず、人々のレベルで、国境を越えて（トランスナショナルに）進行しつつある現状をとらえ、それは不可避的に拡大し、かつ望ましいものでもある、というのが著者の考えであろう。それが以下に説かれている。

育、保健、貧困の縮小に関する事項を含めて、国家による公共財の提供をも弱体化させた。国家の衰退は、国連を支援するとか、あるいはグローバル・コモンズ*の保護のための寄付金のような、地球規模の公共財に関してはさらに明らかである。経済のグローバル化の革新的な性格は、人間の福利にとって良い面と悪い面を併せもつ結果、複雑な表れ方をしている。一九九七年中頃にアジア危機が出現するまでは、グローバル化が人類に及ぼす利益については、全般的に根拠のない幸福感で一杯であった。しかし今や、日本やロシアを含む多くの国での金融破綻と経済的混乱で、グローバル化とその結果生じた国家の能力低下に対し、懸念がますます高まってきている。

しかし、国家の役割に関する限り、皆同じ方向を向いているというわけではない。海洋についての重要な問題に対する改革の努力は、主に国家にこれまでよりも広い幅員の沿岸水域に対して権限を与えることに注がれてきた。「排他的経済水域」という革新的概念から発生してきたこの重要な権限の拡大は、国家実行の現実を反映していたのであるが、それだけでなく沿岸国による管理に代る他の方法をとってみても、混乱が生じ、加速度的に状況が悪化するだけであるという認識の結果でもあった。「海洋法条約」はウェストファリア的構造の中で起こった大きな動きであり、一五世紀以降において近代国家の興隆を支えてきた「絶対主権」というこれまでのイデオロギーの後継としての、「責任ある主権」とでも呼ぶのがふさわしい考え方を促進するものであった。すなわち革新的な精神は、国家体系を超えて示されるのと同様、国家体系の中においても明らかに示され得るのである。国家は、安全と人民の福利を維持するという点で、なお中心的な役割を取り戻すことがあるかもしれないが、その見解と方法において根本的な変化なくしてはできないことなのである。

私たちは、新しい世紀への入り口に立っていて、これは実に新しい千年紀の始まりではある。が、そのことを口実に大胆な想像をめぐらしていることはあまりにも明白である。政治的ムードが激変し、しかもその変化は全く矛盾する傾向があるので、現在の歴史的瞬間の意義を評価することは困難である。地球上に人が溢れ、それに伴って環境や資源の面で悩みは尽きることなく、悲観主義に近い深い憂慮のもととなっているが、トランスナショナルな種々の形の活動能力に応えられるような統治形態の確立が立ち遅れていることもまたその原因である。同時に自由に情報を入手したり、この惑星の隅から隅まで即時に接続できるということを含めて、驚異的な技術は、私たちの前にわずかに顕れ始めたばかりの多くの可能性への見通しを提供してくれている。今、主要国家間の戦略的闘争には歓迎すべき小休止が生じていて、国家と市民社会のレベルでの賢明な指導者たちとともに、もしかしたらあらゆる分野で活動中の政策決定者たちの関心を、地域的およびグローバルな、より長期的な問題に移すことが可能であるのかもしれない。私たちは西暦二〇〇〇年に近づいているのだが、現在が最も良い時代なのか、最も悪い時代なのかを言うのは難しい。

この改革シリーズが、法という観点から何らかの積極的な方向を指し示し、それによって当代の私たちが、幸運にも将来の世代の運命を羨むことができるくらいに創造的な調整が進むことを望んでいる。法律家という職業は、性格上、そのような機会を巧みにとらえることが不得手であり、過去がどうなっていたかを考えるのに多くの時間を費やして、それでほぼ満足してしまうところがあるように思われる。この改革シリーズ（の事業）が、法律実務家や法学者たちのこのような後ろ向きの眼差しに対抗し、また、やがてくる未来と繋がる恐れや期待に対して、なにがしかの努力を傾注するように学者たちを誘導してくれれば、というのが私たちの願いである。それができた時こそ、このシリーズの冒険的事業は成功したということになるであろう。この目標を達成するために、私たちは、この事業に対す

＊原語は global commons である。commons は、元来、公有地、あるいは共有地など具体的な実体のあるものに使われるから、公海、深海底、南極、宇宙空間などを指すと思えばよいであろう。もっと抽象的なものを含める時にはすぐ後に出てくる「公共財」public goods が使われている。

る考えや提案をおもちの方々に対し、遠慮なくご意見をお寄せいただきたいと願っている。

リチャード・フォーク

一九九八年九月一〇日　ニュージャージー州、プリンストンにて

目　次／21世紀の国際法秩序——ポスト・ウェストファリアへの展望

日本の読者の皆様へのメッセージ……iii
訳者解説……vi
謝辞……xii
はじめに……xvi
序　論　3

第Ⅰ部　新たな世界の枠組み……15

第一章　グロチウスの時——果たされていない約束なのか、無害な夢なのか、好機を逸したということなのか？……17

A. グロチウスの時という考え方　17
B. 今がグロチウスの時であるとされる三通りの説明　20
C. グロチウスの時についての二つの追加的説明　28
D. グロチウスのいないグロチウスの時はあるのだろうか　33
E. 新たな千年紀の始まりにおける展望のみすぼらしさ　38

F. グロチウスの再来としての候補となる法学者たち　39
G. 発想の転換と冷戦　41
H. グローバル化の時代にグロチウスの時の問題を再び述べる　44
I. グロチウスの時が来るのか、それとも規範の深い穴に踏み込むのか　52

第二章　世界秩序――国家間法と人道法の均衡を求めて　57
A. 今日の世界秩序の機能不全を概念化する　57
B. 人道法の強化――顕れてきた地球市民社会に対して緊急になすべきこと　64
C. 結　論　72

第Ⅱ部　現実の関心事　75

第三章　国連、法の支配、人道的介入　77
A. 探求の範囲　79
B. 考察の方向　86
C. 組織の枠組みとしての憲章　90
D. 社会契約を書き改める　98
E. 国際人道法との関わり合いを再考する　103

F. グローバル・ガヴァナンスの推進——国連の枠組みの中に潜在する法の活性化　109
G. 結　論　112
第四章　人道的介入の複雑性——新しい世界秩序への取り組み……125
A. 探求の枠組みの設定　125
B. 概念の曖昧さ　135
C. 窮地に立つ法律学　138
D. 人道的介入を人道に適ったものにするために　148
第五章　グローバル化の時代における環境保護……155
A. 仮説——新自由主義と環境保護への支援の縮小　155
B. 再考すべき二つのこと　162
C. 相応しい代替案　167
D. 結　論　181
第六章　海洋の平和な未来とは？……189

第七章　核兵器、国際法、そして世界法廷――歴史的な出会い……205
A．はじめに　205
B．共通する意見　207
C．決　定　211
D．評　価　221
E．結　論　225
第八章　核兵器に関する勧告的意見と地球市民社会の新しい法体系……229
A．地球市民社会と法律学との関連性　229
B．下からのグローバル化と頼みの綱の法律学　235
C．下からのグローバル化と法理論としての勧告的意見　244
D．最終的評価　248
第Ⅲ部　人道に適った統治へ向かって　257
第九章　来るべき地球文明――新自由主義か人道主義か……259
A．地球文明への法律的なアプローチ――啓蒙プロジェクトを完成させる　260
B．規範の普遍主義の前提条件を問う　266

C．国際法と地政学——この悪しき結合の持続　269
D．顕れてきた地球文明、この惑星の人道的統治、そして国際法の役割　276

第十章　グローバル化の時代における人道的統治の探究……283
A．グローバル化を考える——肯定的効果と否定的効果　283
B．グローバル化の挑戦に対応するために人道的統治のあり方を再構築する　295
C．結　論　302

事項索引　309
人名索引　305

21世紀の国際法秩序

序論

二〇世紀が終わりに近づき、ウェストファリアの講和が成立した一六四八年以後、ほぼ数世紀にわたって優勢であった国際法の基本的構造が、もはや探求の枠組みとして適切でなくなったというコンセンサスが広まりつつある。それでも、地球規模の問題に取り組んでいる法律の専門家は、政治の未来図を夢想しながらも、いまだに主権と領域概念による国家主義的なパラダイムを中心に組み立てられた現実主義の主流の風潮からはさほど離れられないでいる。

数年前、かなり広い分野にわたる著名な学者のグループが、ウェストファリア体制が変化したかどうかの検討を要請された。特に、国連の名のもとに国際社会として介入することで、ウェストファリア体制が変わってしまったのかどうかという検討を要請されたのである[1]。領域主権は数々の面で損なわれているという意見がいくつかあったものの、編集に携わった学者たちの合意は、国家から国連の水準へと権力の移動があったとは言えないというものであった。国連は、一貫して、その活動に対する領域主権者の反対を無視することはできなかったのである。

一九八九年にベルリンの壁が崩壊した後に、特にクウェートを侵略（一九九〇～九一）したイラクに対して厳しい反応で具体化した、国連の後援による集団安全保障の実現に酔い痴れた情況に対して、このような結論は安心できる解毒剤の役割を果たしているように思われる。この外見上国連安全保障理事会による集団的措置の実施ということで、ジョージ・ブッシュ大統領（第四一代）は大いに喜んで、第一次世界大戦後にウッドロー・ウイルソンが作ろうと夢見た類の新世界秩序が、ついに実現することになったのであると主張した。このような熱狂ぶりは短命に終わることになり、遡って考えれば、原理原則に基づいたものではなく、ご都合主義的なものであったことが明らかとなった。これを好機とみて、イラクに対して武力行使をすることに支持を集めようと考えたからであって、将来にわたり、国連にもっと頼ることにしようという、先を見据えた約束は一切含まれていなかったのである。また主要国の政府の側でも、国際の平和と安全に関連して、国連が役割を拡大するために必要となる能力を構造的に強化するというようなことを支持するつもりはなかった。

一九九三年の後半までに、ソマリアで行なわれていた平和維持の任務に深刻な困難が生じると、すぐに国連による人道的介入という方法は生やさしいものではないということが明らかとなった。このような認識は、さらに安全保障理事会の構成国が一九九四年以来、ルワンダで大規模に起こっている集団殺戮に対して、強力な対抗措置を取ることに乗り気でなかったことも相まってさらに明確になった[2]。この経験によって確認されたことは、複雑な人道的緊急事態に対し、博愛的な動機に基づいて効果的な対応をとろうとしても、組織化された国際社会には、その能力がないということであった。集団殺戮が起こったとしても、そのことへの対応が効果を発揮するかどうかは、主要な地政学的行動主体の戦略的計算と、それに対する市民の圧力が、どのように巧みに組み合わさって働くかにかかっているのである。冷戦の間にはそのような圧力があって、時には戦略的利益に逆らっても人道上の課題への対処を前向きに推し進めることができた。一九八〇年代、南アフリカのアパルトヘイト政策に対して、イギリスとアメリカの保守政権が、制裁を加えるのをしぶしぶ支持したのが、そのような事例である。

しかしこの問題は、ウェストファリア体制の世界秩序が現実に通用するかどうかの試金石とするには不適当であった。法の役割を考えるのに、ポスト・ウェストファリア派的なアプローチを求めるという最も強力な理由は、平和と安全の課題と結びついているというわけではない*。この課題の政策の背景において、国家間の戦争は重要ではなくなりつつあるように見えるとしても、国家の役割は大して小さくはなっていないのである。主要国は、武力行使の自由裁量に対する制約を受け入れたがらないでいる。この結論は、過去半世紀の国際実行に関する最近の総合的な調査の結果で確認されている[3]。戦争と平和の問題に関し、現代の世界秩序のあり方が評価される限りにおいては、従来の国際法の枠組みで十分であり、それが保持される必要があり、どのような国際法の革新であろうと、その内部のパラメーターの範囲内でのみ問題にされ続けるということになるであろう。

国家が基礎になっている体制がもう変更されてしまっているかどうかの検証として、リオンとマスタンデュノの国連への権限の移譲という基準を用いる、もう一つ別の問題がある**。国連はそれ自体が国家体系の産物である。国

*少し言い過ぎのようにも感じられる。本論に出てくるように、人道的干渉や核兵器の問題は、ポスト・ウェストファリア的な取り組みを必要とするアジェンダの中で、大きな役割を占めていて、平和と安全の問題に直結している。著者は力点を「最も強力な」理由というところに置いているのであろうか。

**以下の文献を参照せよ。Gene Lyons & Michael Mastanduno, eds. Beyond Westphalia? State Sovereignty and International Intervention, Johns Hopkins University Press,1995,p.261. リオンとマスタンデュノはこの論文の中で、国際的介入を正当化する論理を組み立てる方法を提示している。七段階に区分された正当化の論理は、(一)力は正義なり、(二)自己保存、(三)当事者政府の同意、(四)当事国における統治権力の崩壊、(五)国際共同体のコンセンサス、(六)普遍的価値や普遍的原理、(七)グローバルな統治権力、である。フォークはここでは介入の問題を直接考えているわけではないが、その前提となる国家の領域内での主権の資格の問題について、この物差しに準拠することに言及しているのである。その関連が論文の題名からも窺われる。

家のみが国連の構成員であり、国家は国連によって行なわれるたいていの活動に参加する完全な権利をもっているのである。

国連と比較すると、ヨーロッパ連合は、構造的変換を受け入れるのにより積極的であり、ポスト・モダン型の地域統治形態へと移行していると理解される。さらに最近結成されたアジア地域フォーラムでさえ、アジアの市民社会から発進する構想である「第二路線外交」が機能し得るような公式の場となっている。

私自身は、法律的な考え方としては、アンソニー・ダマトの研究により近い立場をとっていると認識している[4]。人権に関する義務の法的性格を説明する文脈において、ダマトは「主権のパラダイム」を批判しているが、それは私がこの論文で展開する「ウェストファリアの枠組み」に対する批判的議論にぴったりと重なっている。同様に、ダマトの提唱する「置き換えのパラダイム」は、国家間の法と個人間の法が、同時に効力をもつとする「ニュートラルのパラダイム」からなるが、現代が移行期にあるという特質を描写するのに役立つ方法である。それは、慎重に国家および国家間の関係は、（国家を補足して）個人が法の重要な主体として台頭してきたこと、あるいは地球市民社会の世界の秩序構造に対する影響力によって取って代わられている、という考え方を退けている。国家は、法規範を作り出し、かつそれを適用することはもちろん、様々な型の国際組織が有効に働くように、財源を流通させることで、重要な主体であり続けているのである。

本書では、世界秩序とは変転する舞台装置に類似したものととらえていて、「ウェストファリアを超えたか？」という問いに対して、国連とその加盟国との間の権限の配分や、国連がどの程度主権国家の権限に譲歩しているのかということについての研究結果よりも、ずっと肯定的な答えを出している。肝心なことは、経済のグローバル化に伴う様々な動向が急速かつ根本的に主権国家のオートノミーを崩し、企業、銀行や国際金融機関などといったグローバルな市場勢力を代表する行動主体に、重要な役割をますます与えつつあるということである[5]。たいていの政府や主な政党には、グローバルな資本による統制をかたくなに信奉することが国家レベルの統治の前提条件であると受けとられているのである。このように資本の論理を受け入れることで、政府は、国家と社会との関わり合いにおいて、脱政治化し、グローバルな場では、政府が著しく受動的となり、政策の主導権をＩＭＦや世界銀行といった機関に委ねる傾向が生じている。

国家がグローバルな公共財の守り手として、また自律的な行動主体として、無能化しているということが、冷戦の終結、複雑化した国際的な生活、そして惨めで極度の危険にさらされた数千万の人々を巻き込んだ長びく紛争や貧困があるにもかかわらず、国連が一九九〇年代の後半には弱体化した一半の理由となっている。このグローバルな政治および経済活動の市場化は、巨大な多国籍メディア帝国と結びついた、地球規模のメディアによって放映される消費主義の風潮によって強化され、さら自律形成系システム*の生育能力に信頼を置くインターネットの解放的な政治的文化によって強められた[6]。こうした傾向の直接の影響は、技術を導入して生産性を高め、比較優位の考え方を取り入れて貿易や為替の効率を改善して利益を追求することによって達成され得るもの以上に、人間の福利をレベルアップさせるようによく考えられた努力に水を差してしまうことである。このように事態が進行していくことによって、

＊原文は the viability of self-organizing system である。最近になって複雑系の議論が進み、生物などはその内在する自律性のために、極めて複雑な組織体であるにもかかわらず、非常に高度で秩序だった組織を、自分自身で作り上げることができるとされている。このようなシステムを自己組織体という。人間の社会、経済活動などもこのように、自然に自分自身で秩序が作り出されるのであるから、規制を行って内在する自由度を制限してはかえってその自然な発展の妨げになる、という思想がここから生まれてくる。あるいはこれが新自由主義の根底にあるのかとも思われる。

政府の能力や機能への影響が累加し、ますます政府は、グローバル化を増進させるための道具として働くようになってきている。民間企業の大物たちは毎年ダボスに集まって世界経済フォーラムを開催し、経済的な理由だけで世界の政策を立案し、今ではもう地政学的な問題も策定していて、大部分は毎年経済サミットに集まるG７の政治的指導者たちがしていることよりもずっと進んでいる。政治指導者たちは、実際上、ダボスの結論を追認し、実行するだけになっている。このような事態全体の行きつく先は、上からのグローバル化と累積的に結びついた一まとまりの勢力を強化することなのである[7]。

また、別の一連の勢力も存在していて、一般的には上述の勢力と拮抗していて、政治的目標を達成するために、国家を迂回して活動している。市民は、規範的な約束事と情報への接近に基づいて行動するトランスナショナルなネットワークの方が、国家レベルでの選挙による政治であるとか代表制民主主義よりもずっと有効に民主的に政治に参加することが可能で、より満足できる方式であるということを悟り始めている。市民エネルギーがそのように変わってきているということは、特に環境と人権の分野において顕著であるが、平和と安全に関しても、またマクロ経済政策の分野でもますますそうなっている。対人地雷禁止条約は一九九七年末に、一二〇以上の国々により調印され、適切に「人民の条約」と呼ばれており、その主要な組織者であるジョディ・ウイリアムスとＮＧＯ連合（地雷禁止キャンペーン）は、その禁止目標に向かって草の根的に努力した、深い感銘を与える貢献を認められてノーベル平和賞を受けた。

同じく世界のすべての地域を代表する七〇〇以上のＮＧＯの連合である「世界法廷計画」は、一九九〇年代にキャンペーンを繰り広げて、ついにはＷＨＯの総会と国連総会において、核兵器の法的地位について国際司法裁判所に勧告的意見を求めるという決議案を通過させるところまで事態を動かした。これらの要求が世界の地政学的主体、すなわち核兵器を保有する五ヵ国の政策に挑戦したものであるということが最も注目される点である。そして（国際司法）裁判所は本来、国家主義的な性格や厳密な実証主義的な法律解釈の傾向をもっているにもかかわらず、非常に重要な決定を多数決によって下し、一般的に言えば核兵器廃絶の国際的な願いに応えたのである[8]。

この規範を重視する性格をもつ奮闘の積み重ねを、本書では第二章で、「下からのグローバル化」と呼んでいる。国家の領域性と有形性というものが、ウェストファリア以後の最初の三〇〇年かそこらに比べて、今やはるかに小さな意味しかもたないように見える、この新興のグローバルという情況において、これらの奮闘は、国家の役割を決定づける世論の風潮に対して、その度合いは様々であるが挑戦することである。空間に閉じ込められない性格をもつお金と情報は、自由に動きまわるものだが、領域主権のもつ規律を維持するという役割と、国家間でどのように権限が配分されるのかを決める根拠としてのその有用性とを着実に削り取っている。このように領域性が崩れてきているということは（時間についても、遅れず行動するということこれまでの考え方も同じく損なわれてきていることもあるが）、結果的に、国籍とか国民意識といった国家主義的な考え方が問われることでもある。ある意味では、世界秩序の概念を作り直そうというこの動向の中心となる課題は、「グローバル化の時代においては、どうすれば良き公民たれるか」ということなのである。ある程度ではあるが、分かりきった答えは、忠誠心であるとか帰属意識の感覚が（一つの「国」にだけ、ではなくて）、いくつもの重なり合った政治的枠組みないしは帰属集団に分配されるような、「重層的な」「入り組んだ」公民への変化である。もっと言えば、地球村の住民はこの過渡期において、否応なしに、よりよい未来を目指す、巡礼の途にある公民なのである。そのような公民が存在すると、国籍を決めるのに地理的な枠組みを用いないで、空間の代わりに世界秩序についての価値観や時間の止揚された感覚の枠組みをもってするのであろう。そのような考え方が今、政治や法律がどのようになっていくであろうかと夢想する人の心をとらえつつある。しかしこれは結局のところポスト・ウェストファリアの世界の初期の段階への動きのほんの一部に過ぎない。

本書は、法の役割は変化していくものという観点に立ち、今顕れてこようとしている現実を様々な面において探求するものである。最優先の問題は次のような挑発的な質問の形で提起される。「地球村ということになれば、法の性格と機能は新たにどのようにとらえなおさなければならないのであろうか」と。このような問いが出てくるのは、ウェストファリア後の世界秩序の、この始まりの時期の特徴としての法を理解し、発展させていく方法というものに全面的に専念するためである。「地球村の法」と呼ぶことによって一般化しようとする努力が、国際法に関わる限りでは、私たちが考え方の枠組みを、まだ不慣れなポスト・ウェストファリアの世界の特徴に合わせるようにしなければならないという、最も重要な事実を示していて、極めて暫定的な術語となっているのである。このように考えると、国家の状況については問題が多いということになる。国家は、法的な義務の形成と立法の唯一の源泉にして中心であるというよりはむしろ、いくつかのカテゴリーに分けられる国際的なアクターの中で最も重要なものの一つ、ということになっているのである。

「ウェストファリア後の世界」という言葉を使うと、そこからある重要な曖昧さが生まれてくる。その言葉は、国家がグローバルな行動主体として飛びぬけて重要であり続けていることに疑問を投げかけているのではなくて、国家は、今や、地球市民社会と地域的な組織の枠組みとの両方を代表する様々なアクターたちと活動の場を共有しなければならないということを認めているのである。このように変貌したグローバルな現実との関連において「法の概念」をいかに展開させるのかが、本書全体に横たわる問いなのである。

これらの状況の下で「法」を概念としてとらえる作業は、それ自体扱い難い面を持った学問的挑戦である。「国際法」の代わりに「地球法」であるとか、「地球公序」であるとか、「人道法」と言って済ませるのは行き過ぎで、これでは国家は、その規範的役割に関して、地球社会においては、もはや法の登場する場を表すものではないことになってしまう。とても満足とは言えないのであるが、おそらく一番よい答えは、「国際法」を、基礎的な用語として手放さないことである。国際法という呼称が、よく調べると常にある程度間違った呼び方であった、あるいは少なくとも混乱を引き起しやすかったという事実は、思いがけなくも有用なのである。結局のところ、ウェストファリア体制の単位は、（国家が「国籍」を付与し、民族的同一性と国家に対する忠誠心とを綯い交ぜにすることを求めた形式的な意味を除いては）国家であって、民族ではなかった*。国際法（International Law）は、その真の意味において、これまで決してInternationalな法であったことはなかったのである。

それゆえグローバルな場において、あらゆる種類のアクターたちを含めるように国際法の範囲を今拡げることは、歪めるというより、むしろ意味の調整をはかっているのである。また、焦点となる国際法は規範、社会的期待、決定および実施の手続といったものを結びつける法の概念を形成するのにも役立つのである。いずれにしても、以下に続く様々な章では、厳密に国家主義的な意味での法が、個別の文明の伝統に由来する政治的意図を表すのはもちろんであるが、現在、市民社会の異なった部門を代表する、多様な他の法主体と、我々の法律学的関心を分かち合わなければならないという、この考え方を中心に多面的に展開していくことになる[9]。

本書は、基本的な道筋を三部に分けて構成している。第I部では、今が、過去、現在、未来の国際法を革新的に総合する潮時なのか、つまり「グロチウスの時」なのかどうかという観点から、現在趨勢となっている歴史的状況を考

＊原文は、'the units of the Westpharian system were states, not nations' である。state と nation が使い分けられている。日本語では、文脈により、あるいは人により、訳語は必ずしも一貫していない。nation は国家と訳される場合もあるし、民族、国民、と訳される場合もあり、悩ましい用語である。

察する。その第二章では、まだごく初期の段階にある「地球市民社会」が発展するための創造的な基礎である、トランスナショナルな社会的勢力が明らかにしているように、国家は、「人道」に到達するための高度の規範的基盤を失いつつあるという、規範に関する仮説を支えるいくつかの証左を提示する。

第Ⅱ部は、現実の課題となっている事項を取り扱う章の集まりで、より特定された問題分野、例えば人道的介入、環境、海洋の公序、そして核兵器の法的地位などの問題を取り上げて、包括的解釈を模索する。これらの関心事のそれぞれにおいて、国家主権の論理で固められた伝統的国際法秩序の概念が適用されるのかという視点で、世界秩序の主要な問題を扱っている。それぞれが世界秩序の中で何を重んじるべきかという観点から、国家というものの根強さ（または弾力性）、政治的能力、その欠陥を観察する。

第Ⅲ部は、二章にわたって結論を記し、より一般的なレベルの分析に戻る。第九章は、クリストファー・G・ウィーラマントリー判事の司法観への賛辞と共に、グローバルな市場勢力とトランスナショナルな社会的勢力の出会いを軸に、もう一つの見通しを記述している。この考え方は、最終章で、さらに「人道的統治」とも関わって特定される、変貌した世界秩序の首尾一貫したヴィジョンと関連させて展開される[10]。人道的統治は実行可能な政治的な試みなのか、それとも単なる夢想に過ぎないのかは、歳月のみが教えてくれるであろう。しかし、東ヨーロッパ諸国が民族自決を、あるいは南アフリカ共和国が人種的平等を実現させようというようなユートピア的な試みが、変革の経験となるに至った、あの進行の速さを忘れないようにしようではないか。

注

1 参照：Beyond Westpharia? State Sovereignty and International Intervention (Gene M. Lyons & Michael Mastanduno eds., 1995).

2 ボスニアについてはDavid Rieff, Slaughterhouse: Bosnia and the Failure of the West（1995）を参照せよ。

3 A Mark Weisbrud, Use of Force: The Practice of States Since World War II（1997）;Anthony C. Arend and Robert J. Beck, International Law and the Use of Force: Byond the UN Charter Paradigm (1991) を見よ。

4 特にAnthony D'Amato, International Law Theory: Collected Papers,vol.III（1998）を見よ。

5 ダマトはまた国際的なテレビ網に、地球全体を包みこむような人類の共通認識の場を創造するものとして重要な役割を与えている。

6 ダマトは個人が、国家の優先性に取って代わりつつある兆しを、消費者の中により明確な傾向として見出している。

7 Richard Falk, The Making of Global Citizenship, in Global Visions: Beyond the New World Order pp.39-50（Jeremy Brecher, John Brown Childs and Jill Cutler eds., 1993）を見よ。

8 この決定は重要な本質的な点において明白に「多義的」あるいは「曖昧」であったが、トランスナショナルな社会的勢力が国際法の発展のために果した力を示唆している。第三章、第四章を参照。

9 この時点で、国際法に具現化している規範としての秩序は、主として地政学的な思想の上昇期に進展したという歴史的現実に関連して、「偽りの普遍主義」の影響には大いに問題があることに留意することが重要である。人権を背景とした分析については、Richard Falk, False Universalism and the Geopolitics of Exclusion, 18 Third World Q. pp. 7-23（1997）を見よ。

10 詳細はRichard Falk, On Humane Governance: Toward A New Global Politics（1995）を見よ。

第Ⅰ部　新たな世界の枠組み

第一章　グロチウスの時

――果たされていない約束なのか、無害な夢なのか、好機を逸したということなのか？

それはまさに思いもよらないことが考えられるようになり、あり得ないことが本当に起こった、そういう時代であったのだ。

アランダーティ・ロイ[1]

A. グロチウスの時という考え方

ある時代とそれに続く時代との間には、境界となるような決定的な歴史的契機があるものという観念があり、それゆえ、実際には価値観、信条、思想、および行動は、その間にゆっくりと漸進的な構造的変化を来していたのだということが、一般の人々の視野には入らなくなってしまうことはよくあることである。そのことに気がつくのは、天賦の才能に恵まれた学者の熟練した観察眼によってのみ可能なことなのである。そうは言っても、人類が経験してきたことの、変遷と連続性について我々の理解を容易にするためには、きっかけとなった肝心の時あるいは物事の始まりと終わりの年を選び出すことが、未来がもたらすと考えられるものへの手がかりを探す上で、やはり欠かすことができないことのようにも思われる。

このような理解の仕方は、世界秩序が将来どのような体制を形作るかを考える上で、以下に挙げるような様々な理由によって、昨今、特に重要であるように思われる。何世紀にもわたって、国際政治という世界での決定的な単位であった、領域的主権国家の影響力が衰えてきているように見えること、ソ連の崩壊に引き続いて国際関係の階層的秩序構造が変化してきているということ、グローバルな経済勢力の影響力が増大し、それに伴う統合化された地域的およびグローバルな市場の存在という現実があること、情報科学や人工知能、また、実質上の外交の駆け引きが成長してきていること、「新世界秩序」が顕れてきてはいるが、しかしその輪郭はそう命名されるほどにはっきりと描かれてはいないという認識が広く行きわたっていること、そして新たな始まりを期待させながら、重要な世紀と千年紀が終わることなどである。

現在の国際社会のなんとも定まらない現実を「グロチウスの時」と性格づけるのは、以下のことを強調するためである。今が世界秩序のある型から別の型へと移行する可能性を秘めた時なのであり、その変化に対する見込みは、世界秩序がことによると再編成されるかもしれないという質的な意味をもっていて、やはりフーゴ・グロチウスが近代の夜明けにおいて、国際社会とその法を我々が理解するのに貢献したのと比肩し得るやり方で、これらの状況について法的な面で権威ある解釈がなされるべきであると考えているのである。

グロチウスの時に対する私自身の理解というのは、初めは、グロチウス自身の特色ある貢献が、一七世紀初期の封建制とキリスト教国という体制下のヨーロッパにおける、歴史的な偉業として位置づけられるものという、やや単純な評価に結びついていた。つまり彼は中世世界に根ざした出自であるが、それでも彼の時代に顕れた主権的領域国家から構成される世界秩序に対し、たぶん熟知していたとは言えないまでも、受容力をもっていたのである。キリスト教的超国家主義と以前は結びついていた合法性と能力が喪われたことによって、諸国家は相互の関係を導く規範的枠組みを必要としたのであった[2]。実際にグロチウスは、旧体制の擁護者たちからは新しい世界秩序体制をあまりに容易に受容したとみなされて、彼の国際法に関する偉大な論文はバチカンの宗教上の体制側からは本質的に異教的であると考えられ、禁書として扱われるようになり、当然法王の禁書リストに載せられた。近代的国家体系が公式に支配的な世界秩序の枠組みとして確立されるのは、その何十年か後に三十年戦争を終了させた、一六四八年のウェストファリアの講和によってであり、実際にウェストファリア条約が中世から近代への過渡期に存在したはっきりした境界―もちろんこれは一般化され過ぎ、単純化されてはいるが、便利で簡潔な表現である―を提示した、と真価を認められるようになったと言えるのはさらに一世紀くらい後のことである[3]。この変遷は一般的には世界的な視野において考えられてきたが、実際には初めは完全にヨーロッパ内部での事象であったのであり、世界秩序のヨーロッパ中心主義的な面を実証している。そのことは二〇世紀の後半に起こった植民帝国の崩壊により、また、世界経済と戦略的均衡にとっての（アジアあるいは太平洋諸国、ことに中国に対する）評価と重要性が次第に高まってきたことによって随分と弱められはしたが、いまだに完全にはなくなっていない[4]。国家が、そして国家のみが、限られた範囲の領土における権限との関わりにおいて、現代の外交の記録に公式に認められているようなやり方で、主権的要求を主張しているというのは今なお事実なのである。

B. 今がグロチウスの時であるとされる三通りの説明

我々はこのような意味におけるグロチウスの時を現在生きているのかどうか、つまりウェストファリアの国家至上主義的な枠組みから、何か違う形に変えられて始まりつつある、規範的に高められた世界秩序への重要な移行期に我々は置かれているのか否かを考えることが、理屈に適っているのかどうかを自問してみることにしよう。もし答が肯定的であるなら、振り返って見ただけでも、明らかに我々はまだウェストファリアがもたらしてくれた類の輝かしい指針には遭遇していないのであるから、その二つの秩序の間の仲介者としての、ある特別な法的オーラを伝えてくれる、いま一人のグロチウスを待っているところということになる。もちろん、近年になって幾人かのそうした候補者が現れてきて脚光を浴び、新しい時代が来たのだと宣言して、いったい何が変わったのか、何がやって来ようとしているのかを説明するために、かのポスト・モダンの大衆文化の旗手であるアンディ・ウォーホルが許容した幕間、すなわち割り当てられた一五分限りの名声を求めることになるのである[5]。何が世界で新しくなっているのかを叙述しようとするこれらの試みに顕著な点は、古い型の世界秩序は今激しい圧力を受けていて、世界に適度な首尾一貫性と意義深さを復活させ得る包括的な説明を見つけだそうと社会は努力しているのだ、という印象を強めるものである。しかしながら、これまでこのような努力に向けられてきた応急の手当ては、批判的な評価に耐えられず、どう考えても実際の世界の動きを説明する能力に欠けているとしか思えない。

未来のことに注意を向けるのは、過去のことを解釈するよりも一般的にずっと多くの問題を孕むことになる。過去については絶えず再解釈が繰り返されるにしても、確立された理解の仕方の基本的概念が、依然として有効であり、明確な時代の断絶が、どの時点で起きたのかを定めるのに際して、広くそれに頼っているのである。対照的に、我々の時代と空間がまさに変革の中枢にあるのだ、と主張することは、常にと言ってよいほどさらなる問題を含むことになる。自分のモラルや好み、自らの置かれた時代や場所、社会的立場により、自分が特別にもっている利点などと適合するような変化がもつ意味に、不当な重みを与えるという、自己中心主義が疑われて本人の名誉が汚されその結果、全体的な誇張と願望の達成（あるいは危険の実現というべきか）の見本ということになって、まさしく「宣伝行為」の一形態であるとされて嘲笑を買うのである。それでも、世界秩序が変遷して行く中で、我々がグロチウスの時にあるのかどうかという問題を持ち出すのは、まさにそのような判定を求めているということでもあり、さらにそれ以上に、それが人類全体に対する規制の仕組みとしての法とモラルの役割についての我々の考え方を再検討する上で、助けとなり得る革新的な規範の地平を与えてくれるのではないかという可能性を前提としていることでもある。グロチウス自身は、彼の法的構想が非ヨーロッパ人、特に先住民に対して、搾取的な意味合いを含んでいることに無神経であるという認識はあったのだが、そのような期待が世界主義者流の表現で表明されている[6]。

冷戦が終わりを告げ、その象徴としてベルリンの壁が壊され、ソ連が内部崩壊したことは、最近の過去および近未来を概括するというこの作業に対して、ごくありがちなともかく解説を求めるという要望（つまり、「これはいったいどういうことなのだ？」というような）に沿う形で、表面的な歴史を確認するという意義を与えることになる。確かにそれに先立つ時期は、少なくとも北半球においては、世界秩序は二つの超大国とそれに従う同盟諸国との間の、核の手詰まりによって形作られていて、政治的現実を理解しようとする際に我々を支配した、イデオロギーや地政学的な二極化という条件を作り出しているというコンセンサスを生み出した。このような一連の状況が終焉を迎えたことで、いくつかの関連する、それまでは目立たなかった真相が明らかになってきた。すなわち冷戦という認識のカテゴリーの裏に包含されていたごく最近の潮流（例えば、経済的な統合、地域化、文明的一体感、国家の凋落、情報科学の興隆、など）

であるとか、ある特別なタイプの安定の特徴でもあった二極化した地政学的統制、束縛の構造から解き放たれた社会的勢力、冷戦の実践と関連した対立的な行動（例えば民族的な情動や小国家主義、宗教政治、自決権や分離主義の植民地解放後の適用、そして二極化の世界にみられた政治的意思表明の抑制がもはや殆どなされないイデオロギーの純化の新たな形）などである。

このようなことを考えると、過去と未来の間に架けるべき橋について叙述している、三つの試みを考察してみるのがよいであろう。これらは、直接あるいは間接に冷戦の終結に刺激されてなされたものであるが、注意すべきは三つのすべてが主流派と目される考え方に近い、アメリカ人の男性によってなされていて、いずれも、新しい「法的な」体系を作ろうと努力するのではなく、それぞれが「新世界秩序」とでも呼ぶべきものの、ある特別な特徴にのみ明敏に注目し、他の面には目を向けていないことである。新世界秩序という用語は、一九九〇年から九一年にかけての湾岸戦争が激化した時に、ジョージ・ブッシュによって最初に使われたもので、これがすべてを包括する説明であるとするてらいはなかったが、地政学的な決裂という事態に気がつき、それに対応して何らかのとるべき別の方針を示したものである。以下では、地政学的には支離滅裂な深淵に足を踏み入れようとする欠陥はあるが、それぞれの影響力のある取り組みを、手短に考察することにしよう。

一九八九年の事件に引き続く歴史的な出来事の本質をとらえようとする第一の試みは、フランシス・フクヤマによってなされ、「歴史の終わり?」と題した論文[7]の中で広く議論されている。フクヤマは、主に我々が勝利を得たのだという考えに立ち、ソ連の崩壊をそのイデオロギー的降伏であると解釈し、立憲政治や強い民間部門という欧米側の考え方が、単にある特定の闘争に勝利を得たのだというだけでなく、はるかに劇的に統治過程であれ経済であれ国家のレベルで、別の取り組み方をしても、これらの考えに対する意味のある抵抗が将来起きてくる可能性をも失わせてしまっているのだ、と考えている。フクヤマはこの歴史的変異に対する彼の解釈を基礎づけるのに、精巧な新ヘーゲル主義の枠組みに依拠し、社会主義が否定されるのが人間社会の進化の最終段階を示しているという見解を支持していた。結果としてイデオロギー闘争は終焉を告げ、中庸の時代が将来の世界秩序を形成することを可能にし、その世界では市場勢力と技術革新が連携した均質化の傾向が、この自由主義の統治モデルを地球の隅々にまで拡大させ続けて、思想の問題については争いの余地がなくなり、議論されることさえなくなるであろうと考えている。

実際に、このアメリカ流の生活様式が普遍化することになるかもしれないし、またこの種の自由主義が決定的に勝利を収めたということになって、絶えざる闘争の過程で優勢となった思想の進展の歴史が終焉に至ることがあるのかもしれない。彼の論文は出版された時点から広く批判の対象になったのであるが、フクヤマの考えはこのような幻想を、少なくとも短期的に現出させた。冷戦の終わりについての他の大掛りな説明の運命がそうであったように、結局その寿命は短いものでしかなかったのである。単行本として出版されたものも、この議論をより深く詳細に論じているのではあるが、初めの論文が注目されたのに比べて、ほんのわずかの関心を引いただけであった。フクヤマの労作の何が悪かったのであろうか。簡単に言ってしまえば、ソ連の崩壊の意義とマルクス主義が信用できないということを強調し過ぎたのである。その歴史の読み方は、広範囲に及ぶ宗教の再起、独自の文化的伝統が改めて強調されるようになったこと、トランスナショナルな行動主義、国境を越える市場勢力が国家を圧倒するようになったこと、一連の新たな形の社会的、政治的な無秩序が急激に起こってきたこと（このような起こりつつある現実に「新世界無秩序」という反対のレッテルを貼られる事態を招いてしまったこと）などを含めて、この顕在化した国際的現実の、他の側面には充分に対応していなかったのである。

次にやって来たのが、一九九三年の夏期刊のフォーリン・アフェアーズ誌に表れた、サミュエル・ハンチントンの

「文明の衝突か?」と題する論文[8]に記述された大胆な見解であり、後にそれは『文明の衝突と世界秩序の再構成』[9]という表題の大部な著作に発展したものである。興味深いことにフクヤマの論文と同様に、論文版の表題の最後につけられていた疑問符の意味するためらいは単行本の表題ではなくなっているが、それでもその再構成され、より拡大した論旨は、最初の論文によって引き起こされたものに比べて一般の注目をほんのわずかしか集めることができなかったのである。ハンチントンの衝突の仮説の議論は生き残ってはいるが、それは最初の論文を最終的な陳述として扱っていることに基づいているのである。文字通り世界中の人々の想像力をとらえたものは、歴史の次の段階は文明と文明との間の戦いがもっぱらであり、ハンチントンの言葉によれば、おそらくは「西欧社会対その他の世界」の対決となるであろう、というその論旨であった[10]。この論文の刊行のタイミングはイスラムに対する欧米の不安の高まりと時期的に重なり、それは誤解によるものではあったが国際テロリズムの頻発と結びつけられ、ニューヨークの世界貿易センターでイスラム原理主義者たちが大型爆弾を爆発させた時*に特に燃え上がったのである。一連の経過からみると、欧米諸国の安全保障に対するイスラムの挑戦は、少なくとも冷戦を引き起こした共産主義者の挑戦によるものに匹敵するスケールであるという考え方が有力になるように思われる。おそらくはハンチントンの論文は、イスラムの脅威に直面して、欧米が警戒するよう求める呼びかけを扇情主義的にくどくどと述べたために大幅に誤解されているのであるが、彼が表現したことによる本当の影響力は、もっと概念的なものであって、紛争の様式に関する個々の展開との関係は薄いのである。ハンチントンが論じているのは、「国家」ではなくて「文明」が世界の秩序を決定する単位としての役割を取り戻すであろう、ということである。こう考えると、グロチウスを探し求めるには、異なる文明の内部の価値観や伝統の現実と合わせて、文明相互の関係や規範を基礎とした世界秩序を包含し、重視するものでなければならないであろう。非常に示唆的であるが、このような政治的活動を組み立てなおすということについて、ハンチントンは説得力をもって述べてはいないのだが、多くの場所で人々が移住し、さまざまな文明が混じり合っているとすれば、現況において文明は、意味のある空間的な境界を与えられるのかどうかという疑問が、すぐに起きてくるのである。

面白いことにハンチントンは著書の中で、将来の紛争については、より伝統的な地政学に基づくイメージに回帰していて、欧米が中国を封じ込めることを中心課題とするような、グローバルな均衡に関心をもつことによって、発生する可能性のある文明間の戦いのシナリオをひねり出している。これは中国とベトナムの間の南シナ海における炭化水素資源の支配をめぐる争いによって活性化されたものであって、アメリカ合衆国がこの紛争に、ベトナム側の主張を支持する形で介入しているのは、明らかに歴史の皮肉というほかはない[11]。ハンチントンは、安全保障や紛争が、将来ますます文明の独自性によって構成される度合いを強めるであろうと力説し続けている。しかも彼は歴史の近未来において、国家が、文明という単位に取って替わられるであろうとか、また欧米が地球規模の役割を保持し続けるという見込みは、ひとえにその指導者と一般市民が、他の文明の競争相手に対抗して自分たちの明確な核となる価値観と信念を守り抜くことに自覚的になれるかどうかにかかっているという見解を抑え、あるいは考慮の外においているように思われる。確信があるのならば、非欧米社会からの移民を制限するような方策を欧米社会が採用することを含めて、積極的に文化的なアイデンティティを守ることが望ましいとハンチントンに言わせることになるであろうから。

＊一九九三年二月二六日。

フクヤマの場合にもまして、ハンチントンの見解は、嵐のような抗議を巻き起こした。彼の分析は世界中でじっくりと検討されて、これは結局ワシントンの閉ざされた扉の後ろで進められている、新しいイデオロギーの十字軍を、適当な時期に目に見えるようにするために行なわれた、アメリカの戦略的思考の公式表明に相当するものとして扱われたのである[12]。文明の違いというデリケートな問題と同様に、紛争や暴力に関するハンチントンの説明は、剥き出しの神経に触るものであったが、一方フクヤマは比較的穏やかに、冷戦における西側の勝利を、将来の必然的な動きとしてのアメリカ流の生活様式を包装して差し出すという、これまでもなされてきた数々の奮闘の中の最新版に過ぎないものとしか見えないような、大げさで夢想に近い形に描いていた。フクヤマが著した歴史の終わりの判定は、あまりにも誇張されていて風変わりなので、他の人々を長期間悩ますようには見えなかったのに対し、ハンチントンの見解は、まだ鳴り続けている警報ベルを止めてしまったのである。衝突というテーゼは欧米以外のところでは、脅迫的で不和を起こさせるものであり、世界の最も強力な権力の中枢にいる指導者の本音を表すものとして受け取られ、経済のグローバル化を狂信的に支持するものと考えられた。ハンチントンの世界観の中でやや見逃されているのは、非欧米的な敵対者を巻き込んだ紛争には欧米諸国は手を出さないという彼の主張であり、その部分に関する彼の処方箋というのは、欧米諸国の防衛と非欧米諸国に対する優越感から出ているとしても、ある意味で非介入主義者的であり、防衛的であったという点である。それは世界の他の国々を安心させるものと見なされ得るであろう[13]。

ハンチントンの考えは、もはや舞台の後景に退いたが、しかしいつまでもそうしているとは限らない。文明間の緊張が起こり、あるいは文明の地域主義が定着した場合、ハンチントンの衝突テーゼは疑いもなく再び現れるであろう。それまでは、このように安全保障と紛争について概念化することは、文明の差異を縮小し、地理学上の区分を曖昧にしがちな市場およびインターネットと結びついたグローバル化の傾向を過小評価し、また全く無視することにさえなるように思われる。ハンチントンはまた、文明間の可動性によって生じた文明の混合状態をもとに戻そうとする試みが孕む、現段階の困難や危険性というものを軽く見ている。地理学的な断層線を引くことで文明を分離しようと考えるにはもう遅すぎるように思われるし、また他の文明を排除したり、浄化したりするような選択肢はおぞまし過ぎてまじめに考えられない。特に欧米社会がすでに多文明化していて、空間的な境界や文化的、または民族的な特性に基づいてその歴史的な固有性をイデオロギー化、あるいは均質化しようというのは、何百万もの非欧米人に対し非道なことであろうし、既存の狂信的排外主義と多文化の政治のアトラクションが、国家レベルで今復活している傾向を助長しそうである（例えばフランスでは極右主義者のリーダーである、ジャン―マリー・ル・ペンがすでに一九九七年に、もし迅速に反移民法計画を実施しなければ、「フランスは消滅するであろう」と言っている）。このような考えは、同じ文明を共有して緩やかに寄り合うという、多様なヨーロッパあるいはアジア・太平洋の、機能的地域主義の審査には合格しないし、また文明間の競争の基礎となりそうにもない。せいぜい競争し合う貿易ブロックの序列づけとなるか、いくつかの明確な文化的なことがらの主張に関わる位のものである。

最後に、ロバート・カプランのゾッとするような見解であるが、それは最初はアトランティック・マンスリー誌に、「やって来た無政府状態」という題名の掲載論文として発表され[14]、後に『地球の終焉―無政府状態の辺境への旅』という書物に著された[15]。ここでも、フクヤマやハンチントンの場合と同様、主なインパクトは、論文の衝撃的効果から生じている。より深められた議論が書籍の形で具体的に著された時には、もうこのムードは変わってしまい、この見方の詳しい拡大版を評価しようという関心はほとんど消失していた。カプランは最近のアフリカや中東の混乱を将来の世界秩序の目印とみなしている。この敏腕のジャーナリストの見通しは、この場合、もっぱらと言っていいほど欧米社会でのみそれも特にアメリカで注目を集めたのである。それというのもその見解がアフリカの大湖水地帯、ソマリア、またボスニアにおいて、一九九〇年代初期のいわゆる「破産国家」であるとか、「政治的崩壊」と特に結びついたパターンを顕在化させつつあった、破壊の程度が深刻で、不穏な出来事について鮮明な説明を与えたからなのである。カプランの否定的な見解は、フクヤマの信念に基づいた楽観主義とは対極にあり、ハンチントンが世界史上、次に現れてくる主要な局面を形成する原動力として予見した、文明の輪郭とは無関係であった。フクヤマやハンチントンとは違ってカプランは、いつも勝ちを得たがる存在か、あるいは挑戦的であるかのアメリカとは結びつかない、またそれ自体、世界の他の場所では、そのように認識される脅威から自らを守るために、アメリカの地政学的支配の影響を読み説くことを求めている人々の側では、関心を呼び起こすことのない動向を説明しているのである。破壊的な性格をもち、他を包み込んで拡大しつつある無政府状態についてのカプランの予想は、主にアメリカで反響を呼び、一九九〇年代における介入主義は、たとえ人道主義的な目的であって、国連の主導の下にあったとしても、間違った路線であり、無益で損失の多い、危険極まりないものであるという考え方を助長した。ある意味でカプランによって描かれている世界秩序というのは、ハンチントンにより表明されたものを部分的に補完している。すなわち国家が力を低下させていく過程について、ハンチントンは、人間の忠誠心とアイデンティティの宝庫としての「文明」が再び主張されるようになったことにその原因を見ているが、カプランの場合は、もう一つのシナリオとして、諸国家が崩壊してまとまりを欠いた断片となってしまう状況をその原因とするのである。

C．グロチウスの時についての二つの追加的説明

このグロチウスの時というのは、まだきちんと概念化されてはいないが、それでも、世界秩序はもしかしたら変化

するかもしれない、あるいは変化しつつあるのだという仮定の下に、現代の状況に対応しようとしている。これについての二つの追加的な説明を考えよう。最初の説明は、イラクが一九九〇年にクウェートに侵攻した際、ジョージ・ブッシュはそれに強力に対応することへの支持を集めるために、今や全世界的な状況が、国連の集団的安全保障の潜在能力を効果的に用いることに基礎を置く「新世界秩序」の土台を提供しているのであると主張し、懸命に宣伝したことに関わっている。ブッシュの考えによれば、事態は結局、安全保障理事会の常任理事国がイラクの侵略に対して、国連憲章に正確に則った形で協力するのに有利となったのであるが、それまでは東西間の地政学的手詰まりによって困った状態に置かれていたのであった。ブッシュの主張は、もしこうしてイラクの侵略を首尾よく押し戻すことができれば、国際関係において法の支配を確立するという全般的な可能性を現実のものとすることになり、ウッドロー・ウィルソンの、地球規模の安全保障への取り組みのヴィジョンを実行可能な現実へとより近づけることになり、かくて自助という考えに基づいた国家システムはとかく戦争を引き起こしがちであるという懸念を克服できるというものであった。この新世界秩序を形成しようという呼びかけは、アメリカ主導の多国籍軍の構成諸国に作戦上および資金面での責任を分散させるとともに、国連の下での対イラク戦争を遂行するための政治的支援を結集して、ブッシュによるキャンペーンを成功させる重要な要素となったのである。その軍事行動は、クウェートに主権的権利を取り戻すという主要な目的を達成し、高額な戦費を負担するという重荷からアメリカを解放するという意味で、金持ちの国々に出資を割り当てるという財政面の仕事も成功に導いたのである。これらの成功にもかかわらず、新世界秩序をという主張については、戦争が終わるとすぐに深刻な問題が明らかになった。

南半球の国々は、特に戦争行為とその目標および停戦の交渉を通じて示されたアメリカの一方的なふるまい方をみて、アメリカが未来に対するそのような設計図の支持者であることに深い疑惑の念をもってしまった。新世界秩序とは、国連を利用してアメリカが自身の地政学的な企てに合法性のオーラを与えるべく、その覇権計画を隠す煙幕と見られたのである。この点について世界のその他の場所では、湾岸戦争はイラクの侵略に対して連合戦線を張り、クウェートのような国家の主権的権利を回復するための規範を示す機会を意味しているというのではなくて、主に湾岸の石油資源に近づき、イスラエルの安全保障を図るものと考えられたのである。アメリカの意図に対するこのような懐疑的な見方は、アメリカが、ボスニアにおいてセルビアの侵略と当時広く見られていた事態（人道に対する大罪と共に）に対応するのに、国連の枠組みの中で同じように努力を始めることを渋ったことや、イラクの市民社会を懲罰的制裁に晒して、荒廃させる結果を与えたこと、また、クルド人たちを操ったことによって、よけいに強められた。クルド人たちにサダム・フセインを打倒するよう勧めたにもかかわらず、アメリカは停戦後すぐに、バグダッド政府が、またも抑圧的な策略によって、クルド人地区に対する支配権を主張することを許したのである（結局は安全保障理事会の行動によって部分的に規制されたが、それは、ＣＮＮの報道が、冬が始まろうという季節であるにもかかわらず、クルド人たちが北部イラクの不毛の山岳地帯に追い払われたという、残酷な体験を描き出したことで誘発された一般の人々による強力な圧力がかかった後のことであった）。

さらにブッシュ政権自体が、アメリカの支配する国連の手続きによって平和を保持することを一般的な指針とする、「新世界秩序」の含意をすぐに好ましいものと思わなくなった。アメリカ政府の戦略的利害が危うくなっているところに努力を傾注することと、特にサハラ以南のアフリカにおけるような、様々な貧しい社会を苦しめている無秩序の状態を改善しようと平和維持のために介入をすることとは全く別な話なのである。冷戦期には、ほぼどの国の政治的運命も世界の舞台の上で、誰が勝利を収め誰が敗北しているのかということのバロメーターとして、お互いに、一定の戦略的な利害と関わり合いをもっていたが、もしそのような地政学的な対立構造がなかったとしたら、ある特定の社会を、誰がどのようなイデオロギーに基づいて牛耳っているかなどということについては、ほとんど関心がもたれなかったのである。このような無関心さはまた、強者のイデオロギーには追従するものという傾向を反映していて、新自由主義の公準が世界のほぼすべての政権によって支持され、かくて政策の結果を制御しようという経済的動機すらなかった。他方、アメリカは、危機的状況において政権を獲得した政府に対して（ハイチでジャン・バプティスト・アリスティッドが復権した時や、モブッ・セセ・セコの後のザイールのように）、その復興への援助と絡めて自由主義的な政策を採用するようその影響力を行使して、このような統治と経済政策についての大方の一致した意見をいっそう強化したのであった。さらにアメリカの一般市民は、自分たちの政府がブッシュの提唱した線に沿った新世界秩序の支持者（そしておそらくはその主な受益者でもある）であったにもかかわらず、また湾岸戦争の間に示された戦場での功績に歓喜さえしていたけれども、国連において推進者としてはたした役割に結びついた責任を引き受ける気はなかった。このやる気のなさは、一九九三年の秋に一八名のアメリカ兵の犠牲者を出したソマリアでの銃撃戦の際の対応において端的に明らかとなった。あるアメリカ人の外交官が私的に語ったとおり、これらの展開を照合してみると、「新世界秩序」は棚上げされたのである。

しかしまた、国際社会の動きの中で顕れてきている断絶を、概念としてとらえる今一つの方法がある。それはグローバル化へと向かう積み重なる傾向が、グローバル・ガヴァナンスについても、必ずしも国家主義のような形体というのではなくても、呼応する傾向を必然的に生じさせるという事態を先取りすることである。そのような展開となるのは、複雑なものに手際よく対処するための、また規制されていない世界のひ弱さを考慮することの、そして国家が経済の相互依存とも、ネットワーク空間ともうまく対応できないことを補うという必要性のゆえである。世界貿易のための交渉方式によるＧＡＴＴの枠組みを、制度化したものとしての世界貿易機構（ＷＴＯ）が設立されたことは、諸国家が、より信頼できる形のグローバルな経済統治を達成するためには、喜んで主権という大権を委譲するということを意味したのであった。このような動向は暫定的なものであって、一部の国家レベルの支配的エリートたちは、以前にいとも簡単に手放すことになってしまった権限をいくらか取り戻そうと試みている兆候がある。アメリカ政府は当初、無条件にＧＡＴＴのプロセスとＷＴＯに熱心であったが、後にその関わりの度合いに疑問をもつようになった。アメリカ政府はその戦術が、ＧＡＴＴの下でアメリカが負っているグローバルな法的義務に決定的に反しているように思われたにもかかわらず、副次的なボイコットを課することによって、キューバとの貿易や投資関係を断つ取り組みを中止することを拒んだ。アメリカ政府は、このボイコットに関するヨーロッパの同盟国との間の論争を、ＷＴＯの紛争解決メカニズムに提訴することによって解決することを拒み、とにかく相手の言い分は聞かないという姿勢をとったのであった。

市場が機能するための命令を基礎とする新自由主義的世界秩序は、規範としての意味では、グロチウスの時にはなりそうもない。つまり経済のグローバル化は、早晩ウェストファリア後の世界秩序への過渡期を生み出すかもしれないが、人類の幸福を高めることになりそうな世界秩序とはならず、それよりも資本の点では、収入に格差を生んだことで二極化を強め、資本をグローバルな市場で最も効率的に運用しようとする傾向を加速させ、犠牲となった人々をそのまま無視しようという傾向を正当化しそうである。認識しておかねばならないが、グローバル化の規範としての効果は不確かで矛盾に満ちている。この二極化と等閑の影響は、そのひどさや広がりの程度はよく分からないし、またおそらく時が経つにつれて変わっていくであろうが、決定的であるように思われる。なお、かつては困窮状態にあった国々が最近では高い持続的な成長率を維持し、そこでの生活水準に対する全般的なプラスの効果をもたらすことを含めて、グローバル化には一定の有益な社会的効果も存在する。この結果何億人もの人々が、間断なく続く急速な人口増加に直面している場合でも貧窮から免れている。経済のグローバル化に関わるこれらのプラスの傾向を強調する人々は、一連の状況をおそらく、規準として立てるのに最適な立場にあるのだろうし、それが彼らにとってとどのつまりはグロチウスの時ということになるのかもしれない[16]。

D．グロチウスのいないグロチウスの時はあるのだろうか

しかし全体としてみて、世界秩序の大局的な移り変わりに対する様々な説明に関連するこれらの考え方は、経験によるものであっても、またかくあるべしとの規範的性格のものであっても、今我々が実際にグロチウスの時を体験しているのだと主張するには、用心深い姿勢で臨むべきであるということを示している。ここ何年かの間に、広範囲にわたり、イメージの変化が顕れてきているが、そのどれもが永続きのする支持を集めていないという実状を知れば、このような懐疑的な態度が正当であることを証明しているように思われる。歴史的にみて現在がはっきりとした重要性をもった変化をもたらしていると考えられているのは、ただアメリカにおいてだけであることを知ると、この疑念はますます募ってくる。顕れようとしている新世界秩序は、人類が必要とし、願っているものに応えることができるだろうという楽観的な見方に水を差すのにこの用心深さでは十分ではないとすれば、新自由主義的なコンセンサスによって育まれた考え方の傾向は、政府機関が公共財を提供することには強く否定的であり、たとえ相当期間、経済成長と貿易の拡大が続いたとしても、国連の援助の下に進められている現在の規模の社会的介入すらも維持できなくしてしまうことになる。すなわち、グロチウスの時は来ているのかもしれないが、そのことが、人類の向上ということを考慮して、明確に説得力を持って表明されない限り、グロチウスは存在していないのである。

世界秩序に関して何か決定的なことが起こっていると正しく感じ取っていながら、これらの試みが、グロチウスの時の輪郭を明確に示すことができないでいるのは、驚くに当たらない。それぞれの試みは、ただ顕れようとしている世界秩序のある断片だけを知覚したのであり、いずれも残る我々を惑わし、脅かすような話について論争を巻き起こして説明するごく一時的な虚構に過ぎず、十分納得させるようなイメージの全体像となってはいない。つまり、これらの試みは説明としての信憑性を維持できなかったのであり、まともに規範としての信憑性を獲得しようと試みることもなかったのである。すでに示したとおり、これらのグロチウスの時についての考え方のどれもが、雑誌か論文誌上に発表されて一時的にあざといばかりの目立ち方をしており、立て続けに書籍として刊行されたが、いずれも最初の発表に匹敵するほどの注意を集められなかった。つまりより注意深く包括的に論じてみると、実質上無視されてしまい、それらの上面の表現だけが広く話題となり、論評されるようになったのである。同じく先に述べたようにブッシュの新世界秩序についての言明は、湾岸戦争中、ご都合主義的に使われて、その役目を終えるとすぐに放棄されてしまった。経済およびコンピューター・ネットワークのグローバル化という変革の力だけが、グロチウスの時を実在のものとする努力に関わっているように見えるが、それは誰かグロチウスが、過去と未来をつなぐ規範の橋渡しを効果的に表現できたと認識することとは全く別のことなのである。

明らかに世界秩序の解釈が、このような短い寿命しかもたなかったのは、文化的かつ地政学的な一時の熱狂が辿った惨めな運命であるように思われる。多分、事物の形がポスト・モダンという残光の中に顕れてきたのだ、というのが我々の考え得るすべてである。一般に承認されたグロチウスの時についての説明が欠けているということは、そのこと自体が実体のないことの印であり、いやそうではないのだと否定する表面的な主張はいろいろとあるが、ウェストファリア的国家体系の現実性を凌駕することができないことを示している。ある現象に対する説明が支持を集めることができない場合には、おそらくは現存する状況が、まだはっきりした形をとるにはあまりにも未成熟なのだとしてよいのであろう。この意味においてたぶん、グロチウスの時はまだ来ていないので、それで誰かグロチウスが出現して、この時代に規範となるような印をつけることができないでいるのだと結論づけるのが最善であろう。このような判断も、説明しようとする企ての性質そのものが、支配者の考えやエリートたちを利することになり、虐げられている人々のことについては口をつぐみ、世界秩序を概念化するための出発点となるべきものの見方については無批判で曖昧であることから、本来欠陥のある、社会形態についての一般論的説明を、さらに「話術を超えている」として拒絶するように思われる文化的空気もあって難しいものになる。

このことと密接に関係する困難は、冷戦からまだ時間がたっていないこともあり、その終結を、国家主義的地政学におけるもう一つの印というよりは、むしろ根本的なものであると考えたいという誘惑からきている。フクヤマ、ハンチントン、そしてカプランはアメリカ人であり、しかもアメリカは、一極主義の主張者で、自らを聖別した世界の指導者として、この時代の世界秩序の首尾一貫した説明を探し求めていたのであるが、地球上のアメリカ以外のところでは、事実上世界の覇権をもち続けようとする目的に、ほんの少し化粧を施した程度にしか認識されないような新世界秩序のデザインの唯一の源泉である、とみなされていたということは注目されるべきである。このような見方は、湾岸戦争の直後にはその信憑性を獲得したものの、後の数年間における最も明白な形としては、ソマリア、ボスニア、ルワンダ、ザイールでの結末があるが、アメリカがそれらの国々で、国連の平和維持活動の完遂を拒否したことによって、その評判はめちゃめちゃになってしまったのである。この全体の過程から感じ取られることは、主要国の政府が、どのくらい深刻な状況にまで追い込まれたのかは未だ定かではないが、世界資本とその代表者たちの道具となってしまうほどに、歪められた経過を辿ってきているということである。

このような検討を基礎として、グロチウスの時というのは、次のような問題に作り直される必要があるのかどうかを問うことが適切であるように思われる。すなわち、現在の世界の環境は、世界秩序の移行の合間であるという理解は有効なものであろうか、それとも国家体系という本質的な要素が、世界レベルにおける権力の構造とその執行を依然として説明しているのであろうかと。『ウェストファリアは超えられたか？』と題する最近の書籍の寄稿者たちは、人道上の関心や環境保護、核兵器の不拡散の問題において、〈国家後〉の世界秩序が顕れてきているという見解を支持するのに充分なほど、国連や世界共同体の主張が、一貫して領域主権を克服しているかどうかに焦点を絞って検討したのであるが、彼らに課せられた問いに大方は否定的に答えている。同書に明らかにされた学問的な意味で得られているコンセンサスは、国家主義が世界秩序の基礎としてなお続いていることを確認し、断言しているが、それは主として世界秩序のある重要な側面、つまり、特に国連による人道的介入を行なうことに関わるような地球規模の要求をものともせず、主権の主張がその領土的権威を保持している程度というものに焦点を合わせたことによるのである[17]。

今がグロチウスの時であると宣言することに気が進まない、もう一つのしっかりした理由がある。たぶん我々は、「歴史のクライマックスの幻想」とでも呼ばれてもよいもの、つまり我々には自分自身の時代が歴史の転換点であると思い込みがちな傾向があるが、それはどのように歴史が展開していくものかということに対する人間の好奇心の強烈な表現なのであって、これに陥らないよう用心すべきである。もしかすると新しい千年紀が近づいていることが、我々は歴史の決定的な転換点を生きているのだというこの幻想を強めているのかもしれない。やはり西暦一〇〇〇年を前にした時は、不吉な預言と超自然的な希望に満ちた話でいっぱいであった。世界の終り、キリストの再臨、あるいはモーゼの律法とイエス・キリストによる救済という二つの予備的段階を経た後の、聖霊による世界の支配といったことであるが、これは聖三位一体のキリスト教の原義に基づいて歴史の解釈を行なっているのである。今論じたこととは別に、この時代の終末と新たな始まりというテーマについて、フランク・カーモードの重要な著書である、『終わるということの意味』によって考えてみよう[18]。カーモードが示唆しているように、「こういうパラダイムが生き残るということは、我々の仕事と同様、それらの力が衰えることと同じようなものである」[19]。カーモードは次のような鋭い指摘をしている。

我々の置かれた歴史的位置を語る際、自分たちの生きる時代が特異的にひどいものであるとか、特別に扱われるべき歴史の重要な時点に我々はあるのだと言うことはよくあることである。しかし本当にそうだろうか。我々の危機、予測される未来とのそして過去との関係が、我々と先人たちとで大きく違っているということはありそうにもない[20]。

そして最後に、カーモードが指摘しているように、「世紀末現象がすべて同時に起きている」ということが、「存在していることの我々の不安を、歴史に投影するように」我々に働きかけるのである。「世紀の終わりと我々の特異な考え方には確かに相関があり、いつもこれが時代の終わりだ、ということになるのである」[21]。

世界の多くの人々にとっては、単に世紀の終わりではなく千年紀の終わりがやってきているので、脅威や起こり得ることを誇張する傾向が一〇倍かそれ以上に大きくなっていることは間違いない。実際、やたらに「終末論者」の本が溢れていて、「自然の終わり」、「冷戦の終わり」、「結婚の終わり」とか、全くすべてのことの終わりがあり、終わりの終わりまである。そしておそらく、この歴史的なクライマックスに対して抑えられてきた渇望が、このごく短い間の、ぶざまなくらいに束の間のこととしても、フクヤマ、ハンチントン、カプランなどのグロチウスの候補者たちの芳しくない評判と、彼らがいずれも同じように突然、有益な表現者という立場を退いた理由を一部説明している。

以前に示したように、ポスト・モダンの文化的状況がまた、歴史の過程についての包括的説明と評価を否認することに一役買ってきた。この批判的見解によると、非言語的な考え方を受け入れることほどまずいことはないのである。そこで、グロチウスの時を定義しようというどんな試みも、必然的にこの姿勢の手厳しい攻撃を浴びることになる。もっとも新たな現実は、本質的に変化する認識と矛盾でいっぱいの、言わば大鍋であることから、意味も目的もないこと、それ自体が、顕れてくる世界秩序のはっきりした特徴なのであると、誰かが（利口ぶって）言いたくなる誘惑に負けなければの話であるが。

E. 新たな千年紀の始まりにおける展望のみすぼらしさ

だが実際には私はカーモードが誇大に作り上げられた歴史の予測という風船に、穴をあけようとする努力の反対側を考え、かつ評価したい。私が驚いているのは、懐疑的に考えられるべき想像力の所産を、誇示して人心を掻き立てている、千年紀の大胆なムードのことではなくて、現に二〇〇〇年に近づいているのに、我々の現在の予測はどうも曖昧であるということである。今のこの空気はどうしたことかと考えるに、どうも未来についての推測がたくさん有り過ぎるのではなくて、逆にこの千年紀という時のもつ意味の乏しさのせいであるとしか、他に言いようがない[22]。国連の五〇周年記念の祝賀の間に示されたのは、このような抑圧された姿勢であった。ビル・クリントン大統領の国連での演説は、特にアメリカがこの組織の指導的メンバーであり、今世紀において危機的瞬間をむかえるたびに国際社会の改革に向けた希望に満ちた見通しを推し進めてきた国であっただけに、がっかりさせられるような展望を象徴するものであった。クリントン大統領の感銘を与えないメッセージを理解するための唯一のもっともな方法というのは、明らかな現実を考慮すると、小粒にした医薬品の大量投与による、つまりより小さなものでより大きな効果を得る術を身につけることによって――視線を下げよとの気勢をそぐような忠告として受けとることである。国連の未来に向けて、この小型化を推進するというやり方は、アメリカの国内での保守派の圧力によって駆り立てられたものであるが、このようなアメリカ国内における雰囲気は、特に問題とされないのであれば、世界秩序の将来に向けての大望に対する、より広く一般の人々の懐疑的態度を示しているというのは真実である。

F．グロチウスの再来としての候補となる法学者たち

これに類似する失望は、抑圧的な共産主義の崩壊と冷戦の終結にまつわる、ごく微かな安堵のため息と関連がある。二回の世界大戦の後では、平和な世界を支えていこうという一般の人々の圧力があり、政治的指導者たち、特にアメリカ人の、ウッドロー・ウィルソン、フランクリン・ルーズベルト、そしてハリー・トルーマンさえもが、未来の戦争防止に関する提案を推し進めた。国際連盟や国際連合は、それらの実際の能力が限られていたとしても、社会的制度としての戦争の廃止をこの目で見たいと望み、またそのような目標に向かうには、平和維持の役割を大国から国際機関へと時とともに委譲することにかかっている、と考える立場に立つ人々の側の夢の実現を象徴するものであった。国家レベルで軍隊の大規模な動員解除が行われ、敗戦国側の指導者たちに刑事責任を科する動きとともに、軍縮が国際的な協議事項の重要な議題となった。国際連合の創設と東京とニュルンベルクにおける主な戦争犯罪人たちの

裁判とともに、第二次世界大戦は終わった。これらの展開に続いて間もなく、完全な核廃絶へのアチソン・バルーク・リリエンタール計画があり、さらにそのすぐ後に世界人権宣言、ニュルンベルク原則への支持やジェノサイド条約の採択のような規範上の大きな進展があった。ただグロチウスは存在しなかったとしても、初期のこの一連の規範に関する新規の構想は、世界秩序において不連続な変化が起こったのだという理解を広く一般の意識に受け入れさせ、印象づけた、グロチウスの時としての歴史的背景であると評価できるであろうか。それともこれらの規範に関してなされた進展は、美辞麗句と体裁を整えるためだけのごまかしであり、真の世界共同体のための基盤を提供することはできなかったのであろうか。これらの状況を考えると、グロチウスの時はおそらく一九四五年以後の、数年間は存在していたのであるが、それとして理論づけることができず、その潜在的な重要性は、一般には価値を認められなかったのである。

このような一般化に対して一つの注目すべき例外となったのは、世界連邦主義者の運動に関連する努力であった。彼らは、第二次世界大戦とそれが原子爆弾投下によって迎えた終幕が、世界政府の必要性を立証し、それゆえに国家統制主義者が動かしてきた世界秩序を、世界のすべての人々のための平和と安全を維持するのに必要な能力を備えた世界秩序へと変換する好機を創出したのだと信じた。この展望は、その最も真剣な学術的表現としては、グレンビル・クラークとルイス・B・ソーン[23]によって書かれた「世界の平和を世界法によって」という書物により与えられたが、それには、(国連という)組織が、国際的な平和と安全に対する公的な責任をもち、有効な超国家的な管理を行なう、一種の限定的な世界政府に変質するよう、国連憲章を抜本的に改定して、国際政治の中央集権化をはかるように注意深く工夫された構想が示されていた。これらの著者たちの圧倒的な信用度と、彼らの提案を支持する世界中の大規模な推進の努力にもかかわらず、核時代の夜明けに際して、この規範的回答は、アメリカやその他の場所では極めて微弱な反響しか呼び起こさず、このような考え方は、東西の対立に伴う地政学的な激しい感情によって、世界秩序の代替案としては、主流から急速かつ完全に外されることになった。

まだ他にも、第二次世界大戦後の最初の一〇年かそこらの間は、新世界秩序が生まれ出ようとしていること、しかもそれが歴史的な事実であると認められるためには、もっぱらそのことが信頼できる学者によって確認され、記述され、命名される必要があるということを考えた国際法学者たちが確かにいた。国際法学者たちの中で、ひょっとしたらグロチウスが一七世紀の初めになしたことを二〇世紀中葉にしようとした、最も果敢で最も影響を及ぼした試みは、C・ウィルフレッド・ジェンクスが、その著書である『人類の共通法』[24]において行なったものである。この著作はその出版後四〇年を経てもなお疑いもなく、新鮮な考察に値する業績なのである。ジェンクスはグローバルな環境について、イデオロギーや文明の違いは乗り越えられるという見込みを生み出す、法が定める社会的内容について規範の動向は集束に向っていることを示しているものと解釈し、両者の違いについて、表面的なもので、宣伝に使われているだけであるとして重要視しなかった[25]。クラークやソーンもそうであったが、ジェンクスの考えはおそらくこの時期に、社会が冷戦という課題にかかりきりになっていたことを考え合わせると、学界においてすら重要な影響力をもち得なかった[26]。

G. 発想の転換と冷戦

明らかなことであるが、将来のためのもっともな代案の宝庫と考えられる、基本となる規範の動向についてどれほど考えてみても、不幸にも歴史はその熟慮の結果どおりには動かなかった。核兵器による終末が近づくという暗示によってもたらされる国際的危機が続く中で、世界は、耐え難いものとなったイデオロギーや地政学上の緊張によって引き裂かれた。これらの状況は、核の抑止論が頼りとしているもの、つまり「封じ込め」政策の楔としての大量破壊兵器に危ういながらも頼っている結果として、取り返しのつかない現実の展開を想定していた。実際、抑止論の次にやってきたのは、コスモポリタン的精神を具現する、「世界秩序が顕れる」というグロチウス待望論が長期にわたって翳るということであったが、それは地政学的な破滅の危険性があるため、文明の、また人類そのものの存続すらこれ以上保障されるのだろうかという不安によって強められた。はたして永続性のある世界秩序というものは、しばしばそのニックネームで「恐怖の均衡？」とも呼ばれる、MAD（相互破滅保証）という頭字語をもつ主義を基礎として、ずっとやって行けるものであろうか。どうなって行くかについて多くの有力な解説者が人類の状況に警鐘を鳴らしている。ジョナサン・シェルは、『地球の運命』[27]において、これらの不安に対して最も雄弁に表現し、またイギリスの社会史学者E・P・トンプソンは、もしも安定性が壊れた場合、敵に核の惨禍を与えようと準備している文明にもたらされる深刻なモラル上の結末について、極めて力強い小論を書いた。トンプソンは、この立場を、「絶滅主義」の一つであると位置づけ、このような脅威をふりかざす必要がない幸運な場合であっても、ある社会はそれによって深刻に崩壊してしまうと力説した。換言すれば、核攻撃への備えそのものが、モラルの崩壊であり、本質的に時代錯誤である世界秩序システムへの、過度の愛着を示すものなのである[28]。

一九七〇年代は、ローマクラブによる研究『成長の限界』において劇的なまでに表現され、生態系の危険を力説することでこの暗いムードがさらに高まったが、そこでの議論の中心は、未解決の「地球問題」への挑戦、すなわち、人口増加、食料供給、環境汚染、資源埋蔵量などの相互に関連する趨勢が、工業文明の持続可能性に深刻な危機をもたらしていることに向けられていた[29]。この著書はいかなる種類の社会や政治に関する批判あるいは世界秩序による問題の解決策についても提言することを避けたが、そこに書かれた文章と掲載された図表は、欧米的な生活様式を数年間のうちに抜本的に改めるくらいのことをしないと、壊滅的な悲劇が起こってその結果、人類に未曾有の惨禍がもたらされるであろうことを強く暗示している。この著書の論点は、MITでチームを組んで働いたシステム・アナリストたちによって考案された、精巧な計算機プログラムによるシミュレーションの結果から推論されていて、現存する世界の状況についてのセンセーショナルな分析を支持する、新種の技術主導型の権威を一時的には形成した。しかしそれはまた、この著書の劇的な結論が、いろいろなやり方で危険を過大評価してデータを「処理」した結果、導き出されたものであるということを主な理由として、その手法と引き出された推論についての様々な形の批判からなる反発を助長することとなった。ローマクラブの研究で公表されたグラフや表は、その基本的動向については正確に自信をもって書かれたことを示していたのかもしれないが、崩壊すべき時が過ぎても忌まわしい、予測された結果が実際に起こらなかった時、全体の話の信憑性がなくなってしまったということである。その結果生態系に関する基本的に独善的な態度を取るような事例が容易に続発し、環境が劣化するという状況が、過去三世紀半にわたって続いてきたウェストファリア体制の方式に基づく解決策よりもいっそう規制され、中央集権化されたかたちの世界秩序へ移行するための客観的な条件を提供するであろうという意味を押し隠してしまった。振り返ってみると、誇張が誇張を招き、それが連鎖したのであった。現実を考えると、過去に生態系の状況が悪化していくと悲観したことが正しいことではなかったように、将来に向けての生態系についての予測の独り善がりな態度も、正しくはなかったように思われる。

生態学的な緊急事態を認識すると、世界秩序も危機を迎えるということになるが、それをギャレット・ハーディンが、彼の想像によって『共有地の悲劇』[30]に生々しく描写している。この歴史上の悲劇は、すべての飼育者の保有する家畜の総数が、どの位までなら牧草地がもちこたえられるかを考慮しないで、羊あるいは子牛の持ち主が自分の群れの大きさを最大にしたために、イングランドにあった共有牧草地が、過放牧の状態となって起こったのである。つまり問題の核心は、私益の合理的な追求が、全体の利益を破壊してしまったところにある。ハーディンは、このような共有地の崩壊と囲い込み運動を招いた展開を、地球の共有地を危険にさらすことになぞらえて説明した。全体の利益は、その処理能力を超えてしまうような条件の下では護られないのであり、これは人類の福利に対し、特に将来の世代にとって脅威となることを意味するのである。もしこのような判断がなされていて、多国籍企業の市場勢力を制御するための場を、地域的、またグローバルなレベルでの環境管理に有効な制度へと移すことになんとか成功していたならば、たとえそれが一九七〇年代初期の、生態系の脆さに対する関心が最高に高まった時期の、ごく短い好機の間だけであったとしても、グロチウスの時のための前提条件が、おそらく実際上整うことになったであろう。この状況をシステム変更の潜在的可能性をもつ世界秩序状況として扱う試みがいくつか行なわれた[31]。

H．グローバル化の時代にグロチウスの時の問題を再び述べる

しかしここで述べているその主要な路線に沿って、付加的な何かがここ数十年の間に起こってきている。この現象をはっきりそれと特定するのは難しく、議論の余地のあるところではあるが、しかしそれはトランスナショナルな金融市場の台頭、資本の可動性、生産の統合、インターネットの特性に加えて最先端の技術で行なわれるたいていの経済活動にとっての領域性の衰退などの積み重なる影響に関わっていて、その最も熱心な支持者たちが「市民権」という言葉を「ネチズンシップ」と言い換える主張をしているように、非空間的忠誠心をもたらすに至っている[32]。国家

の役割は、この部分的に隠れた渦巻きの中に巻き込まれてきているが、その渦巻き自身は、多国籍企業の活動と、経済的な力が、国立銀行や準備制度から、どこを本拠としているのか分からない、どんな政治的社会に対しても最小限の説明責任しかもたず、情け容赦のない利益追求に支配された行動様式をもつ投機筋へと移って行くことと関連した原動力を体現しているのである。この世界秩序の全般的な再編成は、いま一般に「グローバル化」という題目の下に議論されていて、この用語は、腹立たしいほど曖昧なために、我々はしばしば嘆かわしく思うが、それでも、国家主権主義の類に基礎をおいた以前の理解の仕方に挑むその本質的な方策および行動形態が関心を引きつけるので、つい頼ることになってしまう、キャッチフレーズの一つである。「グローバル化」はある意味で一〇年位前「パラダイム」とか「パラダイム的」というような言葉が行なったのと同じ役目を果たしている[33]。

今までのところこのグローバル化の原動力は、それを受け入れるための規範上の論拠を、自由経済の将来の明るい見込みと準地球的規模での持続的経済成長の可能性の面で主張される利点においている。このエコノミスト的見解は冷戦終結の後は思想的なものに変質し、世界初の真にグローバルなイデオロギーとなった。それは、今やインターネットを含む、グローバルなメディアによって促進され、強化されている消費主義に基礎をおき、おそらく二一世紀の初めまでに、世界のショッピング・モールと商業および金融業務センターを供給しそうで、否が応でも我々すべてをネチズンにしてしまう恐れがある。このグローバル化の過程は、次のようないくつかの複合的に結びついた展開によって強化されてきたので、非常に大きな力をもっている。

・組織労働者が弱体化し、かつては労働側と経営側の間を結んで、企業利益を加減する一方、全般的な生活水準を改善した、社会契約―実際一世紀以上にわたって有効であった社会契約のために、必要な政治的基礎を供給していた「危険な階級」が外観上さしあたり消失してしまったこと[34]。

・資本主義に対する倫理面での挑戦であった社会主義が崩壊して、福祉と雇用の安定という社会的な課題から生じる要求は、もっと縮小されるべきであるという、道徳観念のない市場論理が受け入れられるようになったこと。

・地政学的に深刻な対立関係が消えて、グローバルな経済的な関係をどのように築いていくかといった気づかいをしなくてもよくなったことと共に、「競争」の圧力が増大してきたこと。

・市場志向型の立憲主義の促進がアメリカの主要な外交政策の柱となり、唯一の平和の実現可能な途としてそれを「拡大」させることに対する支持を集めていること—この「民主主義による平和」という仮説は、民主主義になればお互いに戦争を企むことはないという経験上および概念上の主張に基づいている。そして

・ひとつには自由化と民営化を推進するようあまねく圧力をかけ、公的部門による問題解決を好まない、世界資本による統制の結果として、国連の財政、環境保護や人道的支援のようなグローバルな公共財への政治的支援が減ってきたこと。

グローバル化を構成しているこのような展開の様相は、新しく顕れてきた世界秩序と言えるであろうか。グロチウスの時という意味における過渡期の全体的描写、すなわち国家主権主義的な世界秩序から、国家以後の現実になりつ

つあると評価されるような地域的およびグローバルなレベルで、経済的にあるいは他の理由で結びついた世界秩序へと移行していると見ることが正しいとされるほどに国家の役割、特に安全保障上の役割は充分に縮小されるのであろうか。もしそうであるのなら、どのような類の法的な説明が、未だ続く国家主権主義の現実と、顕在化されつつあるグローバリズムの姿とを結びつけるための橋渡しとなるのであろうか。グロチウス自身はヨーロッパ北部の出身であったが、そこは中世の封建主義を、特に普遍主義者の主張を再考し、これに異義申し立てをしようとする圧力や動機が極めて強かったところである。次の世紀において、法廷での判決や政策立案を導くための規範的合意を提供できる権威ある世界秩序の再構築をもたらすために、観察力を育て、経験を積むのに最も適しているのは、アメリカであろうか、アジアあるいはオセアニアであろうか、それともアフリカであろうか。

以下に述べるような意味で、今やグロチウスの時を構成し得る一連の客観的な状況が顕れているようにも思われる。グロチウスが貢献した部分は、主権、領域的支配権、国家間の平等および神聖な統治権を要求し、重要な規範上の問題に関しては、ローマ教会によって解釈され、履行されたキリスト教国と共和国の中世初期の枠組みに唯々諾々と従うことを否認する、諸国家に適用され得る新しい規範による秩序をあらかじめ示したことであった。その権威の基となったのは、中世的国際主義の局地的、あるいはグローバルな構造を反映するために、当時、階層的に整えられていた自然法の教えの中に具体的に表現された普遍主義であった。

我々は今、この経済や文化のグローバル化の時代に、より深刻な規範の真空状態と向き合っている。極めて不平等な社会的、経済的および政治的状況の下で、全体的に絶え間のない経済成長が、どこかでまたある箇所で生態学上の損害を引き起こさないことを保障する固有の信頼できる手段もない世界において、圧倒的な市場の論理がまかり通っているということである。我々が二〇〇〇年に近づくにつれて、人間の幸福とか、集団的に向上することといったより大きな問題に対して、小型化した無関心のムードがあり、この状態は、報道上では、「同情疲れ」の進んだ症状であると表現されている。我々の大部分は、リアルタイムで人間に降りかかってくる試練に気づかされる、サイバネティックスの世界における、深刻な人間の苦しみの多くの事例に対し、危険な無関心さにとらえられているように思われる。そして宣伝を満載したメディアの単細胞的な「そんなことは市場に任せておこう、お馬鹿さん！」というメッセージに従ってしまうのである。この言葉はまた、世界銀行やＩＭＦと言ったブレトン・ウッズ体制の見解であると同時に、今日、多くの政府のスローガンでもある。

この二組の状況―システムの変貌と規範の真空状態―がドイツの社会学者ウルリッヒ・ベックによって、挑発的な調子でこう描かれている。

欧米はその固有の社会的、政治的制度の基本的前提に挑むような諸問題に直面している。我々が今、目の当りにしている、カギとなる課題は、欧米の特質となっている資本主義と民主主義との歴史的共存がはたしてその物質的、文化的、社会的な基礎を失うことなく、地球的規模に一般化できるものであるかどうかということである……我々は、自らの工業文明を再検討し、実際に考案し直さなければならないとの結論に到達するのではあるまいか……新しい社会契約が生まれるのを待っているのではあるまいか[35]。

ベックはまたこのグローバル化の過程が、別に計画されることもなく、政治的というわけでもなく、一つの社会の時代から次のそれへと気づかぬうちにやってくるような展開としての変化を含む広がりをもっているということを強調している。ベックは、このような変化は「民主主義がもっている自己認識に反している」ことに注目して、もたらされることも、明示されることも滅多にないが、広く受け入れられている見解、すなわち根本的な社会的変革は、民主的に参加できる討論、対話、直接行動、熟慮の結果生じた場合に限って合法的なものであると表明している[36]。この民主的な自己認識は、決して世界中に広まってはいないが、次にやって来る世界秩序においても正当であると認められる要素なのであろうか。この問いに肯定的な答えが得られる限りにおいて、グロチウス的な（新しい世界秩序を追求するという）挑戦は、次のような方法で再び明確に述べられて大きなものとなる必要がある。現在の世界秩序の枠組みの要件が、いくつかの広範な関心事を処理することをはっきりと命じていない限りは、広く共有されている人間らしくあるための価値を充分に保護することはできない。

・強力かつ効果的に機能する国連と結んで、グローバルな公共財、すなわちグローバル・コモンズを保護することのできる環境計画および多くの国々によって批准されている条約に規定された、人権を擁護するという基本的義務の尊重を確実にするために必要な種々の仕組みを支えるための財政的基盤を確保すること。

・適切な市民連合と他のトランスナショナルなネットワークへの意義のあるアクセスを提供している、民主的統治組織を通して、世界の人々や、それらの公式および非公式の代表者たちに、グローバルな基本政策に参加する権利を与え、そうすることによってWTOやG7の首脳会議が現在及ぼしている影響力を制限すること。

・資本や資金のフローによって犠牲になっている人々の側に立ち、有効な規制を行なう機関を設立するため、一連の、新しいトランスナショナルな社会契約を作り上げるよう交渉を重ねること。これは財源や歳入を配分する際

の基礎として、収益や投資利益に対する利潤という経済的基準に加えて、必要性という社会的基準を考慮することである。そして、

・国家、国際機関、市場勢力、トランスナショナルな社会活動家たちを代表して行動する人々に重い責任を負わせることになる、説明責任を果たすための信頼できる仕組みを確立すること。一貫した手順でその責務の履行を確保するために、幅広い調査の権限と有効な手続きを具備した国際刑事裁判所（ＩＣＣ）が設立されれば、政治的な抑制に従うことなく活動することが認められる。目下公式に検討されている*、国際刑事裁判所のための提案によれば、安全保障理事会がこの裁判所による発議に許可を与えなければならないということになるが、それでは各常任理事国はいかなる犯罪捜査の発議にも拒否権をもつことになり、そのようなことでは常任理事国自身またはその同盟諸国に対する訴訟はおそらく妨害されるであろうことを意味している。

これらの規範的目標を仮定するのは、主として経済の優先を反映するような将来の世界秩序が出現する見込みを相殺するために、規範構造を再導入する方法なのである。しかしまた国際的な活動の主要なアクターとして、もはや国家は、規範の調整を完遂し得る第一の機関としては頼りにならないことは認識しておかねばならない。以上のことから二つの重要な結論が導かれる。

・国家というシステムは、特にグローバルな市場勢力の台頭によって、備えているはずの信頼できる問題解決能力をすでに大幅に損ねている。このように状況が変わってくると、指導的役割を果たしてきた国家でも、その領域

内において、住民に安全と福祉を供給するための基本的な領域的責任を遂行すること、あるいはトランスナショナルな経済活動を規制し得るような新しい規範の枠組み作りに効果的に参加するだけの能力はもはやもち得なくなってしまっている。そして

・このような状況下では、新しい規範的秩序はおそらく、国家という第一義的機関からは生み出されないであろう。国家は政治的形態としてその創造性と自己決定能力を失ってしまっているようである。ヨーロッパ連合というのは別の起源をもつ機関が探求したものである。その機関は、もともと政府間の協力体制によって確立されて、現在様々な形で国家主義者の抵抗の表明によってそのさらなる進展を妨害されているものの、機関に所属するエリートたちは現在の大部分の西ヨーロッパ諸国の一般市民よりも、はるかにグローバル化し、経済至上主義的である。国家が国民主導の優先的事項をもっと反映するようになるか、あるいは少なくとも上からのグローバル化とトランスナショナルな社会的勢力、すなわち下からのグローバル化との間のバランスをもう少し示すようになって新たな方向に向かう可能性もある[37]。

＊同裁判所規程は、国連国際法委員会により、総会に提出された草案が、アドホック委員会、準備委員会における審議を経て、一九九八年七月一七日にローマで採択・署名されたものである。同規程は六〇カ国の批准を得て、二〇〇二年七月一日に発効し、裁判所は活動を開始した。日本の加盟は二〇〇七年十月一日である。署名一三七カ国、批准一〇五カ国（二〇〇八年一月現在）。アメリカは二〇〇二年五月に署名を撤回している。中国、ロシアも未加盟である。

Ⅰ．グロチウスの時が来るのか、それとも規範の深い穴に踏み込むのか

結論として、一つの疑問がふらふらと表面に浮かび上がってくる。誰かグロチウスが出てきて、その考えが我々の間に広く知られるようになったとして、我々は知的共同体として、グロチウスその人として認めるだけの受容力をもっているであろうか。グロチウスの出現を待っているということは、社会的勢力がそれを支持し、受け容れる雰囲気を醸成することができなければ、ゴドー*を待っているようなものである。現在、これらの勢力は充分には結晶化されてはいないようなので、たとえグロチウスが顕れつつあるグローバル化された世界秩序のために、過去、現在、そして未来をつなぐ助けとなるような包括的な規範を説き明かす学術論文を携えて登場しているとしても、グロチウスその人であると認めることができないのではないか。

グロチウスの言は、一七世紀にはルネッサンスの啓蒙事業がすでに進行中で、プロテスタントによる宗教改革が北ヨーロッパで起こっていたからこそ、「聞いてもらえた」のである。宗教的な権威ははっきりと後退していたし、最終的に三十年戦争という蛮行によって消え去っていた。この出来事がグロチウスを刺激し、規範を扱い、概念化する仕事をさせ、近代化と非宗教化、科学の優越へと向かう道を開いたのである。

特にグロチウスが欧米以外のところからやってくるとすれば、異種のこの人物を喜んで迎えるような、現代の社会的勢力の集団がある。すなわち、環境、人口、女性、人権などといった世界的な問題に関する国連の会議に現れて、人々の気持ちを掻き立てた、トランスナショナルな社会的集団のネットワーク、欧米社会で解雇された労働者や貧民たち、国際社会で投資家たちを引きつけることのない、宗教的な問題に関心をもち、経済人の描く世界像を優先させて世界秩序の再構成を求めるシナリオには快く、あるいはうまく乗れないでいる人々である。

私の見るところ、現時点では確かに、真正のグロチウスによる応答は、偶然か故意か、世界的なメディアやインターネットの雑音の中に埋もれているのであって、ただ影響力をもち得るか否かというギリギリのところで、しかもそこにおいても要領を得ない形で、散発的な関心を引き起こしているだけなのである。それというのも、この移行期の現実に対する一貫した理解が欠けているからである。

かくて私の全般的な結論は、その意味合いにおいて混乱していて、私自身にとってさえもとらえがたいものである。「結局のところ、答え**は、グローバル化の累積的で多次元的性格ゆえにイエスであり、我々は客観的にグロチウスの時を生きているが、それは冷戦が終わったからではなく、つまり一九八九年にそうなったわけではなくて、世界資本の統制が、国家関係あるいは社会関係を危険な、しばしば残酷なやり方で、しかしある場合には有用で、有望なやり方で、『根本的に』作り直したからなのである」。

「しかしながら、答はノーでもある。我々はまだ、「グローバル化」に対応する規範の枠組みのために、このグロチウスが要請するであろうことを、あたかも一つの文明、あるいは一連の文明であると悟って行動しているわけではない。我々は消費者保護運動家の誘惑と市場が駆り立てる、イデオロギーとしては鈍くなった大した意味をもたない人々の総意との混ぜ合わせによって、イデオロギー的には眠っている状態へと誘い込まれている。『グロチウスの時』という言葉の曖昧さは、この、『イエス』と言ったかと思うと、すぐ後には『ノー』と言わざるを得ないことで表される」。

---

*出典は Samuel Becket（一九〇六―一九八九）作、'En attandant Godot' である。
**グロチウスの時が来ているか否かという問いに対しての答え。

しかしこのような結論は、あまり面白みのないポスト・モダンの脱構築的な響きをもっていて、諦めの表れとか、そっとしておこうという助言であると理解されがちである。この場合はそうではない。地上の統治を何か違う形に変化させようと調整するための闘争の力学の結果は、アクターの誰かに希望と期待をもたらすことになる。この闘争から引き下がるということは、経済第一のグローバリストであろうが、宗教上のあるいは、国家主義者であろうが、一人か二人の急進主義者の反動に対し、戦わずして負けてしまうということである。イマニュエル・ウォーラースティンは、この想定される危険に大胆に飛び込むという要請を、「我々は自らのユートピアを、それを単に夢見るのではなくて実際に作り上げるよう求められている。ある程度は作り上げられるだろう。我々が作り上げることに参加しなければ、誰かが我々のためにそれを決めてくれるだろう」と表現している[38]。願わくは、この作り上げられたユートピアが、新しい形の政治行動や、道徳と政治の未来図の修復につながるように、そして次に顕れてくるグロチウスが、規範の底知れない深い穴という目下体験中のものを埋める助けとなるように、規範の選択肢を全体的に明らかにするための啓示として役立たんことを。

注

1　Arundhati Roy, The God of Small Things 31 (1997).

2　このグロチウスのアイデンティティについての私の最初の記述は次の本になされている。Richard Falk, Introduction, in Charles S. Edwards, Hugo Grotius: The Miracle of Holland xiii-xxi (1981).

3　ウェストファリアという表記に依然利便性が認められていることは、例えば国連が、国際政治の動きの中で、主要な組織的勢力として、国家や諸国家に取って代っている過程にあるのかどうかを判断するために、一九九〇年代の国連の平和維持活動を評価する書籍の中で明らかである。その中の基本的な分析は、ウェストファリアの基準に照らし合わせることによって行なわれている。Beyond

Westphalia? State Sovereignty and International Intervention（Gene M. Lyons & Michael Masutanduno eds., 1995）を見よ。

4　Amin, Eurocentrism（1989）.

5　混沌とした状況の下、顕れた集合体の主な動向と理念に関する刺激的な議論は、Charles Jencks, The Architecture of the Jumping Universe を見よ。

6　ヘドレイ・ブルは、グロチウスがその中で努力した歴史的環境の規範的感受性に従うが、最近の解説者は、それより批判的な態度をとる傾向にある。取り上げられた問題は、重要であるが、本章における検討からは逸れている。ブルの評価については、Hedley Bull, The Importance of Grotius in the Study of International Relations, in Hugo Grotius and International Relations 65（Hedley Bull, Benedict Kingsbury and Adam Roberts eds., 1990）を見よ。

7　Francis Fukuyama, The End of History?　16（3）Nat'l Interest 3（1989）；A Reply to My Critics, 18 Nat'l Interest 21（1990）；フクヤマが自身の世界像について著した著作の増補版が、The End of History and the Last Man（1992）のタイトルで出版された。

8　Samuel Huntington, The Clash of Civilizations?, 72 Foreign Aff. 22（1993）.

9　Samuel Huntington, The Clash of Civilizations and the Remaking of World Order（1996）.

10　上記注8、pp.39-49 を見よ。

11　上記注9、pp.312-18 を見よ。

12　この権威主義の印象は疑いもなく、フォーリン・アフェアーズのある号において最重要論文として、ハンチントンの見解が公刊されたことによって強められた。この雑誌は数年にわたって、政府に外交政策の新しい方向の試みのアドバルーンを上げるための場を提供していることで悪名が高い。

13　上記注9、、pp. 316-17 を見よ。

14　Robert Kaplan, The Coming Anarchy, The Atlantic Monthly, Feb. 1994.

15　Robert Kaplan, The End of the Earth: A Journey to the Frontiers of Anarchy（1996）.

16　また、おそらくこのような見方は、経済のグローバル化に熱心な大前研一のような著者によって表明されている。例えば、Kenichi Ohmae, The Borderless World: Power and Strategy in the Interlinked Economy（1994）を見よ。

17　Lyons and Mastaduno, 上記注3、pp.1-18, 250-65 と Rosenau, Sovereignty in a Turbulent World, in Lyons and Mastanduno, 上記注（3）、pp.191-227 とを比較せよ。

18　Frank Kermode, The Sense of an Ending: Studies in the Theory of Fiction（1968）.

19　Id. P.43.

20　Id. P.95.

21　Id. p.97.

22 Richard Falk, The Paucity of the Millennial Moment: The Case of Nuclearism, in The Year 2000: Essays on the End 169-79（Charles B. Strozier and Michael Flynn eds., 1997）.

23 Grenville Clark and Louis B. Sohn, World Peace Through World Law（1960）.

24 C. Wilfred Jenks, The Common Law of Mankind（1958）.

25 特に価値観によって引き起こされる公序紛争を考慮していないとしてジェンクスのアプローチに対する重要な世界秩序批判については、Myres S. McDougal and Harold D. Lasswell, Ideological Differences, in Studies of World Public Order 3-41（1960）を見よ。

26 F. S. C. Northrop, The Meeting of East and West（1944）も見よ。

27 Jonathan Schell, The Fate of the Earth（1988）.

28 上記注**27**；E.P.Thompson, Beyond the Cold War: A New Approach to the Arms Race and Nuclear Annihilation（1982）も見よ。

29 Donella Meadows et al, The Limit of the Growth（1972）.

30 Garrett Hardin, The Tragedy of the Commons（1968）.

31 Richard Falk, The Endangered Planet: Prospects and Proposals for Human Survival（1972）を見よ。

32 有益となる全体的な概念化については、Ian Clark, Globalization and Fragmentation: International Relations in the Twentieth Century（1997）を見よ。

33 これらの展開の意味に関する懐疑的な見解については、Paul Hirst and Grahame Thompson, Globalization in Question（1996）を見よ。

34 John Gerard Ruggie, At Home Abroad, Abroad at Home: International Liberalization and Domestic Stability in the New World Economy, 24 Millenium 507-25（Winter, 1995）において分析されている。危険な階級の役割は、Immanuel Wallerstein, After Liberalism 252-71（1995）に記されている。

35 Ulrich Beck, Anthony Giddens and Scott Lash, Reflexive Modernization: Politics, Tradition……Modern Social Order 1.

36 Id. p.3.

37 この区別は、Richard Falk, On Humane Governance: Toward a New Global Politics（1995）において探究されている。

38 Immanuel Wallerstein, The Inter-state Structure of the Modern World System, in International Theory: Positivism and Beyond 87, 106（Steve Smith, Ken Booth and Marysia Zalewski eds., 1996）.

第二章　世界秩序——国家間法と人道法の均衡を求めて

A．今日の世界秩序の機能不全を概念化する

世界秩序という概念は、国家間法と人道法との間に位置するものとしてよいが、必ずしもそのちょうど真中にあるというわけではない。国家間というのはたぶん過去のことであり、明らかに国家間という次元が、国際法についての我々の理解の仕方を支配した時代の話であって、その時代とは近代的な意味での国家が成立していなかった頃というほど遠い過去の話ではない。あるいはまた、国家間というものを問題にしている時代を「近代」と結びつけ、人道法を「ポストモダン」と結びつけて考えたい。

人道法というのは未来に関わっている。その題材は歴史あるいは経験の話というよりは、潜在的な可能性を内容とするものである。それはあらかじめ示されるものであり、ある程度は国際人権法の内容および理論において具体化されている。この形式的な実体は、国家の直接の仲介によって確立されてきたのであり、国家間法の一分野であるとみ

なされている。しかし国際人権法が歴史的に力をつけてきたのは、圧倒的に市民社会が関わることによって実行されてきた結果なのである。

この市民社会の関わりというのは、二つの意味に理解される。まず最初に、トランスナショナルな非政府活動であるという意味であって、アムネスティ・インターナショナルや他の様々な地域的監視グループがその典型である。つまりそれらの団体は国家の側の権力を濫用するようなふるまいについての情報を用いて、法を遵守させるようにその影響力を行使し、もしそれが不首尾に終わった場合には、その告発された国家の法的正当性を欠く濫用についての情報を公開する市民の自発的な集まりである。このように考えると、ここでの関心事は個々の人間の幸福であり、それ自体、人道法の一面を満たしていると言ってよい（対照的に、国家間法は、国家の公式の代表者たちによって促進される、国家の利益に関わっている）。

人道法との関連において、市民社会が仲立ちするもう一つの次元がある。それは抑圧的構造にある統治からの解放を遂行するよう人々を力づけることであり、国家間法の中に具体的に表現された抱負により合法であると認められている社会運動なのである。東欧における抑圧解放運動は（ポーランドの「連帯」やチェコスロバキアの「憲章七七」のように）、彼らの根本的な苦しみが、すでに露骨に抵抗している国家自身によって認められているのだということを認識して、ある程度続けられたのである。このように、人道法は国家間法の中に埋もれているが、市民社会の運動によって掘り起こされ、実行されなければならないのである。

こうしてみると、世界秩序は複合的な現実であり、規範的な秩序に対するなおも続く国家の影響力を反映しているが、一方で人道法によって動機づけられ、市民社会に座を占めている自発的な連合体と社会運動の影響も見せている。政治的民主主義は立憲主義に根差していて、それが世界的に普及したことで主権国家によって管理された領域内に住む人々に、彼らの基本的人権が侵された場合、彼らにはもっと大きな社会に対して訴えかける、政治的、道徳的、法的な意味での選択肢があるのだということを、次第に気づかせるようになったのである。

人道法の性格がどのようなものかは決して自明ではない。国家のための立法作業に携わるようなエリートとは違う、世界の人々による、その人々のために制定される法を意味すると言ってもよい。このような語法は、「人民の権利」という表現に相当するであろう。これは急進的なイタリアの国会議員であるレリオ・バッソの努力により新しく採用されたものであるが、その結果として一九七〇年代の半ばにローマに常設人民裁判所が設立された。このような新制度はそれ自体、明らかに国家の弊害と国際機構の欠陥を露わにし、それ自身の自発的な声を市民社会に提供することを意図した、抵抗組織であると考えられる。このような声を法的な文書（例えば、「人民の権利に関するアルジェ宣言」〔一九七六年〕）や裁決（例えば、常設人民裁判所での様々な決定）によって公式のものとしたということが、それまでは頭に描かれているだけであった人道法の実質を作り上げることになるのである。この意味において国家は人道法の進展を図るのに適切な行為者とはみなされなくなり、法の創造と適用の新たな形式の確立は、今度は、市民社会に委ねられることになるのである。

また人道法をグローバル化の現象から区別して考えることも必要である。もっとも双方には注目すべきいくつかのつながりもある。国家間法は領域国家の自治を前提にしている。そうは言ってもこの前提も、地政学上の階層的な上下関係があるという現実を考えると、いつも法的擬制であった。国家が上昇過程にある大部分の時期においては、人道の最大の部分は、それを保護すべき組織から排除され、ウェストファリアの講和（一六四八年）が便宜的に援用されて、種々の形をもつ帝国主義的地政学の枠内に従属させられた。つまり国家間システムとは、本来ヨーロッパを中心とする地域的なシステムであったのであり、その地域が権力を世界規模で及ぼしていたがゆえに、世界システムが整ってきたという幻想が生じたに過ぎなかったのである。皮肉なことに、国家間法が世界を取り巻く現実となったのは、植民地主義が崩壊したこの数十年間のことである。このアイロニーは、この国家間法がその正式のメンバー間の枠組みとして、頂点に達している歴史の現時点において、相互依存と統合という現実が国家はそれ自身のみですべてを決めることができるという前提を打ち壊し、国家間法の主張する内容を部分的に時代遅れのものとしているところから来ている。

人道法を国家間法とはまた「別種の」ものであると分けて考えることからは、ある混乱が生まれる。近代を通じて国家というイデオロギーには、このような全く異なった独立国からなるシステムは、人間の幸福の増進に資するものであり、国家間法は、それによって人道法の目的を達成するのに最良の手段なのであるという主張があった。この観点に立てば国家間法は、実証主義者的傾向をもっており、明確な国民的アイデンティティを基礎に組織され、独立した人民が有する特定の利益、文化的多様性および具体的な価値規準などとは呼応していない普遍主義という漠然とした土台に頼っている自然主義者的なアプローチを改善するものであるとみなされたのである。つまり、領土というものが、経済、社会、政治、文化などの実在を接近させる限り、国家は特定の事項と普遍的な事項とを納得のいくやり方で調和させてきたのである。もちろんここでもまた、その妥当性が虚構でしかないのは、国民国家という術語の使い方にも表れていて、国籍という法律的概念は国家の境界線の内部における国民的アイデンティティについて、異なった、多くは対立するような政治心理的な考えをもったそれぞれの民族的集団の存在をしばしば曖昧なものにしたのである。国家を破壊するような影響力をもつ自決権が（人権規約の第一条および旧ユーゴスラビアと旧ソ連に関する、一九八九年以降の実行におけるように）、「人民」にまで広げられた時、国家は「国民国家」であるのだという紛らわしい主張を、決定的に覆してしまった。しかしおそらくこの「領域」というものの価値が損なわれたということが、国家間法の主要な前提と、そこから派生する人間の幸福の擁護者として機能するという、主張の土台を崩してしまった。この衰退は別の角度から理解することもできる。脆弱性の問題である。——国家は、核兵器と（誘導弾）長距離到達装置に鑑みると、安全を保つ能力を失ってしまった。また環境保護の問題もある。——国家は、領域外から及ぼされる有害な影響力のある動きに対してその領土を安全に守ることはできないし、自らの努力だけではグローバル・コモンズ（大洋、大気）を健全に維持することもできない。経済的活力の問題もある。——国家はいかに恵まれていて、大きいとしても、もはや経済活動に対して適切な枠組みを提供できず、次第にずらりと並んだ国際的なレジームによって、また資本市場や法人および銀行組織の地域化とグローバル化によって取って代わられつつある。この三類型の「衰退」を前にして、人間が幸福であるためには、その活動の範囲に応じて、地域的あるいはグローバルな規模で作用する法が必要となるのである。しかしながら、国家間という実体がいまだに存続し、人道法がほぼ夢（あるいは全くの願望）でしかない段階にあるというのは、まさにこの点においてなのである。国家間法は戦争や平和、環境問題に関し、またヨーロッパ連合以外の国境を越える経済活動に関しては、どのような統制手段があるかを規定している。それゆえ、国家間法がこれらの（三つの）課題に対応することができず、人道法は事実上具体化していないという点について言及することは、世界秩序を批判する立場からの見解を表明する一つの方法である。これらの批判がどういうところから来ているのかを詳しく考えると、それはまた、冷戦の終結や、ヨーロッパの再統一といった歴史の記念碑的な出来事において、なぜ人道法が有効な形で顕れるかという見込みについての探求とは表面的な関わり合いしかもてないのかということを説明する助けになる。

実際、冷戦の終結や戦略的およびイデオロギー的な紛争が見かけ上はなくなったこと、また世界経済の政策に問題が集中するようになったことと結び付いて、歴史的にみて、状況は悪化の一途を辿っている。国家間の活動に基づいた、世界の安全保障の枠組みは、主として強力な国家を封じ込めることに重点をおいてきた。国際法は、他国への侵略行為を頼みとすることを禁じ、同盟関係を結ぶか国際機構によるかして、集団的安全保障の取り決めを有効にするような土台となるものを規定した。自衛の主張と侵略の主張とを弁別することの難しさや、優位に立っている国家は介入外交を抑制したがらないことを含めて多くの問題が存在するが、しかしこのような国家間の約束は首尾一貫していて、第二次世界大戦後、北半球の世界では極めてうまく成功を収めたのであった。ただその効果は、認められた国際境界を越えて軍事力が投入されるのをいかに防止するかということにかかっていた（湾岸戦争）。国際関係の新しい局面を迎えて、優先すべき弱小国に対する問題が生じている。すなわち、それは隣接する地域からの干渉的な力によるか、自国の中の国民の大半を占める人々とは異なる民族的集団の分離独立志向によって、自らの国内秩序を維持できないような国家が、内部崩壊するという実態である。ボスニア（あるいはソマリア）の悲劇が、組織的な犯罪行為によるか、あるいは統治能力の完全な欠落かのいずれかが引き起こす、激しい長期にわたる人々の苦しみをよく表している。国家間の法の枠組みは、国家主義者によるか、あるいは国際機構の援助の下での、「人道的介入」が、法的に有効であると認めることができるが、しかしそれを実施するとなると、特にそれを効果的に行なうに必要な政治的意思がもてるほどの充分な戦略的利益がない場合、あるいは主要国家間で地政学的なコンセンサスが得られていない場合にはとくに手に負えなくなる。この実行の過程において、我々には蛮行の犠牲者を保護する能力も意欲もないことが分かるにつれて、落胆や怒りがこみ上げてくる。しばしば市民社会の率先的な取り組みだけが事態の解決に有効であり、その場合の進め方は、日常的な人道的救済を提供することや、和解への取り組みや民主的な志向をもつ社会的勢力を確認し、強化することに努めるのであり、問題となっている紛争には触れないやり方である。ヘルシンキ市民連合は、ボスニアの民族的・宗教的敵意に満ちた政治的風土の中で、暴力的対立に代わる他の方法を模索し続ける市民社会の連帯を打ち立てようと、目立たないものの、純粋な役割を果たしてきた。

トランスナショナルな市民社会の一つの表れとしての環境保護主義は、グローバル・コモンズを保護することができるような体制を確立するよう国家に働きかけ、影響を与えることによって、人類の将来の見通しに対する責任をほんのごく一部ではあるが担うようになってきた。クストー・ソサエティ、グリーンピース、あるいはその他のトランスナショナルな連合の提携によって行使されているような国境を越える影響力が、南極大陸を鉱物の掘削、開発事業から保護するのに役立っている。一九九二年六月、リオ・デ・ジャネイロで開かれた国連主催の地球サミットで明らかなように、禁止のための会議という形式は、人類にとっての緊急の必要性という観点から環境問題についての国家間の同意を得ることにも取り組んできたのであるが、有害物質の排出、地球温暖化、あるいはオゾン層の消失といった問題に関し、適切な保護法を直接または間接に制定するだけの能力はもっていなかった。市民社会は、国家間法の批判者としての役割は果たしているが、しかし現段階では本当の代案を提供することはできない。市民社会の影響力のこのような限界は、戦争と平和、トランスナショナルな経済活動の問題に関してはさらに明らかである。世界秩序の見通しの議論は、次の二つのレベルでなされることに注意しよう。第一は国家間法が有効な行動と創造的な解決法を提供する能力を失いつつあるということであり、第二はよりよい形で対応してくれる人道法が発達していないし、市民社会を代表するトランスナショナルな社会的勢力は、この規範の空白を埋めるだけの能力をもちあわせていないということである。冷戦後の世界秩序の危機をこのような状況の組み合わせを背景として述べることにする。

B．人道法の強化――顕れてきた地球市民社会に対して緊急になすべきこと

世界貿易と投資を促進するよう作用し、南から北への戦略的資源の流れを保護し、南によって仕掛けられる脅威から北を守るような世界的規模の有効なシステムを作り上げようと市場が強力に駆り立てている傾向がある。このような上からのグローバル化の現象が認められる、多くの政策の舞台がある。すなわち中東の戦略的石油資源を使った脅しに対する対応、GATTの枠組みを拡大する努力、核不拡散体制の強制的実施、南から北への移住者や難民の流れの封じ込め、革命的性格をもつ「テロリスト」の暴力を犯罪と決めつけることや、反革命の性格をもつテロリズムの恣意的な取り扱い、様々な様式の北から南への一方的な介入外交、安全保障理事会とIMFあるいは世界銀行に権力を集中させることによる国連の「改革」（一方で南の優先事項を低く評価し、多国籍企業に関する国連センターを排除し、国連総会・UNCTAD・UNDP・UNESCOを重要視していないこと）、そして世界の人口の八〇%を占めている国が参加していないにもかかわらず、G7サミットに世界経済政策の策定を任せていることなどである。この上からのグローバル化の意味合いは、国家間法に代わるような種類の世界法を導入しようという意図の表れであろうが、それは多くの点で「人道法」とは反りが合わないのである。

トランスナショナルな社会的勢力は、人道法を推進するための唯一の手段である。その規範の焦点は、すべて北および南の人々のための思いやりのある持続可能な開発によって生命を吹き込まれ、また人道的見地からなされる地球の統治（すなわち参加と責任の両面で民主的に構成され、しかも最貧の二〇パーセントの人々や最も弱い立場の、例えば先住民の、ニーズに応えられるような大地と住民を護る統治）によってそのような公約を組み立てることを求めているのである。

このような考え方に結びつく政治力学を表すのに私は「下からのグローバル化」という術語を用いることを提案し、

これらのトランスナショナルな民主的勢力の存在がトランスナショナルな市場勢力によって形成されている地球規模の政治経済の未来図に代わる、地球市民社会の創造に暗黙のうちに貢献していることを確認したい。私の考えでは、人類の希望は、すでに広まっている上からのグローバル化による支配に対して、国連（および他の国際機構やレジーム）、メディア、それに各国の動向といった、ごく一般的な意味で考えられる一連の重要な活動の舞台で、効果的に対抗できるかどうかという下からのグローバル化の能力にかかっているのである。これらの舞台はいずれも複雑であり、政治的な角逐の実際の場と利害関係を確認するためには、いくつかの段階ごとに分解して考える必要がある。法というものが地球市民社会のこれらの具体的な執行者に対して潜在的な影響力をもつための手段を供給するのであり、このように理解される法の基礎が「人道法」の意味するものである、というのが本小論における私の論旨である。

一・人道法はすでに国家間法に含まれているが、まだ現実化していない

国家間法の主要部の中には人道法の重要な要素が潜在的に認められていて、人道法を必ずしも革新的で理想主義的な代案としてではなく、規範の触媒として機能させている。この一般には評価されていない国家間法の潜在的能力は、以下の四つの事例を簡潔に引用することによって例証され得る。

世界人権宣言第二五条および第二八条

国際法の専門家の間では、世界人権宣言は実定国際法の中に組み込まれているということで意見が一致しているが、その多くの規定は、他の機関はもちろん人権にかかわる機関によって、簡単に無視されている。その第二五条は、す

べての人に充分な生活水準を保持する権利を与え、第二八条は、さらに踏み込んだ権利を与えている。すなわち「すべての人は、この宣言に掲げる権利および自由が完全に実現される社会的および国際的秩序に対する権利を有する」のである。地球市民社会の命ずるものを支持する、トランスナショナルな民主的社会的勢力でさえこのような国家によってなされた、法的拘束力のある約束についてはいままで何も発言してこなかったのである。沈黙を破ってこのような「社会的および国際的秩序」の形について考え、また市場勢力がその活動の範囲内で、このようなレベルの権利を維持するように責任を負うべきであり、国家はそのような法律的な期待を実現する責任を引き受けるべきであると主張することが望ましいと思われる。すなわちすでに国家間法には、人道法の基本である倫理的要請（地球上の各人を神聖な主体として扱うこと）に対する約束が、口先だけであるにしても存在しているのであるから、この観点からは国家間法を履行することが、人道法の制定と同等の意味をもつのである。

核兵器の不拡散に関する条約の第六条

特に国家システムの地政学的な意味での指導者たちによって、近年、ＮＰＴ（核不拡散条約）ほど高い優先順位が与えられている国際条約はない。第六条は、現存している核兵器国が、核兵器競争を終わらせるため、また核軍縮を達成するため、そしてすべての中で最も劇的なのは、「厳重かつ効果的な国際的管理の下における全面的かつ完全な軍備縮小に関する条約」を締結するために、「誠実に交渉を行うこと」を約束している。核不拡散のための約束のこの部分は、核兵器国によって無視されていることは明らかである。特に二極化状況が終わったのであるから、今や南の国々は、核兵器の保有をやめることこそ、相互主義的な取り決めの部分をなしていて、かつそれのみが国際正義に適うとして、第六条の履行を主張する時なのではあるまいか。トランスナショナルな活動に参加している平和諸団体は、二〇〇〇年*までには、核兵器国がきっちりとNPTの第六条の履行を開始するよう主張する核廃絶主義に一致して貢献すべきではあるまいか。

ニュルンベルク原則

国家犯罪に対して、責任ある指導者たちにその罪を問うという考え方が、第二次世界大戦後にドイツと日本の高官たちをニュルンベルクと東京で訴追するという形で実現した。引き続く裁判も、法人の幹部や医療専門家を含む、これらの国の甚だしく犯罪的な政策を実行した社会におけるすべての人々が有責であるとした。ニュルンベルクの約束は、この経験を国際法上、個人にも責任があるという形に発展させる第一歩として扱うことであり、その責任は将来的にはすべての国を拘束し、単に敗戦国に対してのみの適用にはとどまらないことになるはずであった。この約束は、まず一九四六年に国連総会の宣言九五［一］で、ついで一九五〇年に国際法委員会で正式に条文化され、ニュルンベルク原則という、拘束力のある形式で採択されて、法的な認証が与えられた。しかし第二次世界大戦のすべての戦勝国が示した一九四五年以降の好戦的行動を考えると、ニュルンベルクの約束は、サダム・フセインあるいは、旧ユーゴスラビアの「民族浄化」やボスニア人女性に対する組織的暴力行為に関わった人々について、近年ニュルンベルク

＊本書が刊行されたのは一九九八年であることに注意。

流のやり方が国連の後押しで復活する動きがあるものの、破られていると結論するのが相当であろう。

市民社会の勢力はこのニュルンベルクの経験の妥当性を忘れていたのではない。ダニエル・エルスバーグが、ニュルンベルクの裁判記録を読んで、ベトナム戦争末期のペンタゴンの報告書を公表するのが自身の個人的義務であると信ずるに至ったと語り、さらに近年においては、イスラエルの核兵器技術者のモルデカイ・バヌヌがイスラエルの核兵器計画についての「秘密」情報を明らかにしたことで、イスラエルの軍事法廷で「反逆罪」として断罪され、今なお入獄中にあるのも、その政治的良心によるものである。エルスバーグもバヌヌも地球市民社会によって、「もう一つの」ノーベル平和賞とされる、Right Livelihood Awardの受賞という形で顕彰された。さらに一連の「ニュルンベルク行動」と呼ばれる、トライデント潜水艦やD—5核弾頭のような、戦争を予定して先制攻撃を仕掛ける核兵器を開発し、配備するといった、国家による侵略戦争の犯罪的準備行動を、国内法を犯してでも明るみに出す行動が引き続いている。

国連憲章の前文、第一条および第二条

有名な国連憲章の前文における初めの文言の「戦争の惨害から将来の世代を救い」は、紛争を戦争によらずに解決する方法を探し求めるという基本的な誓約を表している。しかし、国連の実行は、特に近年（湾岸戦争やソマリアにおけるように）、国連の枠内で安全保障を求めるに際して軍事力に頼り、国家間の関係において正義を求めることや経済的、社会的な関係において個々人の尊厳を尊重するための道を探すやり方を—全く除外しているとは言えないとしても—貶めていて、諸国家が国連に戦争を行なう役割を与えているかのような傾向がみられる。何年も前に主要国の代

表者たちによって受け入れられたが、拒否されたことも問題とされたことさえない、空虚な義務の文言を実現させるべく、市民社会が率先して行動し、まだ活用されていない規範を立てる機会がここにもまた存在している。

二．人道法を実現させるために必要な市民社会のさらなる新規構想

人道法の実現には、国際的な活動の規模と範囲とを考えると、特に世界秩序が求めている確かな構造的必要性を満たすための、いくつかの独立した、先見の明のある新規構想が求められる。このテーマについては詳細な議論を必要としていて、ここでは予備的な議論として取り上げることができるだけである。地球的統治のあり方に重点をおくような考えが、主に国家間の世界と結びついている体制側で認められ始めている。例えば、グローバル・ガヴァナンスの見地に立って、国連の構造の一新を提案した、一九九一年四月二二日のストックホルム構想の中での要請が挙げられる。一九九二年の国連事務総長ブトロス・ブトロス-ガリの報告書「平和のための課題」では、国連の集団的安全保障プロセスを、現在よりもさらに地政学的政治から独立させることと、根本的に秩序が崩壊してから紛争を解決しようと努力するよりもはるかに実行可能性が高いと思われる、予防外交を講じる能力を強化することに重点が置かれている。またブライアン・ウルカートは、現行程度の国連加盟国、特に大国に依存することなく、平和維持活動（安全保障理事会の「排他的な権威」の下に、「事務総長の日々の指示に基づいて活動する」）に従事できるような国連義勇軍（New York Review of Books の一九九四年六月一〇日号において概略が示されたが、一九九三年七月一五日号にはもっと突っ込んだ解説が掲載された）を創設することを提案している。

人道法の充実を促進するには、トランスナショナルな社会的勢力が将来に対して描く展望において、地球的統治というものがより有機的な部分となる必要がある。重点を置くべき二つの領域があって、そのいずれもが世界秩序はど

うあるべきかという機能的、実際的な議論と、人道的志向の持続可能性という規範のための議論との相互作用に関わっている。

環境保護と世界市場の活動という、特定の現実に適応する地球的統治については、強力かつ明白な事例がある。消費形態と技術の選択について、経済的負担の多くを北側に負わせるというやり方で、自由意思に基づいた適応がなされるという見込みがあるか否かは、国家と世界市場に対して環境基準を設定し、それを実施するための、現在よりもっと強力な制度上の能力をもち得るかどうかにかかっている。そのような可能性については、一九九二年の地球サミットでは、環境問題については地球規模で政策を考えて決めることにしようという方向へ議論が向かうことに国家と市場勢力が抵抗したため、議題に載せることすらできなかった。下からのグローバル化の課題の一部として市民社会が参加し、必要性を一致して示すことのみが、公平でしかも有効な形で環境の分野における地球的統治を確立するという国家間の政治的意思を作り上げることへの希望となるであろう。そのための交渉の手順の遂行が、特定の計画をもとに促進されるよう、また人道法の大義に貢献すべく、法律の専門家たちはその制度の形態を有益かつ詳細に作り上げる努力をする必要がある。

世界市場を規制することは、市民社会の勢力をうまく政治的に動員し介入させなければ、さらに困難となる。現状ではG7の国家が、(世界的な水準での規制の空白状態を支持することを) 約束している。国連多国籍企業センター (UNCTC) を廃止したのは、この規制除去の傾向を表している。市民社会はこれらの事項に対する責任を自覚し始めている。常設人民裁判所は一九八八年にベルリンで開廷した時、IMFの構造調整計画は、第三世界の人々の権利を侵しているという告訴について審理した。一九九三年七月のG7のサミット直前に東京で行なわれた、G7を裁くための国際人民裁判所は、独裁的な指導者たちが人々から収奪した金銭を常習的に秘密の海外の銀行口座に隠し、また銀行や企業がケイマン諸島やバハマのようなところを税金と規制逃れの地として選ぶのを許していることを含めて、市場が現在行なっているやり方に関して包括的な告発を行なった。今、市民社会の勢力は、主としてこの規制の空白から発生する弊害を白日の下に晒し、社会の最も危うい階層の福利を考えていないグローバル化構想（NAFTA、GATTのような）に抵抗する必要がある。この規制の空白を埋めるための、より広範な努力が、顕れつつある人道法の旗手となるための重要な試みとなるであろう。

この他の一連の構造上必要なものは、国際機構、特に国連を、地球市民社会が示す考え方により大きな比重を与えることができるものに作り直すことである。これもまた、ここで議論が適切に詳しくなされるには複雑過ぎる問題である。簡単に述べると、求められているのは、国連のあらゆる面の活動に対する地政学的および市場の影響力を弱めることであり、南の国々と、人権と民主化の促進に尽くしているようなトランスナショナルな社会的勢力の双方に、より多くの参加の機会を与えるような仕組みを用意することである。

安全保障理事会の改革が近年注目を集めている。国家主義と市場が、二つの金融超大国である、ドイツと日本に安全保障理事会の常任理事国の席を与え、いささか不承不承ではあるがどこか人口の多い南の国に—インド、ブラジル、ナイジェリアがいちばんよく候補に上っているが—二級の資格（出席すれども、拒否権なし）の常任理事国の席を与えようと、国家主義的な駆け引きの中で圧力をかけている。地球市民社会を目指す方向であれば、さらに進んで常任理事国の席に連なって「道徳的超大国」（ノーベル平和賞の受賞者のパネルによって指名される）の席を設け、さらにもう一つの席は、最も経済的に恵まれていない国の代表の席（UNDPが発表するいくつかの指数に照らして決められる）とし、三つ目は地球市民社会の代表（もう一つのノーベル平和賞受賞者のパネルで選ばれる）に、四つ目は先住民の世界会議を代表するために、としてもよいであろう。

その他の構造改革の方法もまた必要とされる。すなわち国連総会の役割を重ねて主張すること、できることなら国際的な金融活動あるいはグローバル・コモンズからの資源取得に対して取引税を課することによって、国連の独立した収入源を確保すること、そして世界法廷の義務的管轄権を国家が受け入れるという約束を一般化し、「勧告的意見」の権威と拘束的効果を強化することなどである。人道法の提唱者によって推進されなければならないこのような構想はもっと数多くある。

この段階でやはり重要な、より具体的な法的に限定された新規構想を例証する取り組みには、次のようなものが含まれよう。核兵器による威嚇あるいはその使用の国際法上の地位についての一九九六年の国際司法裁判所の勧告的意見を履行するように、トランスナショナルなグループによって推進されている世界法廷計画や法律家で構成された市民連合によって準備され、国家の枠を超えて推進されている、国際的な武器取引を監視し、除去するための条約の起草である。

C. 結　論

人道法を実現することは、複雑で多面的ではあるが、欠かすことのできない任務である。トランスナショナルな政治の一つの目標は、国家、主要政党および世界の市場勢力が、人道法の提唱者によって主張されている要求と価値基準を積極的に受け入れるようになることであるが、その推進力は主に市民社会に由来するものでなければならない。これらの提唱者たちは二つの際どい舞台装置の中で、その努力を強力に推し進めなければならない。すなわち、国連とメディアである。国連というのはよく分からない実体である。その憲章はおおむね人道法を具現していると解釈できるが、この機構が行なっていることの多くは、市場勢力への盲従、地政学的な活動の立役者による暴力への恣意的な依存、強制行動での極端な差別と二重基準を含んでいて、国家間法の最も後ろ向きの性質を備えている。同様にメディアも、民主的な規範とは道理に適っていることという雰囲気の中では、ことに国家あるいは市場のために、その表現に偏見をもたせることなく、真実を追究するものと思われてはいるが、その活動の実態は（オーナーの傾向で歪み）、とかく問題となる国家主義的な行動を綿密に監視しないようにしようと自己規制を行ない、市場によってなされる大抵のデフォルメを、広告による収入や、メディア首脳部の経営志向を斟酌して詮索しないようにしている。国連と世界的なメディアというのは、今後何年かのうちに地球市民社会の将来の見通しと人道法が決定づけられるであろう二つの闘争の場、あるいは戦場である。ここでの戦いは、間違いなくすさまじいものであるが、勝利の見込みは、歴史上かつてなかったほど大である。現在の知見から判断すると、悲観主義にも楽観主義にも陥る必要はないが、我々の価値基準と一致する未来像を追い求めることが、最も良識ある行動方針であることになる。それにその達成は、一〇年前に東ヨーロッパの解放が実現すると思われていた可能性に比べて公算が低いことだといったい誰が言えるであろうか。

第II部　現実の関心事

第三章　国連、法の支配、人道的介入

設立されてから最初の五〇年が過ぎた国連は、今後平和と正義という目標を推進することができるだろうか。これらの期待に応えるために、法はいかなる役割を果たすのか。少し考えてみただけでも、東西二つの超大国とそれぞれの陣営の間の対立が終わったのであるから、好機の扉は大きく開かれたはずであった。しかし実際はそうではなくて、冷戦後の世界において平和と安全を混乱させるような、ソマリア、ボスニア、ルワンダといった一連の諸問題への対応が期待外れのものであったために、国連に対する懐疑的な評価の傾向が見られるのである[1]。

これらの紛争は、国連の正式メンバーの主権国家の領域内で起こっていて、人道的外交と人道的介入に何ができるかという新たな一連の論争を顕著なものにしている。ある意味では、市民社会の作用は、いろいろな場で、同じ歴史的瞬間において、問題を含みつつも解放作用を果たしてきたのである。この作用の否定的側面は、民族的国家主義勢力による暴力と過激主義として現れ、この勢力が全面的に結集されると、大量虐殺を引き起こす可能性の高い残酷な政治運動を惹起し、これが安全で純粋な民族からなる国家を作り上げるための十字軍的役割を果たすものとして正当化されることである。国連や地域的機構また主要国は、ここ数年このような民族的国家主義者の暴力の激発に悩まされ続けてきており、人類は連帯すべきとの精神をもってこれに対応しようとしてきたが、その効果はあまりにもわずかなものであった。

市民社会の作用の肯定的側面は、より公平で平和的であり、環境を保護し、人間に優しい世界の実現を目指す、トランスナショナルな社会的勢力が台頭してきたことと結びついている。これらの勢力は、国連に対して影響力を行使しようとし、民族的国家主義者の暴力の影響を緩和し、かつ和解と寛容を様々な民族間の枠組みにおいて促進しようと努める姿勢で行動してきたのである。

より一般的に言えば、国際的活動の中で自由意思による市民という要素は、国連に影響力を行使するという観点からするとより効果的に組織されている。このことは一九九四年にカイロで開かれた国連人口開発会議に関して明らかであった。この会議では特に女性グループが、人口政策に関して規範となるガイドラインを再構築する上で大きく貢献し、出生率を下げるためには技術的手段を利用できるようにすることが肝心であると人口学者が主張したのに対し、女性の、特に未婚女性の教育、健康、社会的地位を改善するよう、より人間的な面を強調することに論点を変更させたのである。

このカイロ会議での経験はこの章で取り上げる見方を先取りしている。本章では、不安定なものではあるが、この非常に勇気づけられる傾向は、国連の様々な場における増大する民主的な政治権力の強化と結びついていることを認め、また特に、これまで草の根運動からは一般に無視されてきた国連の平和と安全の活動の分野が、注目を集めることで大いに重んじられるようになるであろう、という点について論じる[2]。

このような結論の背後にある理論的根拠を理解するためには、法の支配についての国連の幅広い経験を考察することが役に立つ。私は、一九九五年その設立五〇周年にあたり、改めて確認された国連とその加盟国によって宣言された目標が指示する目的地、すなわち平和、正義、開発および持続可能性の実現に向かう動きを促進するよう、誤りに修正を施したいと、言わばバックミラーで過去を振り返ってみようと思っているのである。これらの目標は時に、「持続可能な人間開発」と一括して呼ばれている。

一九九八年の時点では、国連が漸進的に発展するという見通しは、相当に暗いということは認識されていなければならない。諸政府の見解は、一般的に無関心であるかあるいは反対の方向を向いている。国連よりも希望のもてる統治を広げるための舞台としては、グローバルな経済活動（ＷＴＯ）や地域主義（欧州共同体やＡＰＥＣフォーラムのような）がある。

それからボスニア戦争の最終段階では、特にデイトン和平協定を実施するための中心的役割において、ＮＡＴＯを新しい方向に向けるという努力がおぼろげながらではあるが顕れている。ＮＡＴＯのような軍事組織にとって、これは便宜的ではあるが、変則的な役割なのであろうか、それとも人道法と人道目標を達成するために、地域的安全保障能力に頼ろうとする傾向を示しているのであろうか。

A．探求の範囲

ここで考えている探求の範囲というのは、国連の活動に関する法の役割に限定するものである。すなわち係争の種になっている行動に関して組織の枠組みとしての、また権威ある指針としての法ということである[3]。この点を強調して、国連の平和と安全のための活動に対する法関係のみを考察することによって、探求の範囲はさらに狭められることになる。一般的にはこれが国連行動の中で最も議論を呼ぶ困難な領域なのであるが、世界の人々の全般的な利益を守ることに関して、国連の有用性を測る試金石の役割を一般の人々に提供しているのである。国連が成功しているのか、それとも失敗しているのかを評価するこの判断基準は、一般にマスメディアによって採用されているし、国連が、侵略による、またより最近では、これとは別に国内秩序の深刻な崩壊へのその対応によって犠牲となった社会の平和と安全を守るために力を尽くすことができるという、一般に理解されるその能力ゆえに国連を礼賛する指導者たちの態度にも反映されている。

したがってこのような背景における、法の役割を、その限界と潜在能力も含めて理解することは、そのことが国連の活動、特に安全保障理事会の活動に関係する時、有効性と正当性が結びついているかどうかを間接的に調べることになる[4]。具体的事例に基づいて説明すると、一九九〇年八月のイラクのクウェート侵略に対する安全保障理事会の機能は、様々な反応を引き起した。なるべく早期に解決しようと懸命になっている人々は、法に適っているかどうかには無関心となる傾向があったが、長期的な見地に立ち制度として有効であるか否かということに関心を向ける人々は、概してそのような無関心さに悩まされた[5]。重要な意味を持つことなのであるが、この長い目で考えるということが国連を支えるのであり、目先のことだけを考えても、有効性と正当性を一致させるという目標が必ずしも容易に達成できるわけではないのである[6]。

強い国のみが国連の有効性を保障する能力を有する。しかし、それと引きかえにこれらの強い国の政府は、自国軍の作戦上の指揮権と、任務の範囲についての広範な自由裁量権を保持することに固執しがちであったため、国連の法的正当性を損なってきた。このような譲歩が、湾岸戦争時の国連の対応に暗影を投げかけた。特に「砂漠の嵐作戦」の直後、イラク北部のクルド族や南部のシーア派（いわば「湿地のアラブ人」と言ってよい）が、サダム・フセインにによる残忍でゆるぎない弾圧に晒された時期がそうであった。ワシントンは、明らかに分離主義の方向に動く反乱行動に手を貸すことによって、統一国家としてのイラクを崩壊させる、という危険を冒さないことを単独で決定したのである。人間の苦難に対して、地政学的な無関心を装うこのようなパターンは、特に非西欧諸国の目には、国連を国連憲章に規定されているような、加盟国の共通の目的に奉仕する機関ではなくて、アメリカの外交政策の出先機関であるかのように見せてしまった[7]。

平和と安全のための行動が合憲的であるか否かというこの肝心な問題については、なお言及しなければならないいくつかの局面がある。二重基準や、選択的行動（同等の者を平等に遇しない）という問題であるが、これらの問題は、特に繰り返されるイスラエルの越境の武力行使に関するものだけでなく、戦略的関係が最低限度の憲章上の制約の遵守ということよりも優先した他の場面においても、長期にわたって顕著となったのである。トルコがキプロスへ介入し、その一部を占領し続けている件や、インドネシアが東ティモールに侵入し、併合した例である。人道的援助をめぐっては、主権的権利を尊重する立場と平和や安全についてはそれほど国家主義的でない考え方との間に、一連の重要な論議がある。特にそのような大事業においては、国連は、本質上加盟国の「国内管轄権」内にある事項には干渉してはならないという憲章第2条7項の義務との関係が問題となるのである。それは国家の内部で発生する問題についても統制が可能であるとする国連の主張に関わる、幅広い主権的権利の問題の一側面なのである。

さらに国連が武力を行使する、あるいは武力の行使を承認するのに際し、その指令は、主にハーグ条約およびジュネーブ諸条約が定める伝統的な戦争法によって律せられる国家による同等の行動の場合よりも、法によっていっそう厳格に制限されるべきか否かという問題がある。これについて探究された学問的著作は豊富ではない[8]。そして最後に、現存する国連法の枠組みにすでに含まれている潜在的権能については、グローバルな改革の過程をもっと容易に進めるためであるのなら、憲章の正式な修正によることなく用いられてもよいものか、それとも憲章を改正することによって、この枠組みを変更あるいは入れ変えることが必須であるのか、あるいはその方がずっと有益であるのかどうかという問題がある。

国連の立法的役割については、国連が過去五〇年にわたり、国際関係の遂行のための規範的構造を作るにあたって、多大な貢献をしてきたことが含まれており、国連と法の支配との関係の一つの側面なのであるが、本章では取り上げないことにする。国際法の発展に対するこうした直接的な貢献に密接に関連しているにもかかわらず、学問的著作においてはあまり評価されていないのは、市民社会によって生み出されている、市民および彼らの組織や連合体の、自主的で自然発生的な行動の多面的な表れであるトランスナショナルな民主的活動を育てる上で、国連の果たしている役割についてである[9]。

たとえそれが押しつけであろうと、内戦状態という戦時下の厳しさの中で、より安全な方針に沿って、人権、あるいは救援活動や人道的援助の構想を実施するためには、国連の権威により裏打ちされた規則や基準からなる成文法という枠組みの形で国際人道法が存在するということが、政府間関係の枠組みの外で役目を果しているこれらの活動家たちの仕事にとっては決定的に重要なのである[10]。これらのトランスナショナルな救援および人道のための諸機関は、ともかくも実効的支配を行なっている政治および軍事当局との関係において、双方に受け入れ可能な権利・義務の枠組みに照らして、多くは差し迫った状況にある自らの行動を限定する必要がある[11]。国連は、主要なグローバルな課題についての、立法条約のための交渉を後援し、またそれ自身の公式会議を開催して、公正で持続可能な世界秩序を達成するという公約に結びつく、急速に進展する優先課題と価値基準に対応した国際法を漸進的に発展させる基礎を供給している。このような国際法の進展は、契約的な意味における義務を課すとともに、宣言された念願の目標を明確に表現するということを意味しているのである。恐らく、その最も中心となるのは、個別的あるいは集団的自衛の範囲内にあるものとして、厳然と正当化され得ないような武力行使を禁止することである。国際社会において、法の支配をいっそう広めるためにそのように貢献していることは、国連がそれ自身の活動においても法の遵守に好都合なはずであるという一般的傾向を示しているが、そのことはまた、この機構がなぜ自ら行動する時よりも、固有の活動範囲を超えて、法を尊重するように影響力を行使する場合の方が、ずっとうまく法の遵守を推進できるのかという疑問を生じさせるのである。

国連が国際法委員会や国際司法裁判所の活動を通じて、法律を作り、法を適用することに貢献していることに注目するのは、このようなより広い意味においてまた適切なことである[12]。この二つの国連機関は、広範な主題にわたって国際法の明確化と発展に主要な役割を果たしてきた。同様に、総会の法宣言や立法的決議は、それらの地位が国際法の専門家の間で議論が繰り返される事項となっていて、一様には扱われず、物議を醸しているものの、これまでの五〇年の間に法の発展に対し明確な影響を及ぼしてきている[13]。

総会のこの準立法府的な役割について懐疑的な人々に対しては、進展しつつあった民族自決権を表現するには欠かすことのできなかった、総会で広く支持された決議による功績に言及するだけで充分である。すでに述べたように世界人権宣言は、人権の分野での立法における驚くべき原動力となる道を開き、また同宣言と平和と安全の問題との増大する結びつきを強めたのである。さらに注目すべきは総会によりニュルンベルク原則が承認されたことであり、その時それは世界全体から承認を得ることになったのである。国家間の友好関係を律する原則宣言は、主権国家間の関係を規律する法的枠組みについての最良の総合的概要を提供するものであった[14]。このような準立法的行為は自発的な市民連合を代表し、特にトランスナショナルな性格をもった法の効果的な履行を促進しようと努めるか、場合によってはそれを無視することを勧めるような、NGOを含めた広範な行動主体の国際的な活動に、様々な影響力を及ぼしてきた[15]。

一九九〇年代半ばにおいて、ルワンダや旧ユーゴスラビアに先頃顕れたような、大量殺戮の形を取る民族的国家主義に対しては、国際社会はあまりにも脆弱なのではないかと考えられて、世界秩序を維持するための実際的能力に対する信頼を失いかねない危機が明白に存在している。この際にジェノサイド条約を履行することは、主要国の戦略的関心を引かず、そのような状況のもとでは、国連によって組織された対応は最小のものとなってしまった。平和維持という文脈において、国連の役割というのは、外交的リーダーシップを取ることと救援活動を混ぜ合わせたようなものなのであるが、民族浄化や他の戦争犯罪の加害者と犠牲者との間で、中立を守らねばならないという不運な性格をもっているので、主流からは遠ざけられてしまった。激しい内乱の泥沼に引き込まれまいとするこの気乗り薄の様子といくぶん矛盾するのが、安保理が重大な戦争犯罪に対して、旧ユーゴスラビアの政治および軍事指導者を含む、責任あるすべての人々の告発、逮捕、訴追に専念する、特別裁判所の設立へと動いたことである。この試みは、その後拡張されてルワンダを含むことになった。このような平和の構築者、法的責務の執行者としての国連の役割が、ボスニア*に関して首尾よくまとまるかどうかはこれからの行動にかかっている。

この種の邪悪な政治的行動に対する異議として、国連の諸制度に新たにつけ加えられ、主権の不可侵性はグローバルな責任に従属させるようにするための過程の第一歩と考えられる、国際刑事裁判所（ＩＣＣ）の設立ができるかどうかはニュルンベルクから五〇年以上を経ても明らかでない**。現在のところ、国際法委員会は提案されている刑事裁判所を安全保障理事会の権限の下に置き、したがって五常任理事国のもつ拒否権に基づいて、地政学的に操ることができるようにしておくという規程草案が発表されている。もしそのような裁判所が実現するようなら、それが現在の提案の内容通りであったとしても、それはこの提案が真っ先に実現さるべきものであると考えたNGO界の強力な運動を反映したものであるだろう[16]。

とりわけボスニアとルワンダの例に照らして明らかなことは、ジェノサイドに対するグローバルな弱さを克服することが肝要であるということである[17]。法律万能主義のアプローチは、それだけではその目標を達成することはできない。もし国連が、財政的に自立したある種の独立の平和維持執行能力を作り出すということを含めて、世界の人々に貢献しようというのなら、他の方法が同様に取られなければならない[18]。トランスナショナルな民主主義的勢力がこのような運動に努力を傾注し、地球規模の改革を行なうよう圧力を生み出すことができるかどうかは、現時点ではせいぜい、不明としか言いようがない。しかしながら明らかであると思われることは、ジェノサイドを行なう政治によって国連につきつけられた根本的な道徳的および法的な挑戦に対して、敢然と対応できない既存の世界秩序の無能力とやる気のなさが、結果として世界を蝕んでいるということである。

＊国連の調停により成立したデイトン和平協定に基き、ボスニアをボスニア連邦（ムスリムとクロアチア人から構成）とボスニア・セルビア人共和国からなる連合国家とし、停戦監視はアメリカ軍主導のＮＡＴＯ軍の和平実施部隊ＩＦＯＲが当ることで戦火は一応収束した。二〇〇四年にはＥＵの部隊アルテア（ＡＬＴＨＥＡ）七、〇〇〇名が展開されるようになったが、二〇〇八年にはその数は二、二〇〇名に減少した。しかし三民族の積極的な協力はみられず、安定した情況とは言い難い。

＊＊一九九八年七月一七日、「国際刑事裁判所に関するローマ規程」が採択され、発効に必要な六〇カ国の批准を得て、二〇〇二年七月一日に発効し、ＩＣＣは正式に活動を開始した。本書五一頁の訳注も見よ。

B. 考察の方向

国連憲章は人事において法の支配を強化するとの約束で満たされている。前文においては「正義と条約その他の国際法の源泉から生ずる義務の尊重とを維持することができる条件を確立する」という誓約がなされている。そのような文言は、平和と安全の問題に関わる国際法が、ある一定の「条件」の下でのみ栄えるということを認めているのである。これらの条件は特定されていないが、おそらく主要国間に重大な緊張や不信が存在しないこと、貧困、抑圧、搾取や支配といったような基本的な不満が取り除かれていることを指しているのである。そのような条件は、国際社会の構造までは無理であるにしても、政治的手法に特徴的な方式の変革を求めているのである。実際、そのような条件を確立するために、憲章の初めの部分に、世界秩序についての課題が書かれているのであるが、それは決して満たされることはなかったし、注目されることもあまりなかった。

この広範な世界秩序の目標は、第一条第一項にある「国連の目的」として確認されていて、そこでは国際紛争を「正義および国際法の原則に従って」解決することが約束されている。国連総会は、第一三条第一項において、「政治的分野において国際協力を促進すること並びに国際法の漸進的発達および法典化を奨励する」目的をもって「研究を発議し、および勧告をする」任務が割り当てられている。五〇年経ってみて、法による支配を推進するというこの要請がどれほど実行に移されたのか、どういうところで実現されずに失望することになったのかを考えることは有益なことである。

国連が政治の行動主体として、どの程度地政学の所産であるのか、そしてそのように政治的な性格を定めると、法による支配とは必然的に矛盾するであろうが、その度合いを評価する必要がある。国際法を尊重することと、地政学との間に本質的な不一致があるものと決めてかかるのは間違っている。国際法が有力な国家の政治的意思の助けとなるような時には、国際法はそのグローバルな政策を支持するために援用されるようになりがちである。これが米国政府により、イランとの人質事件の危機の間（一九七九〜八一年）と湾岸危機（一九九〇〜九一年）の期間を通じてなされてきたことである。しかしもし国際法を合理的に解釈すると、それがどうしても遂行したい野望をもつ強国の好む政策を禁止しているような場合には、法は脇に押しやられるか、あるいはその法に違反する者によって無視されることになる。自衛権があるのだからという主張に確固たる根拠がないような状況の下で、国連の承認なしに疑問をいだかせるような武力行使を伴う事例がそうであった。イラクがクウェートを侵略した時の対応から考えると、一九七五年、インドネシアが東ティモールを侵略し、併合し、次いで原住民を抑圧した際、これら一連の行為を不問に付したことは、特に憲章の禁止規定を適当に選択し、二重基準をもって扱った事例であって、地政学的政治への配慮を優先させたことを示している。

国連という制度の法的権威に公然と反抗したもう一つの注目すべき事例がある。それは一九八〇年代に米国政府がニカラグアのサンディニスタ政権を転覆するために直接および間接の軍事介入を行なったことに対し、一九八六年に、世界法廷がこれに不利な判決を下し、米国がそれに従うことを拒否した際に起こった[19]。これらの法を遵守するか、拒否するかの対照的なパターンは、指導者たちがどのように考えるか、特に国際法を推進すると、国家行為のレベルの重要な外交政策の目標を達成する上で有利に働くのかそれとも妨げとなるのか、またその論争となっている問題が重要事項なのかそれとも周辺的な事項なのかということについての彼らの見解を含めて、事件の多くの背景となる要因によって決まるのである。本章の目的は、過去数十年にわたり、地政学的な考慮を第一に考えてきたことが、国際法の果たす役割に関して、どの程度国連の記録に汚点を残し、どのような結果が生まれたか、そして結局のところ将来においては、地政学的な勝手なふるまいをいくらかでも封じ込めるために、法的な手続きと基準に依拠することができるかどうかを考えることである。

この研究の背景には、現代の影響力のある法の役割を左右している二つの広範な世界秩序の関心事がある。第一は、最も強力で活動的な主権国家の問題解決能力をも凌駕するような一連の難題の出現であって、そのような課題には、気候変動、オゾン層破壊、生物多様性の縮小などの環境問題があり、また疾病、薬物、難民、汚染物質、犯罪、情報や通信などがトランスナショナルに伝播するということもある[20]。もっと特殊な問題としては、地球に破壊的損害を及ぼす力をもっている小惑星や隕石の衝突から地球を守るという問題もあるが、これはトランスナショナルな協働によって行なわれる人類の努力に基づいて、開発され、運用されるミサイル迎撃システムを用いて、小惑星や隕石を他へそらすことができるであろうと考えられている。別の言い方をすれば、実際に有効に働く国際法秩序のシステムは、国家が個別に努力しても現実的には達成不可能で、実際的上の問題としてこれは、グローバルな規模の規制活動についてはしばしば国連システムに頼ることになる、ということを意味するのである。もちろん、グローバルな規制に関する取り決めは､国連の外で交渉することもでき､注目すべき特徴をもつ自立的で特別なレジームのもととなっている。ＧＡＴＴのＷＴＯへの変身は最近の重要な例である。逆説的に言えば、国連システムは国家により作られ、国家に縛られた、国家主義の機構なのであり、国連が効果的に行動できるのは、主要国が国連の目標を達成するために必要とされる財源を提供し、参加することに前向きで、協調して活動できる場合なのである[21]。

そして第二に、これはより根本的なことであるとさえ言えるが、国家自身が直接あるいは間接に、その権威を投影するという役割から撤退していることである。このことは、資金の移動や企業や銀行の活動と結びついたグローバルな経済勢力に関してはとりわけ真実である。このような権力の移動によって、最も強力で最も富んでいる国でさえも、対外経済政策となるとますます受け身の役割を担わされるようになっている。そのような受け身の姿勢は、国家の側ではグローバルな経済活動についてしっかりした調整の主導権を全くもっていないということに表れている。組織的犯罪から得られた、あるいは貧しい国々の金櫃からその腐敗した政治的指導者たちによってくすねとられた金銭を洗浄してごまかすという作業ですら、一般には秘密の銀行口座という形で、正規の捜査対象から免れているのである。国連はそれを通して、加盟国が自らにとっての利益をどのように認識しているかを表明するためのプリズムの役割を果しているが、その利益というのは、各国の政府、政党、選出されたリーダーに向けられている圧力が混じり合わさったものによって左右されているのである。どの勢力にも頼っていない独立のメディアや組織労働者もいるが、必ずしもこれらの悪弊を正すのに有効であるということを証明してはいない。主要国が、グローバルな市場に関してもっと自律的に自らの「位置を改め直す」ことをしない限り、国連はＩＭＦや世界銀行のような市場に操作される機関を格上げするという方法で、グローバルな経済利益を増進する道具としての自身の中心的な役割にますます順応してしまって、グローバルな経済に服従する傾向をもち続けることになるのであろう。その一方において、以前には続けられていた穏健で調整的な努力からははっきり手を引くことになる（例えば、一九九〇年代の初め、国連多国籍企業センターは廃止された）[22]。もっと油断がならないことに、安全保障理事会が平和と安全についての優先順位を、自らは責任のない、多くは目に見えないグローバルな市場勢力によって決められている世界の経済政策の問題に鑑みて示すこともあり得るのである。

C. 組織の枠組みとしての憲章

国連の設立は、念入りな交渉過程を経た結果であった。その過程は条約の性格をもつ基本文書に結実した。国連憲章は一九四五年六月二六日、サンフランシスコで五一ヵ国の創設国の政府を代表する人々により署名された*。このような国連を設立した国々の広がりと、その国々の主権国家としての立場を考えると、次のようなことが考えられる。憲章に記載されている文言は厳格に解釈されるが、しかし憲法的な文書は、一般に名目上神聖な地位を与えられていても、政府の説明責任について高い基準を維持している社会においてさえ、主流となっている政治的意図に従ってご都合主義的に解釈されがちである[23]。国連憲章は、特に平和と安全に関してはまさにその事例であり、国連の役割は国家主義的な加盟国の地位の規則により支配される国連自体の内部での駆け引きの反映であるというよりも、変化する地政学的様相によって決定されていることを示している。おそらくそのような結果は予想されていたか、されるべきであったし、少なくとも憲章起草者のうちのある人々は、安全保障理事会の基本構造の中に常任理事国や拒否権の考え方などを入れていたことを考慮すれば、そう意図していたのである。

憲章をご都合主義的に解釈するための根拠は、推定される主要な目的に関し、特に、国連を設立した国々は、とりわけ平和が脅かされたり破壊された場合に、この機構が効果的に対応し得ることを希求していたという前提を考えることで与えられてきた。そのように考えられていた優先性を、冷戦の長い年月の間、ソ連の拒否権をかわす努力をするにあたって、西側はもっぱら頼りとしていた。ソ連の拒否権の憲章上保証された要素については、ただちに疑問視されたり、変更されることはなかったが、その拒否権の妨害効果は、実行可能で、種々の解釈上の工夫により望ましいと考えられる範囲に限定されたのである。第一に、朝鮮戦争（一九五〇年）の初期の段階で安全保障理事会にソ連が欠席していたことは、憲章第二七条三項に、決定するためには「……常任理事国の同意投票」のあることが必要となる、とはっきり書かれているにもかかわらず、安保理が「決定」を下すための妨げにはならなかった[24]。第二に、そのような解釈上の戦法は、ソ連がすべての安保理の会議に欠席するという、普通でない、起こりそうにもなかった（特に、国連が中華人民共和国を正当な中国の代表と認めなかったことによって生じた）偶然によってとられたものであることを認めて、そのようなことは、当時繰り返されることはなさそうであると考えられたのであり、実際、ソ連はすぐに欠席をやめたのであった。朝鮮戦争でのこの複雑で煩わしい経験を踏まえて、西側の多数派はソ連の拒否権行使の見込みを回避するための、もっと長続きのする手段になると期待される方法を考え出した。これが有名な平和のための結集決議で、安全保障理事会が平和に対する脅威、破壊、または侵略行為の状況において手詰まりになっている場合には、事実上総会に対して武力行使を含めて何らかの行動をとるように勧告できるという、安保理が果たしきれなかった残余の責任をもたせるものであった[25]。

朝鮮戦争によって得られた当面の結論は、冷戦においてソ連側は、憲章に違反するような武力行動を取るかもしれず、国連にもっと力を与えればその封じ込めについては西側の利益になるであろうということであった[26]。この観点の基にあるのは、西側が好んでとる立場は、安全保障理事会、総会のいずれにあっても、決定的な票差をつけて支持されるであろうし、ソ連の妨害主義のみが国連の力強い活動を妨げることになろうという政治的確信であった。しかし、事態が進展するにつれて、国連に対するこの初期の期待は二つの重要な点で誤っていたのである。第一は、

＊原加盟国は五一カ国であるが、正確には、この時点では五〇カ国である。ポーランドは、代表政府が決まらなかったために、その年の一〇月まで代表を出席させていなかったからである。

一九六〇年代末までに国連総会の雰囲気には脱植民地化への動きが立ち込め、それは第三世界の新経済秩序の提唱と、民族自決へ向けての闘争とに関わる多くの重要な問題について、西側の立場と対立するものであった。第二に、米国とその同盟国は法的に問題の多い主張のために頻繁に武力に訴えることを（つまり、自衛というはっきりした認定のあった朝鮮の場合以外にも）してきたのであって、その最も突出した例はおそらく、インドシナにおいて、またイスラエルが様々な主張をして、国連の作戦行動とは関係なしに国境を越えて出撃したことなどに関わっている。

結果として西側は、ソ連陣営によって脅かされるのと同様に、総会を強化してもやはり困ることになると考えるようになり、平和のための結集決議が予想されたようにはゲリラ的に用いられることはなかった。ある意味では拒否権に基づく、憲章で意図された均衡が回復したのであるが、それは役に立たない国連、すなわち平和を脅かすような事態が起こっても、たいていの場合は侵略の犠牲になっている国を守ること、あるいは平和に対する脅威に応じるための信頼できる手段を供給することができないほど常に分裂している組織であるという外観を呈さざるを得なかった。だがこの袋小路に入り込むという経験は、拒否権の発動には常につきものであった。拒否権というのは、第二次世界大戦後、深刻な東西対立が起きれば彼らの考えによる政策が首尾よく通るとはとても言えないような組織に、ソ連の加盟と参加を確保するための努力の一つであった[27]。この意味において国連は、当初から、法の手段つまりある一つの地政学的派閥がそのライバルに対抗するための仕組みとして、あるいは、加盟国の多数派が好むことを基礎に行動する組織としてというのではなくて、地政学的角逐に普遍的に使える道具であるように組み立てられていたのである。この国連の方向づけは、フランクリン・ルーズベルトの、第二次世界大戦中に成功した、反ファシスト連合を維持する（東側と西側を結びつける）ことだけが、一九四五年以降も集団的行動によって平和を確実に維持できるであろうという確信を反映していたのである[28]。したがって、冷戦の開始は国連という組織が有効に機能するという考えを壊してしまい、朝鮮戦争は先例というよりはむしろ異例であり、平和と安全に関する国連の役割は影響力の少ないものとなった。この点において、普遍性および地政学的合意という、条文通りに、より保守的な約束が支持されたため、かつて平和のための結集決議を導くことになった有効性を強調するということは、暗黙のうちに脇へ追いやられることになった[29]。

このような理由で、冷戦終了と一九九〇年のイラクによる一国連加盟国に対する露骨な侵略と併合という形の挑戦は、侵略の犠牲となった国のために新ウィルソン路線に沿った集団的行動をとることによって、「新国際秩序」を育て上げるという魅力的な機会を提供した。湾岸戦争についての耳慣れた論争は今一度繰り返すまでもないことであるが、国連の対応はイラクをクウェートから撃退し、その侵略を逆転させるのに効果的ではあったが、先例とするには混乱していて、曖昧なものにとどまった。いくつかの理由を挙げることができる。平和的解決という憲章上の約束は、納得できるような形では実行されず、したがって多くの人にとっては誠意をもってなされたものには見えなかったのである。またクウェートの主権を完全に回復するためならば、同じような結果をもたらすには制裁と外交的手段を組み合わせるという可能性もあったことを考えると、戦争に訴えるのが早過ぎたように思われた。戦争を行なう権限はアメリカ主導の多国籍軍に無制限の裁量つきで与えられたが、大量破壊兵器を作る能力をイラクから奪うなどの戦争の目的の追加が、安全保障理事会の承認によって与えられたというわけではなかった。ある種の平和が押しつけられたが、それでもイラク人民をイラク政府の暴政から守ることも、停戦後に数年間続いた制裁による民衆の苦しみを防ぐこともできなかったのである[30]。

湾岸戦争において、安全保障理事会はなすべきことをした、すなわちグローバルなレベルで与えられた時間にできる限りの地政学的な合意を創出し、実行するための舞台を提供したということが主張されてよい。ソ連の崩壊、湾岸諸国の石油の戦略的重要性、イスラエルの安全保障に対して感知される脅威、核拡散の懸念は、ブッシュ政権の特別な外交技術および軍国主義的政策と組み合わされて、国連の賛助の下に、限定的な目標に対する効果的な対応のための地政学的な基盤が提供されたのである。憲章上の文言の有効性を犠牲にして、安全保障理事会は、対応の手法についてほぼ完全な作戦管理を要求するアメリカに対して黙認せざるを得なかった。アメリカの幅広い戦略的課題と他の諸国の黙認とが組み合わさって、安全保障理事会が自律性を欠き、本質的には強国による伝統的な外交の実践を隠す「隠れ蓑」を提供したことで、アメリカによって利用されたという印象を国際社会に与えた。

振り返ると、アメリカ政府はその方法において近視眼的であったように思われる。アメリカは、一九九〇年八月二日にイラクが攻撃を開始した後の最初の数カ月において、ジョージ・ブッシュが効果的対応をするための支持を取りつけようと説いていた方法で、イラクが公然の侵略を挙行した機会をとらえて、集団的安全保障の制度的能力に対する信頼を築き上げることもできたはずであった。その後のソマリア、ボスニア、ハイチ、ルワンダでの事態の進展によって、集団的安全保障のための、より自律的な機構が必要であることがはっきりしたし、アメリカには、効果的に対応するためのリーダーシップという重荷を背負う気がないことも示された。国際関係史上この時点で、アメリカ政府とその世論は、イラクの国内秩序がどのくらいひどいものであっても、それを破壊して、一般的にはアメリカ兵から死傷者を出すことも覚悟し、大幅な予算をつぎ込む約束をするだけの魅力ある戦略的利益は存在しないと考えたのである*。

一九九三年中に、アメリカがソマリアへの介入を撤回して重要な転機を迎えることとなった。現地の勢力の断固たる反対に出会うと、死傷者が出るような人的損害をこうむることなしには平和と秩序の維持は不可能であり、国連派遣の象徴である「ブルーヘルメット」は、それだけでは戦闘を行なっている側による、国連のプレゼンスの受け入れを確実なものとすることはできず、また現地の勢力の真の同意がなければ、平和維持団の立ち入りは、主に人道的な色合いのものであったとしても、標的となった社会においては挑発的となり得るし、介入する側の国内社会においては人気のないものとなるだろうということが分かったのである。同時に安全保障理事会が、冷戦後も力をもつであろうとの期待があったが、一般大衆の反応はそれ自体、自己矛盾しており、もうあまり関わりたくないという空気と次第に増大していく幻滅との入り混じったものであった。このムードは一九九四年に最高潮に達し、安全保障理事会の常任理事国は、ルワンダにおける多数派のツチ族を更なる重大な大量殺戮から可能な限り守るための小規模の軍事行動さえも支持することを拒んだのである[31]。

安全保障理事会の地政学化は程度の問題である。一九九二年、アメリカは、リビアが確たる平和に対する脅威を引き起こしていたわけではなかった状況において、同国に対し、限定的な制裁を加えるようにその影響力を行使した。問題は数年前に起きたロッカビー事件の容疑者の捜査をリビアが妨害したということであったが、この件では直接リビアが関与したことは、納得できる形では示されてはいなかった[32]。リビアは、このモントリオール議定書に規定されているような状況において、尋問のために手配中の二人の容疑者の引き渡しを拒否するという主権的権利を確認す

＊しかし二〇〇一年九月一一日のアメリカにおける同時多発テロ事件の発生は、事態を一変させた。ブッシュ米大統領は、事件の犯人が属すると認定した「アルカーイダ」を匿まうとして、アフガニスタンを英国と共に武力攻撃し「テロとの戦い」に挑んだ。タリバン政権を崩壊に追い込み、双方の兵士及び多数の無辜の民を犠牲にし、国土を荒廃させたが、テロの主謀者は未だに見付かっていない。

　また二〇〇三年三月二〇日にはイラクに対して、国連安保理決議六七八・六八七・一、四四一を根拠にブッシュ米大統領は、英国と共に武力攻撃を行い、イラク戦争を引き起した。

べく、世界法廷に訴えたが、その主張は安全保障理事会に従うべきとする多数派の判決によって拒否されて、裁判所は限定的司法審査権の法理を確立する機会を逸したのである[33]。このような安全保障理事会の地政学化は、理事国の不作為によっても強められている。同理事会は、諸国家に対して武力行使を委託する権利をもつが、その限度を明確にするためのガイドラインを確立すべく、例えば国際司法裁判所に勧告的意見を求めるというような正式かつ公然の要求を行なうという努力を理事国はしなかったのである。

立憲主義へ向けてのそのような動きではなく、湾岸戦争で起きたことは、国連は救援活動を除いては地政学的に役立つ場合、特に「法による洗浄」という効用を提供できる場合にのみ、つまり本質的には一方的な、よく言っても一つ穴のむじな的な諸国家の連合による武力行使という行為に対する一種の正当化の指令を提供する場合にのみ、利用され得るという認識である[34]。この種のつまみ食い的対応は、ハイチの場合にはむき出しの形で示されており、一九九三〜九四年の間に、ジャン＝ベルトラン・アリスティッドを権力の座に復帰させようと努力がなされたが、ハイチの軍事政権の拒否によって挫折させられて中断した。アメリカはソマリアの危険を再び冒すことをためらったが、同時にまたハイチ人難民の流入を受け入れるつもりもなかった。クリントン政権はまた、これらの難民を強制的にハイチに送還しないよう強い影響力をもつ指導層（Black Caucus）の率いる国内の組織から、圧力を受けていた。そのような状況が組み合わさって一九九四年の夏、アメリカ政府の高官は介入の「不可避性」を口にするようになり、このような背景において、安全保障理事会から事前に、武力介入に関する無制限の権限の承認（「あらゆる必要な武力」）を求めて手に入れようと、これから実行しようとする介入に国連のお墨つきをもらい、アメリカ国民がより受け入れやすいものにしたのである。このような国連の煙幕は、ハイチになされた外部からの介入を、この地域で伝統的に大きな重石としての役割を演じてきたアメリカが、また一つ介入外交を行なったという印象を世界からもたれるのを薄めるのに役立った[35]。ハイチという舞台で示されたことは、実際に何が起ころうとも、民主主義の堪え難い否定と、人権侵害が生じた場合にどれだけの対応がなされるかということは、アメリカ国内でどのような圧力がかかるかによって決まり、これのみがハイチの軍事政権を容認することは、もはや受け入れ可能な選択肢たり得ないことの理由を説明しているのである[36]。

安全保障理事会の信頼できる行動の根拠としての国連憲章は、平和維持の分野でのこれらの最近の出来事によって非常に傷つけられている。その実行において一貫性はなく、どのような場合の国連の対応が適切であり、またどのような場合にそうではないのかを区別する原則的指針をはっきり述べてはいないし、アメリカに率いられた諸国家の連合に与えられる無制限な委任に依存している。安全保障理事会は、地政学的な道具であり、アメリカの指導者が国内情勢に引っ張られ、戦略的利益が問題となっていないとみられる状況において、何が適切な平和維持の役割であるかについて混乱しているように見える時にも、現在アメリカによって引き回されているものであると一般に受け止められている。このような根本的欠陥があるにもかかわらず、国連安全保障理事会がアメリカを先頭として、ソマリア、ボスニア、ルワンダの人々の苦しみを和らげ、数十万人の命を救済する努力を維持したことは評価に値する[37]。

その他に、憲章に適った行動についての記憶は少ない。安全保障理事会の活動に対し、いっそう憲章に沿って取り組むよう促し得る余地は残されているし、それは望ましいことであると私は主張したい。それによって、その貢献は地政学のゴム印を押すことであるという、目下の印象を和らげることになるであろう。ただこのように合憲性が高められたとしても、今後もそれは程度の問題となるだろう。国連は、安全保障理事会の常任理事国が共通にもっている優先課題に取り組んだり、あるいは少なくとも強硬に主張される反対の見解に本気で挑むのでなければ、軍事力を考慮に入れた重要な対応を望むことはできない。ここ数年の間、中国は国連のやり方にある程度の反対を示しながらも、肝心の安全保障理事会の投票では、しばしば棄権することがあったし、賛成することすらあった。それはおそらく外交上副次的な報酬が得られてきたからであり（すなわち、中国の人権問題への圧力が弱まること、貿易の取り決めを有利に運べること）、またおそらくは中国の経済成長が主要国と良好な関係を保つことと結びついていると思われるからである。

さらに立憲主義を高めようという期待の主要な部分は、アメリカの大統領が、新ウィルソン流の目標を組み入れるという方法で、本物の戦略的な利益を再び明言することにあるが、その姿勢は、一九九〇年に遡って、ブッシュ大統領が、イラクの侵略に対して国連がとった先取り策的な対応の仕方に大衆の支持を集めることだけを目的とした全く便宜主義的な態度とは対照をなすものである。仮に総会あるいは安全保障理事会の非常任理事国が、憲章第七章の議論の多い規定の適用に関して、国際司法裁判所による指導を求めようと主張することがあれば、別の可能性が開かれるかもしれない。最後の可能性は、国連事務総長が主導権をとることにある。しかしそれもおそらくは、国連設立五〇周年の記念日に、国連を強化する方法としての憲章を擁護する運動を訴えるために、あるいは二一世紀において、より強力で尊敬される、再編成された国連の基礎を築くために、登壇の機会が増えるという以上のことにはならないかもしれないが。

D. 社会契約を書き改める

全体的に見れば、国連の構成国としての国家の加入は自発的意思によるものであり、また以下のような約束によって限定されている。これらの中で最も大切なものは、第二条七項の「本質上いずれかの国の国内管轄権内にある事項に干渉する権限」はない、という国連による公約である。逐語的に見ただけでも、この規定には抜け穴があり、それは「本質的に」という言葉に始まり、国内管轄権を尊重することは、「七章に基く強制措置の適用を妨げるものではない」ことを確認する規定の条項にまで及んでいる。国連は、平和という次元では脅威が存在しないのに、最近の人道的緊急事態において、第七章の下に行動してきているので、このように護られた国内政治の領域も、継続的にかつあやふやに冒されてきている。この手続きは直近の過去の二人の事務総長によって確認されているが、これについての加盟国による公式の反対を引き出してはいないのである[38]。

国家と国連との間のこの基本的な社会契約はまた、人権問題がグローバルな関心事として浮び上ってきたことによって書き改められている。人権に対する耐え難い悪弊は、ますます国連の保護の下の防止行動の充分な論拠となるとみられている。人権の国際化は、必然的に主権国家の領土主権を第一に考えることとは相容れないものとなる。特に西側が考えているような「民主主義を求める権利」を含めるように人権の範囲が拡大されればなおのことである[39]。この点について国連は、「人道主義」という偽装の下で介入という目的を果たすために利用されているのだという多くのアジア諸国の主張がある。この言い分は独裁的な政府が国内政治における悪弊への批判をかわすために引き合いに出され、しばしば冷笑を買うことがあるにしても、より理解されやすいものとなっている[40]。

五〇周年目の国連に課せられた問題というのは微妙にして重大である。諸国が普遍的に人権尊重の義務を受け入れている相互依存の世界においては、国内管轄事項の概念は、継続的に解釈し直すことを条件に、より柔軟に考えられるべきである[41]という考え方にはほとんど問題はない。にもかかわらず、最近の国連のやり方からは真剣に考えられなければならないいくつかの問題が生じている。

第一に、二重基準が国連の地政学的性格を際立たせている。中国とインドネシアには、ひどい人権侵害が行なわれているにもかかわらず干渉の圧力はかかっていないのに対して、キューバは、これらと比較すればはるかに深刻ではない人権侵害を理由として、国連によって直接的になされるのでないにしても、数年間にわたって不法な経済制裁の対象とされてきた[42]。この場合、制裁の基準は何であるのか。イラクではクルド人は保護されるのに、なぜ隣国のトルコでは保護されないのか。もちろん、ある程度アメリカと安全保障理事会のその主要な仲間たちの利益と考えられる事項と結び付いた対応に典型的にみられるように、この選択性は安全保障理事会の地政学的性格を再確認させるものである。これらの利益は今のところは現実主義者の選択眼によって認められているものであって、原理原則に基づいた行動よりも、この選択が安保理の決定の方向を表しているのである。前節の終わりに述べたように、より適切な戦略的重要性の計算方法は、国連活動の、法の支配という側面の強化を勘定に入れることであり、それによって国連機構に対する尊敬の念が高まることになるのである。

第二に、政治的正当性というのはイデオロギー的概念であるが、冷戦の結果として顕れてきたものである。それは市場主義と非宗教的で立憲的な秩序に特権を与えている思想であるように思われる。かくして、ペルーが市場を重視する方向に向かい、アルジェリアが反イスラム原理主義者的立場をとったことで、これらの政府は基本的人権を軽視したとする国連の批判から免れることができたのである。立憲民主主義ではなくて、あまり露骨ではない独裁主義に固執している多くの太平洋周辺国が安定的であることを考えると、政治的正当性ということをもっぱらヨーロッパ―アメリカ型の政治形態と結びつけて考えることは視野が狭いことのように思われる。世界平和と持続可能な開発を考えると、政治の多元的共存に対するもっともな言い分は根強いものがある。

第三に最も重要なことであるが、現在の世界の状況と近年の国連に対する失望感を考えれば、加盟国を国連に結びつけている、社会契約の核心部分である国内管轄権をより厳格に解釈することが、国連の有効性について、実際的で客観的な限界を確認することになると思われる。本質的に人道目的で介入することは、換言すれば常任理事国が戦略的利益を理解しない場合には、効果がなく、したがって信用もされないようである。ソマリアでの国連軍が経験したどんでん返しの結末は、人道目的の国連の試みが傷つきやすいことを示していて、全体的に国連の能力に対する幻滅感を広めることになった。この幻滅感は現在までに、ボスニアやルワンダとの関係で最も苦悩に満ちた顕れ方をしており、そこでは国連平和維持軍と戦闘集団の関係が適切に保たれるように合意されたガイドラインを誇らしげに示していたにもかかわらず、国連には明白な集団虐殺でさえも止めさせるよう行動するつもりはないという意思が確認されてしまったのである[43]。

このような背景において国連が有効に対応するための憲章上の根拠は豊富に存在しているが、逆に国連が地政学的な権限をもつことは、成功するために求められるレベルでは、一般に支持されてはいない。イデオロギーや経済的な利害関係というのは、目下、強国の指導者たちからは特に彼らの国内に関心事があれば、かつての介入外交が不首尾に終わったことを考えて、たとえ戦略的利害が目の前にあり、何年にもわたって大規模な行動が続けられてきた場合であっても、行動に要する費用やその不確かさに比べると、それらは小さくて迂遠な話で、相容れないものであると考えられている。ある国における生活環境の悪化に応じて強力な国内的圧力が動員されることになると、この一般化した話には一部例外が生じる。このような反応は、一九九〇年代の初期にハイチに関して生じたケースがそのような例であると思われたが、隠された誘因があったのかもしれない。ハイチからの難民の流入と合衆国政府に突きつけられた政策上のディレンマ（難民を強制送還するか、認めるかのいずれもしたくないという）が、ワシントンにおいて、民主主義を標榜する介入を行なうという政治的基盤を生じさせる主な原因となったのだと思われる。

だがある程度の地政学的保証がある場合であっても、領土主権の尊重に基礎をおく社会契約は、軽々しく捨て去られてはならない。介入外交は、国連の直接の権限の下で行なわれるにせよ、大国に権限が委ねられたものにせよ、対象となる社会で生活している人々の利益という点では貧弱な実績しかなく、想定された目的を達成しないままに、重大な破壊をもたらす例は少なくない[44]。お金をかけずに介入して成功した例はほとんどないが、しかし「目標を特定して」且つ迅速に行動しようという動機付けに対しては、政治的に抵抗し難いものがある。

戦場における交戦で、相手方に一方的に被害者をもたらすという湾岸戦争モデルは、それによって争われた武力行使に対する一般の熱烈な支持を得ているが、問題をいっそう悪化させるので、ボスニア級の事案に用いられるべき選択肢ではない。これらの例では、大量虐殺を犯す指導者を排除するために政治的再編成をしなければならないが、その目標のためには一般に介入する側は、介入される国に入り込み、長期占領も辞さないことを信頼されるように示す必要があり、これが第二次世界大戦後ドイツや日本で成功した典型的なやり方なのである。

より最近の事例で、一九七九年のクメール・ルージュを排除するためのベトナムのカンボジア侵入は、長い間決着がつかなかったが一〇年以上経ってみると、この国に民主主義をもたらしたことを含めて和平プロセスの創造を助けることになった。この目標は、国連によって目論まれ、初めのうちは履行されたが、政治的行動主体としてのクメール・ルージュの生き残りと、強い影響力をもつ人物であるシアヌーク殿下がカンボジア政局において独裁的にふるまったことで、長きにわたって難しい課題となっていた。注意すべきは、このようなジェノサイドを止めるための介入は、どの段階でも戦争に訴える正当な理由があって、それに引き続いて起こったことである。この戦争に訴える正当な理由には、介入する側の国々の権力、安全保障、経済的福利などと結びついた諸利益を脅かす、差し迫った侵略的政策への対応が含まれていた。

実際には、法的、道徳的にみて、介入の理由に、どのように引きつけるものがあろうとも、国連は、地政学的利益もはっきりと認識されない限り、現段階においては未解決の政治的紛争から生じる人道的危機に対応する効果的な行動をとることができない。もし国連が、近年ではしばしばマスメディアにより引き起こされる圧力（特にCNNが要因）を反映する、一般の圧力に反応する形でそのような任務を与えられる場合に、介入する社会で深刻な反撃に遭えばその任務を遂げることができず、面子を失うことになるであろう。このような評価は、有力な加盟国の特別の動機や、地政学的な優先的関心事項に依拠するのではなく、重大な人間らしさの剥奪をいちばんの根拠として対応する、ボランティアからなる国連の強制力の形成を、主要国が奨励したがらないことによって強められているのである[45]。

ある意味では国連の権限を制限して国内管轄権を尊重することは、このような限定傾向の一連の状況が目下の現実であることを認めているのであって救援活動を果たす責任というものを、いっそう正確に伝えているのである。そのような人道的状況において、任務は安全保障理事会によって首尾よく遂行され得るのである。このような考えに沿って機構が慎重に行動することが、重い政治的内容をもつ人道的危機に対する国連の貢献について、誤った期待を他に持たせないための一助となるであろう。そのことをはっきりさせておくと、国連がもっと自立して活動できるようになり、一般民衆によって動かされるグローバルな安全保障制度のために意図された包括的な機関が求めるような応答が可能となるのに必要なグローバルな改革の舞台を設定するのに役立つかもしれないのである[46]。

E. 国際人道法との関わり合いを再考する

国連が武力行使を含む平和維持活動に取り組んで以来今に至るまで、国際人道法の適用可能性についての問題が生じている。実定法主義者の立場からすれば、国連は国家ではないので、国家間の戦闘を規制するべく国家のために作られた、ハーグ条約、ジュネーブ条約の当事者ではないようである。実際に、強制措置と戦闘を強調したその数少ない安全保障のための事業において、国連はアメリカに牛耳られてきた。そのアメリカの影響は二つのことを意味している。捕虜や傷病者の待遇など、純粋に人道的な問題に関わり合うことになった場合には、国際法のガイドラインに従うが、戦場での武器や戦術の選択ということになると、極めて広範で自立的な自由裁量をもつことであり、そのことは相手方に対して多数の文民の死傷者という犠牲を強いたとしても、国連やアメリカ軍の死傷者を最小にする戦闘方法を採用するということを意味したのである。文民に対するこのような国連の軍事力行使の影響は、特に最近の、軍事的なものと非軍事的なものの区別がはっきりしない内乱状況で目立っている。

この第二の要素はあまり多くの注目を集めなかったが、朝鮮戦争や湾岸戦争ではともに空軍力が使われて、多くの文民に犠牲者を出す結果を招いた。朝鮮戦争における空戦はダムを爆撃して洪水を起こし、田舎の町や村を直接攻撃するという、特に破壊的な方法で行なわれた[47]。ソマリアでは、攻撃型ヘリコプターが南モガディシオのアデリード将軍の支持者たちの拠点を攻撃するのに使われて、文民に多数の犠牲者を出し、多くのソマリア市民を国連の行動に対する反対者へと追いやってしまった。国連が軍事力行使の作戦命令を他者に委任して、戦術や使用されるべき武器の選択についての完全な指揮権も失ってしまったのである。作戦上は、介入を実行する国が、軍事的必要性の戦術的価値を安全保障理事会の監視を離れて、広範な裁量で決めることが可能であり、かつ実行するのである。戦時人道法が、一般的に戦場でのふるまいに関して、国家を強制することに成功していないこともまたそれほど偶然なことではない[48]。国際人道法としてみなされる規則や基準は、一般的に漠然としていて曖昧であり、法律的に疑念がもたれる場合でも容易に逃れることが可能である。換言すれば、戦時下でなされた、軍事的必要性があったとの主張を打ち壊すことは極めて難しい。このことは正当性を主張する国が、つまりその国のために活動する人々が、戦場でとられた行動は軍事的必要性のガイドラインに沿っていたという、理に適った偽りのない確信をもたざるを得ない場合にはことにそうである。

根本的に重要なのは、国連が武力を行使する場合は、完全に最終的な解決手段としてのみ許されるべきなのであり、しかも特別により限定された方法でなされなければならないという論点なのである。つまり戦争を自由に遂行するのではなくて、平和を維持するためなのである。確かにこのことは、国連の何よりも重要な約束である「戦争の惨禍から将来の世代を救う」ことに由来している[49]。第七章の実施規定においても、安全保障理事会はそれ自体、戦争を勝手に行なう権限はなく、ただ第四〇、四一条に規定された、外交や、（経済的制裁を含む）「暫定措置」を慎重に審議して、それが「不充分である」と判断された場合に、第四二条に規定される「軍事的な行動」をとり、「軍事力」を用いる権利を有するのである。

戦争を自由に行なうことを国連に許していないということは、この機構の枠組みの際立って貴重な根幹であり、適切なことにはその平和維持活動は、特別条約の条件下の集団的自衛の名目で、戦争に訴える解決策をとることに同意した多くの国家を糾合する、従来の同盟（冷戦下のＮＡＴＯのような）とは異なった性格のものを目指しているのである[50]。もしも国連が、主に平和維持の目的から、そのすべての局面で従来のやり方による戦争を遂行し、しかも組織化されたグローバル社会の代理人としてふるまい、それ故に国家により、かつ国家のために作られた法には必ずしも規制されないという付加的な特権をもつとすれば、戦時の人道法のうちに具現されている伝統的な国家主義的な制限の枠組みが適用されるべきでないということになり、そのような義務の免除が生じると、国連の委任の下に行動する者には戦争法上の違反行為があっても法的責任はないということになる。もちろん、国連軍によってまたメディアによって、暴力行為を暴露することへの支持が自発的になされた結果、ある種の説明責任が生じてくることはあるかもしれない。

ここで述べた論点は、国連は戦時に国家を規制する法の基準よりも、より厳格な法の基準の下に置かれるべきということであるが、そのような基準はこれまで明確に述べられることもなかったし、今も権威ある形では存在していない、ということである。このより厳しい基準が存在しないということが、このような問題を議論する際に、なぜ一般的に国連の活動に対して、現存する戦争法の適用を拡大するという形で対応がされているのかということの理由を部分的に説明している[51]。ここで私が主張しているのは、一部は契約的であること（憲章の精神とその文言という）、また一部は、実用的であること（国連が平和と安全の面で成功するには、特に国内紛争や、生活必需品などの欠乏状態に関して、多くの状況下で、国内の住民やその代表者の、ある程度の同意が得られているということを含めて、好意的な態度が得られるか否かにかかっている）、また一部には原則的であること（法的妥当性のある社会的組織として戦争に訴えることを退け、したがって武力の行使には強い制限が課せられるということを重要視する）という立場である。

必要ではあるが実現するのが難しいことは、国連の主催の下で、武力行使の裁量に関する法的制限を確立するための国連人道法の新たな枠組み、つまり「軍事的必要性」の意味を明確に挟め、ある種の武器（大量殺戮兵器、地雷）や、戦術（戦略爆撃、無差別攻撃、非戦闘員攻撃）をあてにすることを確実に除外するような条約制定の手続きをはっきりと表明することである。そのような条約は、命令を遂行するブルーヘルメットの着用者に与えられる、特殊で適切な訓練によって強化されなければならないであろうが、あらかじめ定められたやり方で平和を図るという、はっきりとした任務を引き受けようとする志願兵により編成される軍隊を創設することなしには、おそらくは実行不可能であろう[52]。

もちろん、地政学的に利用しようという秘かな企みとは別のいくつかの問題もある（すなわち、ハイチでの例のように、決定の本質が国益というものを国家主義的評価に基かせているというような場合や、またボスニアで何年にもわたって国連が優柔不断なやり方を続けて、充分政治的意図をもった反対意見を引き起こしかねない場合のように、戦争に訴えるという手段を「きれいに見せる」ために国連を利用するなど)53。ここで主張されていることに対する事業遂行上の主な反対意見は以下のようなものである。すなわち近い将来、集団的安全保障の実施には、常任理事国によって提供される軍事力の利用に頼ることになるであろうが、この依存の状況は、もし大きな事件が起こった場合、たかだか二万人を超える規模の兵力も生み出せそうにない、志願兵による国連軍部隊を創設したとしても克服されないであろう。どう見ても兵力が不充分な状況で、そのような武力を行使するように圧力を加えたとしても、おそらく信頼を失うという結果に終わるだけであろう。それは起こった問題が深刻で、ジェノサイド的な行動が明るみに出たような場合でさえ、首尾よくその行為をやめさせることを見込んでそのような軍事力を使用する条件を整えることによって、逆にその信用を失う場合と同じである。

湾岸戦争や朝鮮戦争が示しているように、国際的な境界を越える公然の侵略という挑戦に対抗するには、より大規模な軍事力の行使が必要とされるであろう。このように考えると、適切な方法で平和を短期間にもたらすという見通しは実際には限られてしまうが、それでもたいていの場合には安全保障理事会の権限により明瞭かつ限定的な言いまわしで枠をはめ、武力行使に至った場合には軍事参謀委員会が活性化されて、国連の軍事行動の主要参加国にあまり自由裁量権を与えないようにし、また戦闘の手段と目的の集団的管理によって、安全保障理事会にはるかに大きな機構上の役割をもたせるよう主張することはなお可能であろう。

この場合における反対派の懐疑論によれば、主要国は彼らが資金を供給する国連の作戦を自ら遂行できないのなら、「集団的自衛」や在外の自国民保護の権利や自らの勢力圏で行動するような復古的な要求といった国家主義的大権を主張して、国連の枠外において自分たちで行動するようになるであろうということである。こうなると国連の役割はさらに妨げられて世界政治の窓際に追いやられることになる。アメリカ、フランス、ロシアの、それぞれの勢力圏内での、高圧的外交の最近の行動様式をみれば、確かにその可能性はある。それでも、国連の自立的な平和維持を支える行動をとることにあまり賛成ではないという現在の雰囲気の中にあっても、武力の行使に関して、主要諸国と安全保障理事会との間で、朝鮮戦争や湾岸戦争の場合よりもいくぶん良好な「世界秩序の取引」を行なうことができるように思われ、それによって武力の行使に制限を課しても、各国政府には国連の指揮下にあって務める自国民の福利を守ることを可能とし、特定の武力の行使を合法化するが、その範囲と性格を制限するなど、相互の間で動的な均衡をとるのである。

目下二通りの勧告が出されている。より抜本的な勧告は、「最小限論者」の路線に沿って、国連の武力行使について再考し、再構築を求めている。そのような計画は、単なる国連軍でなく、むしろ自律的な軍事力であって、特にできるかぎり武力を用いずに、ではあるが、必ずしもどちらの肩ももたないという形ではなく、平和を回復するという目標を達成するよう編成された、国連義勇軍の創設を前提にしている[54]。この方向に進むには疑いもなく、国連をその能力、信頼性、優先権といった面で強化するという旗印の下に、相当な草の根からの圧力をかけることにかかっているであろう。

これよりも控えめであるが緊急になすべきことは、すでに湾岸戦争においてあまりにも一方的であると批判されたような平和維持に対する姿勢を転換し、近年の国連の平和維持活動におけるように、現地指揮官と国連職員（例えばカンボジアのＵＮＣＴＡＣ、旧ユーゴスラビアでのＵＮＰＲＯＦＯなど）が戦闘を回避するよう主導権を握って、好戦的なやり方を回避することである。もちろん、大規模な民族虐殺の危機に直面して、戦闘を回避することにより生じるであろう問題となる側面は、国連を、有効ではない、弱さゆえに失敗する、といった非難に再び晒すことであるが。

F．グローバル・ガヴァナンスの推進――国連の枠組みの中に潜在する法の活性化

二極対立構造が消滅して生じた一人勝ちの体制は、（アメリカが独断的な指導力を発揮する立場から引き下がってしまうという主観的および客観的現実を考え合わせると）、一般的に不満足で限定的な影響力しかもたないので、トランスナショナルな社会的勢力からのグローバル・ガヴァナンスを要請する声がいっそう強くなって説得力を増している[55]。同時に、主要加盟国のもつ時代遅れのしっかり根付いた関心事は、権力の軍事面の支配権は保持しておきたいという国家主義的決意を示していて、現在のところ国連が平和と安全の分野における能力を劇的に高めようとしてもそれをさせないのである。実行のための第一歩は、安全保障理事会の常任理事国の席は、一九九〇年代の権力の配分や影響力をより強く反映させせようとする動きであると広く思い込まれているが、ここでも何が適切であり、実行可能であるかについての考え方の相違が、公式の行動を進める上での障害となっているようにみえる[56]。改正による国連の手続きは（なし崩しにやり方を変えるのとは異なり）わずらわしいものであり、現在の常任理事国が自らの影響力を減じるような憲章の改正には拒否権を行使することができるようになっている。

これらの手続き面での障害よりもさらに深刻なのは、特に武力行使に関して、大国による主権という大権を優先させることへの執着である。グローバル化は多方面で国家を迂回して進行していて、国家の役割や見通しの方向づけを変え続けている。しかしながら主要国は、暴力的な紛争の解決手段についてはその優勢を保持し続けているし、世界経済を守るために混乱を起こさせるいくつかのタイプの問題に対して、価値ある機能を果たしている。大国のこのよ

うな能力と、世界の人々に（市場のためにというよりは）平和と安全をもたらすための国連の自主的な能力の増大をはかることとをいかにして妥協させるかを考えることには、各国の政府とその指導者たちは乗り気ではない。しばしばそのように主張されてはいるけれども、それは主に金銭の問題というわけではない。政治的意思を表明するという問題であり、安全保障機能の支配権を失うことに対する、国家レベルでの軍および行政に関わる官僚による抵抗が問題なのである。この抵抗はまた、安全保障理事会を道具として使うことを止めること（すなわち政治の道具としてのその効用を弱くすること）を好まない主要国の意向を反映している。アメリカ政府は現時点で特に、グローバル・ガヴァナンスの政治についてては、より自律的である国連が顕れることに反対しているようである。ヨーロッパという地域的な舞台では、ドイツが国家主義的な安全保障に代わり、地域全体の安全保障を重視するよう提案しているが、英国は最も強くこれに反対している[57]。

特にこの抵抗を考慮すれば、一つの可能な突破口は、ドロシー・ジョーンズが「国際法の宣言的伝統」と呼んでいる類のものに基礎を置くことである[58]。すなわち、規定されてはいるが、いまだ潜在的である、国際法の諸要素を実行するように、育ちつつある民主主義的な市民社会の圧力を励まし、頼ることである[59]。これらの国際法の諸要素には、集団的安全保障を真に集団的なものにするように考えられた国連憲章の第七章の規定、合法性が問題になるとき世界法廷に勧告的意見を求める憲章の規定、国家を代表して行動する者にはより大きな責任が課されるとするニュルンベルク原則への信頼、経済的社会的権利に関する国連人権規約が（正確には、経済的、社会的および文化的権利に関する国際規約―訳者）課している義務、そして世界人権宣言第二八条の、すべての人々に、同宣言の他の箇所に掲げられているような人間の基本的ニーズに充分に適う生活水準を与えることのできる国際秩序をとの要請を包含している。

このプロジェクトが問題としていることで最も重要なのは、疑いもなくジェノサイド条約の履行である[60]。国際法のこの最も基本的な要請は、締約国に集団殺戮の犯罪を防止すべき義務を課している。個々の状況は異なっているが、ボスニア、ルワンダ、そしておそらくブルンジでの暴力行為のジェノサイド的性格は、この義務の適用を迫るものである。さらに国連の盾の下に行なわれる人道的介入にこのような条約で支持を与えることは、その行動が成功するという保障はなく、あらゆる強制的措置につきまとう不確実性があるにしても、あらゆる必要な予防的措置をとるという合理的な方式を提供することになる。

ここで議論していることは、すべてか無かの問題ではない。ジェノサイドを防止する法的義務を、まさかの時の頼みの綱に対する真剣な当然の権利としての要請として扱うことが、建設的かつ実行可能なステップであると言っているのである。経験の記録が示唆しているところによると、ルワンダでの危機に際して、国連がわずかでも努力していれば数十万の人命を殺戮から救うことができたかもしれないし、ブルンジにおいて国連がもっと存在を示していれば、おそらくは民族間の殺し合いの拡大を防げたかもしれないのである。ボスニアの場合、現段階においては、問題はもっと多い。振り返ると、民族浄化、組織的レイプ、そして難民収容所が死の収容所になっていたことが確認された時点で、この反ジェノサイドの義務は、激しい爆撃をも辞さないという威嚇をも含めて、政治的に実行可能なあらゆる手段で、セルビアとクロアチアの行動を中止させる努力を促すべきであった。もしかすると、そのような介入行動は失敗し、ジェノサイドの拡大を強め、国連軍の撤退かそれとも拡大かの方針を選択しなければならないというリスクを背負ったかもしれない。そのような試みに対して政治的な基盤作りがなされていなければ、より複雑なボスニア型の状況において成功の見通しは乏しいものである。全体として見れば介入が失敗した経験（ベトナム、アフガニスタン、レバノン）は、確かにこの点に関係がある。

大衆の評判が気になる現在の状況下で、政府はこのジェノサイド防止の法的義務を、重要な政治的義務としては扱っていない。この点で、あまり遠くない将来、国連によって反ジェノサイドの強制行動が実施されるという見通しは、これまでは明らかでなかった類の大衆の圧力を結集できるか、あるいはジェノサイドの防止と地政学的な目標を追い求めることとの間に共通点が認識されるかどうかにかかっている。例えば、中東における西側の利益が、分裂したイラクや弱体化したトルコというものと一致するならば、西側はこの両国に住むクルド人に対してジェノサイドの危険から保護するさらなる手段を提供することにもなるであろう。

ここで推し進めた議論は、グローバル・ガヴァナンスの非常に進んだシステムの基礎をなす部分が、既存の国際法の中に眠っているのであるが、それらの潜在的な可能性は、トランスナショナルな民主化運動と結びついた社会的勢力が動員され、それによって突き動かされるのでなければ主要国政府によって活性化されそうにもないということである。ヘルシンキ合意の人権条項や手続きに関して、一九八〇年代を通じて、人権（例えば特に女性や先住民の権利に関する）を履行し、伸張させたこと、内乱時に国際人道法の基準を実行したこと、また環境基準を地球規模はもちろん、地域的にも確立させることについてNGOの果たした印象深い役割に鑑みると、彼らを動員することがいかにも道理に適ったことのように思われるのである[61]。この路線に沿って法律家や法律家協会による新しいトランスナショナルな専門家の行動を示すいくつかの計画が存在するが、それらは地政学的な政治を修正してグローバル・ガヴァナンスの方向に誘導するように国連に圧力をかけている[62]。

G.結　論

この章は、シニシズム（独断、破壊的介入戦争と同程度に、撤退、無関心と表現される、地政学の冷酷な力を考慮すると）

と単純な法律万能主義（楽観的な法律家は、国連の公的な義務や行動は本質的に善意の所産であり、建設的であると考える、気力を萎えさせられるような傾向）の中間に進路をとるように努めている。この道筋のどこかに、常に不安定ではあるが、それでも真の政策の方向があり、それは時間が経つにつれて、状況も後押しをして、国連の安全保障理事会の活動の平和と安全の部門における能力と正当性を改善するのに貢献するであろう。

一つのテーマは、平和と安全を定着させる国連の活動に対して、法との関連性を閉ざしているのは間違いであるということであったが、これは地政学的な見方が優先していることに帰せられる。この地政学を優先させたことが、二つの主な、見たところ反対方向の評価で、国連の組織としての名声を落してしまった。すなわち、国連というものを、確実な戦略的利益の獲得を保証しない、人道的性格をもつ課題に対しては、対応が不充分であるのに、最強の加盟国がもつ優先事項には過度に応じているというものである。どちらの類の反応も、個別の事案の詳細な情況によって多様であるが、いったい何が戦略的であるのかという現実主義者の見方は共通しているのである。この考え方の中でいずれが利益となるのかの計算がなされるのであるが、それは国連の行動に対する、また国連と国家の間の相互作用を方向づけるための（国連）内部の指針として、法の尊重を生み出すことに明確な価値を与えてはいない。

ヘンリー・キッシンジャーとズビニエフ・ブレジンスキーという、文筆家でもあり、政策立案者でもある二人の現実主義の第一の擁護者が最近本を出したが、彼らはその中で本書でなされた議論の中心にある論点に大いに賛同していることを示しているようである。すなわち国連は結局のところ、より合法的であればそれだけますます効果的な活動が可能で、また結局（例外もあるが）、国連が基本法に則っているという評判が大きくなるのに従って、正当性も増すことになるであろう、と。

「外交」という大部の著作の中で、キッシンジャーはアメリカ政府が結局ここ何十年かの間新ウィルソン流外交政策を実際に遂行してきたとやや説得力に欠ける主張をしている。彼の言う新ウィルソン流外交政策とは、政府の態度が、利益よりも価値によって形作られてきたということを意味している[63]。現実主義者的なものの見方は、規範にこだわりをもつことを隠す仮面なのだというキッシンジャーの議論は、多分に誇張されたものであるが、しかしこの議論は、アメリカの大統領は世界秩序の法律的、道義的な要素を考慮するかぎり、国益をはっきりさせることに恐れを抱く必要はないということをも意味していると思われる。

ブレジンスキーは、アメリカが世界において今後も指導力を維持するという見通しは、何か核となる道徳的信念で活性化されないかぎり、速やかに崩壊するであろうと主張している[64]。ここでもまたそのような考え方が、機会主義的ではない、より原則に基づいた国連とその将来に対する関係を奨励しているのである。

そのような展望は、ここ数年間の国連の浮き沈みを考えると、冷戦後の初めの数年間で、この機構のもはや挑戦者なき指導的な加盟国となったアメリカに委ねられた特別の責任というものに、スポットライトを大きく転じることになる。平和と安全に関わることがらにおいて国連のアイデンティティを形成することについては、不幸なことに、一極構造の世界のままである。そのような一極構造の暗示するものは、政治的指導力の重要性、つまり将来像を明確にし、それに対する支持を得ようとする意思が重要であるということである。ホワイトハウスの現職を含めて、このところのいく人かの大統領にはこれらの点で大いに落胆させられている。もちろんギングリッチによって率いられる議会が、国連におけるアメリカの参加の度合いに関し、財政上およびその他の制約を加えていて、アメリカの役割を低下させようと努めているのでこの見通しはさらに分かりにくいものになっている。

政治家に指導力を期待できないなら、他に何があるのか。冷戦時代のブロック構造は、「国連の将来」を含むグローバルな政策問題に関して、他の重要な諸国が受け身の態度を取るという事態を招いてしまったように思われる。受け身というだけでなく、アメリカが先頭に立つことに頼りきるという不健全な態度は、一九九〇年代の国連の行動の、特に目立った特徴である。国連の将来にとって、その他の諸国が影響力を行使し、能力を提供することは大切である。たぶん、アメリカが反国連の姿勢を取っていて、政治が右翼的傾向にあるということは、結局のところ国連がよりよく世界の人々のために機能するように、他の諸国の政府がより多くの政治的エネルギーと物的資源をつぎ込むように促すことになるのであろう。

現在、最も重要な意味をもつ創造性は、地域的にまた国境を越えて、明らかに市民社会に根差した、形式張らない、自発的な活動によって絶えることなくもたらされている[65]。しかしこの変化の作用は、確かに人権の促進、戦時における人道主義および環境の保護に関しては極めて重要ではあったが、平和と安全を達成するための枠組みとしての国連に対して、有効に焦点が当てられることはなかったのである。

恐らく、長年にわたる危険な戦略的手詰まりの後で、目下の失われた好機も、世界がこのような苦況にあることも、国連をトランスナショナルな社会的勢力の活動の場として開くきっかけになるのかもしれない。あるいは、その控え目な活動の手始めとなるのは、安全保障理事会がその行動において、国連憲章に則り、国際法の命ずるところに従っている度合いについて毎年報告書を出している市民の監視の努力であるのかもしれない。ひょっとすると、そのような行動が首尾よくいけば、もっと活動家のエネルギーを引きつけるようになるかもしれないし、あちこちの政府をして、一般の人々に対する直接の影響という見方を超えた、長期的な視野に立った考えをもたせるように機能し、問題となる利益の範囲についての理解を変えることになるかもしれない[66]。現実主義者の苦悩の一部は、商業、金融、貿易が、リージョナリストおよびグローバリストの計算で展開しているという統合する傾向があるにもかかわらず、外交政策を国家第一主義的に考えるというところにある。現実主義がもっとグローバルかつリージョナルな立場を取れば、より効果的で自律的な国連が、二一世紀をもっと安全に、より豊かに、より平和なものにすることができるという認識を高める結果をもたらすかもしれないのである。

注

※この章の一部は、次の論文集で発表した論文に手を加えたものである。Saul H. Mendlovitz, and Burns H.Weston eds: Richard Falk,"the United Nations and the Rule of Law", 4 Transnational Law and Comtemporary Problems, pp.611-42 (1994).

1　特に振り返ると湾岸戦争での国連の「成功」は異常(二度と起きないという点で)であり、かつ部分的(クウェートの主権を回復したが、イラクの残忍な独裁主義体制の国家をそのままに生き残らせた点で)なものであった。

2　そのような見解は楽観的に過ぎるかもしれない。おそらくは市民が主導する国連の場の使用を削減するという、国家主義的な反撃の可能性を見逃しているからである。この理由により「現在起こっている現象」を未来に投影することは問題である。

3　この法の考え方は、ニューヘブン学派（イェール大学法学部）の影響を反映している。Harold D. Lasswell and Myres S. McDougal, "Jurisprudence for a free Society", Studies in Law, Society, and Policy, pp.203-06 (vol.1.1992).

国際法分野でのニューヘブン学派の最も明確な総合的理解については、Lung-Chen Chu,"An Introduction to Contemporary International Law: A Policy-orientated Perspective "(1989) 参照。

4　それらの活動への傾倒が、憲章六章、七章はもちろん一九九一年以来の、旧ユーゴスラビアの国際人道法上の重大な侵害に対する責任者処罰のための国際刑事裁判所の設立のような拡大された様々な活動範囲を覆っている。S. C. Res. 808, Feb. 22, 1993 を参照せよ。James O'Brian, "the International Tribunal for violations of International Harmonization Law in the Former Yugoslavia", 87 American Journal of International Law p.639 (1993) と比較せよ。Theodor Meron, "War Crimes in Yugoslavia and the Development of International Law," 88 Am. J. Int'l L.78 (1994).

5　この、後半の部分の問題に対する分かりやすい説明としては、Burns H. Weston, "Security Council Resolution 678 and Persian Gulf Decision Making: Precarious Legitimacy", 85 Am. J. Int'l 516 (1991) を参照、また The Gulf War and New World Order: International Relations of the Middle East (Tareq Y. Ismael and Jacqueline S. Ismael eds. 1994) も参照。

もちろん、短期と長期の区別はある程度議論の余地がある。効果を主張する者は、特に侵略の犠牲者を救うための時が到来し、そのために国連が実質的な責務を果たすことができる状況にあり、そしてこの状況に限り、正当性は自動的についてくるという。この方向に沿って理由づけをすると、短期と長期の区別は均されて消失してしまう。さらにフランクリン・ルーズベルトは、国連がその最も強力なメンバーが一致協力して働き、第二次世界大戦で勝利をもたらしたようなやり方で平和のための同盟軍として機能するならば成功するであろうと述べた。だがその見解に賛同する者は、正当性について平和に対する脅威が生じた時にいつでもそれに対応できるような能力とは切り離された何かである、というように扱うことには関心を示さないであろう。正当性とは基本的に、この見解では、効力がどれだけ発揮されたかということしだいである。その他のことは大して問題ではない。国連が侵略に対応するような場合にのみ行動している時は、このような考え方で別に悪いことはない。しかし、国連が地政学的な戦略の手段になるとしたら、その時は行動を規制する法的枠組みというものが小国に対しては不可欠な盾となってくれる。正当性の全体としての問題は以下の文献で有効に議論されている。David Caron, "The Legitimacy of the Collective Authority of the Security Council", 87 Am. J. Int'l Law P.552 (1993) を参照。初期のパイオニア的論文としては Iris Claude,"Collective Legitimation as a Political Function of the United Nations", 20 Int'l Org. 367 (1966) が挙げられる。

6　そのような配慮というのは、国連憲章やその他の法的制約を機械的に考えるのではなく、法の「精神」に対して、あるいは、ニューヘブン学派的に言えば、行われる政策と問題となっている価値との間の関係が高度に一致すると主張することである。

7　国連事務総長による、湾岸戦争における出来事と冷戦期の欲求不満に満ちた数十年についての以下の遠回しの発言に注目せよ。「安全保障理事会は、あのような試練で得られた特性である、正しい機能を果たすのに不可欠なまとまりを再び失ってはならない。」(Boutros Butros-Ghali, Agenda for Peace 45/1992)

この地政学が適用されたという印象は、戦争の遂行の仕方によって、あるいは、押し付けられた「平和」の性格によって、また民衆の圧力が高まるまでサダム・フセインの蛮行に苦しめられがちであった一部のイラク人を見捨てたことで強められた。

8　戦争法の国家主義的な枠組みに関する文献について使いやすい資料集成としては Adam Roberts and Richard Guelff, Documents on the Laws of War, (2nd ed., 1989) を参照のこと。この枠組みに関する重要な批判としては、Chris Jochnick and Roger Normand, "The Legitimation of Violence: A Critical History of the Laws of War" 35 Havard J. Int'l 49 (1994) があり、ここで言われているのは平和維持における国連軍の武力行使の枠組みを明確にすることを推進することで、そこでは市民社会を守り、平和を回復することに重点が置かれていて、現在の戦争法より軍事的必要性の主張に関しては、はるかに抑制されている。

9　国際法と国際的民主主義の発展と成長とのかかわりについては Richard Falk, "Explorations of the Edge of Time: the Prospects for the World Order" (1992) を参照。この本の議論の中心は国際的な民主主義を強化すると、領域に閉ざされた政治による縛りが打破されて、地球市民社会の勃興を容易にする、ということである。

一般的にこの章の根的な活動は国連に関しては非政府組織（ＮＧＯ）とのかかわりで議論されている。ここではこの現象の叙述に関しては、より適格な言い方を求めて Samuel Mendloviz の語法に倣う。非政府組織（ＮＧＯ）という言い方では、非政府が強調されていて、政府が第一義的であり、民衆や市民の指導は第二義的であるという考え方を強める。この問題がどこに落ち着くか、もっと中立的な用語は読者が決めるべきである。

10 印象的な概説である Geoffrey Best, "War and Law since 1945" (1994) を参照せよ。
関連する教科書と資料としては The Laws of War, (W. Michael Reisman and Chris T. Antoniu eds. 1994)、Roberts and Guelff、上記注（8）を参照のこと。

11 特に Jennifer Leaning, "When the System Doesn't Work: Somalia 1992, in a Framework for Survival: Health. Human Rights, and Humanitarian Assitance in Conflicts and Disasters PP.103-20(1993)（他の章もまた関係がある）を参照のこと。Program on Humanitarian Assitance, The Mohonk Criteria for Humanitarian Assistance in complex Emergencies (Pamphl et, World Conf.on Religion and Peace", Feb. 1994) も参照のこと。

12 これらの活動は Oscar Schachter, "United Nations Law", 88.Am. J. Int'l Law 1 (1994) の中でよく調べられている。

13 Richard Falk, "On the Quasi-Legislative Competence of the General Assembly", 60 Am. J. Int'l Law. 782 (1966) またさらに Jorge Castaneda, "Legal Effects of United Nations Resolutions" (1970) さらに含意ある論文として Roslyn Higgins, "Problems and Process: International Law and How We Use It", 24-28 (1994) がある。

14 U. N. G. A. Res. 217 (A) III と 951 (I) と 2625 (xxv) を各々参照。使いやすいテキストとしては、Basic Documents in International Law and World Oder 298-301, 140, 108-13 (Burns H. Weston et al.. eds. 2nd ed. 1990) が挙げられる。

15 例えば侵略の「権威」ある定義づけ U. N. G. A. Res. 3314 XXIX (1974) Basic Documents, 上記注（14）pp. 224-26 が情けない結末を迎えたのと、世界人権宣言は本来、ここで論じたように、二〇世紀後半の最も影響力ある法的文書であるとして最初もっていた先進的性格とを比較せよ。政策を実施した場合にそれが成功するかどうかは、トランスナショナルな市民団体のネットワークがそれを強力に支持するか否かにかかっているが、それとほぼ同程度に重要なのが、条約の本文のもつ義務的性格というわけではない。国際法秩序のこのいわゆる非公式な部門（諸国家や政府間の行動主体の直接、間接の行動にかかわる公式部門とは対照的に）がますます立法過程に影響を与える能力を増加させていることを示している。先住民の場合にはこの点ではっきりしていて、特に先住民族の人権宣言を実現した過去一〇年間の努力が注目される。役に立つ議論としては Symposium: Comtemporary Perspectives on Self-determination and Indigenous People's Rights, transnat'l. & Contemporary Problems (vol. 3, Spring 1993) を参照のこと。Dalee Sambo(pp. 13-19) と S. James Anaya (PP.131-64) の貢献が大きい。

16 一九九五年半ば現在では、アメリカを含むいくつかの国が様々な反対の姿勢を見せている。

17 この脆弱性は冷戦時代に存在したが、各々の陣営の中で最低限の秩序と制約を課す傾向のあった地政学の二極化の性格ゆえに隠されていた。二極化、それ自体は、多くの人民や民族の自決権を否定したのみならず、民族的国家主義に基づく集団殺戮の類の爆発を封じ込めていた。地政学的統制の例外もあった。初めの頃のブルンジとルワンダの民族虐殺、東ティモールにおけるインドネシア、クメール・ルージュ体制下のカンボジアなどである。今日明らかなことは、特にボスニアでの例をみると、ヨーロッパの地政学の中心地でさえも今やジェノサイド的な政治を受け入れやすくなっていて、その振舞いを阻止しようという強い気運は存在しない。

18 Richard Falk, "Meeting the Challenge of Genocide in Bosnia: reconciling Moral Improvements with Political Constraints", and Samuel Medlovits

with John Fousek, "The Crime of Genocide: Prevention and Punishment: A Proposal for Enforcement, both in Genocide, War, and Human Survival" (Charles Strozier and Michael Flynneds. 1996).
一般的な視点にたった貴重な本としてLeo Kuper, "The Prevention of Genocide" (1985); "Genocide: Conceptual and Historical Dimentions" (George J. Andrepouls ed., 1994) が挙げられる。

19　Military and paramilitary Activities in and against Nicaragua (Nicaragua v. U. S.) I.C.J.Rep.1986 アメリカの一九八九年一二月の介入。パナマの国家元首が解任されアメリカの軍事基地がさらに一つ建設されたのは、自由と民主主義の名のもとに再び行なわれた、もう一つの無法行為の顕著な例である。

20　もちろんこのような問題の認識は新しいものではない。一九七二年のローマクラブの「成長の限界」の公刊により再び注目された。Donnella Meadows et al. "The Limits to the Growth" (1972), "The Blue Print for Survival", Edward T. Goldsmith ed. 1972.
Richard Falk, The Endangered Planet: Prospect and Proposals for the Human Survival(1972).

21　経済のグローバル化が拡大して政府の政策立案の裁量をなくすような傾向については下記を参照のこと。Thomas L. Friedman, "When Monkey talks, Governments Listen", N. Y. Times, July 24, 1994: Coline Hines and Tim Lang, "Free Trade is a Dangerous Drugs", the Newstatesman, July 23, 1993. 下記の研究も同じテーマである。"The Globalization Project: An Understanding of the World Order Models Project: Richard Falk", On Human Governance, Toward a New Politics(1995)、特に、VI章を参照のこと。

22　この視点からの国家が市場化に向かう傾向のもっと詳しい分析については下記参照のこと。Richard Falk, "An Inquiry into the Political Economy of World Order"(June 1994) (Portrack Seminar, Dumfries, Scotland).

23　初期のアメリカ史の中で合衆国憲法にある本来の意図と文言が、外交行動に関していかにごまかされていたかについては多くの議論がある。特に、エドウィン・S・コーウィンが、その古典的な研究において、憲法で外交問題の権限を分散させている本当の意味は「事例が解決するままにさせよ」であるとのくだりを参照。Edwin S. Corwin, "The President: Office and Powers" PP.170-71 (4th ed. 1957); Brandford Perkins, the Cambridge History of American Foreighn Relations, The Creation of a Republican Empire 1976-1865 P.70, PP.54-80, P.117 (1993) によって引用され、議論されている。

24　分かりやすい言い方を避けたことが適切かを含め、この説明の柔軟性を精神的に擁護している論文：M. S. McDougal and Richard N. Gardner, "The Veto and the Chater, an Interpretaion for Survival in McDougal and Associates Studies in World Public Order 718-60 (1960) を参照。

25　UNGA Res. 337 A (v). 1950, Basic Documents, supra note 14, PP.181-82: 実際のところ、この決議は安全保障理事会の残余の権利についての国連総会の権限を認める憲章上の根拠を与えたもので、憲章を根本的な、かつ正当化されるやり方で改正したのである。

26　今なお評価されている独創的な分析としては、Myes S. McDougal and Harold Rasswell, "The Identification and Appraisal of Divers Systems of Public Order", In McDougal and Associates, supra note 24, PP.3-41 がある。冷戦時代のベトナム戦争やその他の節度のない行動に関する場合がそうであったように、ここには議論の余地ある、怪しげな行動を自分に都合のよいように解釈し、無批判に価値を認める危険性がある。

27 あまり明白ではないが、拒否権は安保障理事会の五常任理事国の各々に対し、国連の主導権を妨害する能力を保証し、それによって、主権と大国としての地位とを一致させたのである。つまり、投票で負けるかもしれないという政治的見通しがある場合に、拒否権は有用となるが、そのことよりも裁量権を保有できるという国家主義的期待がそのより根本的な役割である。

28 これらの問題に関するルーズベルトの考えについての啓発的な議論はWillard Grange, "Franklin D. Rosevelt's World Order" (1959) を参照。

29 同じような結果が、国連総会の発案で実施された平和維持活動の財政的負担を巡ってソ連との論争が生じた。ソ連はこの議案に反対していた。

30 これらの法律的反対論のさらなる評価についてはRichard Falk, "Reflections in the Gulf War Experience: Force and War in the UN System", in the Gulf War and the new World Order PP.25-39 (Tareq Y. Ismael and Jacqueline S. Ismael eds., 1994) を参照。有益な独立した全般的評価についてはOmar Ali, "Crisis in the Gulf: independent Iraqi View" (1993) を参照のこと。

31 つぎのEconomistの特集記事は各号とも生々しい写真が掲載されており、平和と安全保障の源であるという国連が抱かせた幻滅の雰囲気を漂わせている。"Shamed are the Peacemakers", The Economist, Apr. 30 - May 6, 1994 PP. 15-16 ･･ Who will save Ruwanda?" The Economist June 25 - July 1, 1994 PP. 19-21. 国連の平和維持機能への厳しい評価はそれほど長くは続かないであろう。ただ一九九四年一一月以降の展開についてはその性格も効果にも確実でないところがある。ジャン・ベルトランド・アリスティードが政権の座にとどまり続けることができるとしても、この人道的介入の例が与える影響については心配になる多くの理由がある。Allan Nairn, Occupation Haiti: The Eagle is Landing, The Nation, Oct. 3 1994, pp.344-49 とAllan Nairn, Our Man in FRAPH, The Nation, Oct. 24, 1994, pp. 458-61 を見よ。Joanne Landy, Magical Thinking About Intervention in Haiti, 8 Peace and Democracy News 11-13 (Summer 1994) も見よ。

32 S. C. Res. 731 adopted Jan. 21. 1992.

33 国際法の観点から反対論を展開しているリビアの出版物を見よ。Ibrahim Anani et al., The International Legal Order at the Cross Roads The Security Council and the Lockerbie Affair (1992); Lockerbie Case and the Future of the International Legal Oder (woauther or editor giver) The Islamic World Studies Centre, 1992.

34 後節で論じられるように、内戦に国連の介入を求めることには慎重な反応をする地政学上と憲章上の理由がある。

35 N. Y. Times July 22, 1994, S. C. Res. 940, July 31, 1994: Editorial A UN License to Invade Haiti, N. Y. Times Aug. 2, 1994.

36 この論文の執筆中、介入の選択がなされ、ハイチの軍部を押しのけて、わずかな人命の損失のみで、アリスティード神父を政権の座に復帰させた。このような行動を取らせた元来の動機はハイチ難民への関心と密接に結びついているようである。John J. Miller, One Answear to Haitian Crisis, Let Them In, Wall Street Jounal, Aug2, 1994 を参照のこと。これには、ハイチにおける軍部による支配権奪取に対するアメリカの政策の展開に関し、次のような不安を覚えるほどの正確な観察が含まれている「ハイチ人の流入を必死になって阻止する人々がいる。彼らはアメリカがハイチへの侵入を議員に働きかけている」。

37 これを支持している一般的な議論については：Jarat Chopra, Thomas G. Weiss, Sovereignty is no longer Sacrosant, codifying Humanitarian Intervemtion, Ethics & Int' l Aff. PP.95-117 (1992).
また Thomas G. Weiss, UN responses in the Former Yugoslavia: Moral and Operational Choices, 8 Ethics & Int' l Aff. PP.11-22 (1994) も見よ。

38 Richard Falk, "A Human Rights, A Humanitarian Assitance and the Sovereignty of States in A Framework for Survival: Health, Human Rights and Humanitarian Assistance in Conflicts and Disasters" PP.27-40 (Kevin M. Chaill ed. 1993) における論議を見よ。

39 Thomas M. Franck, The Emerging Right to Democratic Governance, 86 Am. Int'l Law 46 (1992) を参照のこと。影響力ある討論がされている。

40 The Bangkok Declaration; Final Declaration of the Regional Meeting for Asia of the World Conference on Human Rights, Bangkok, Mar. 25 - Apr. 2, 1993 A/Conf. 157/ASRIM/8, Apr. 7, 1993.
（市場に配慮し、人権の侵害を大目に見るという、アメリカ政府の増大する意思について議論している）Ken Brown, Rights Issues Aside: Asia Deals Rise, N. Y. Times, Aug.1, 1994. を見よ。

41 McDougal and Lasswell, supra note 26.

42 キューバに対するアメリカの経済制裁の批判と検討については下記資料を見よ。 United States Economic Measures against Cuba (Michael Krinsky and David Golove, eds., 1993).

43 例えば Susan Sontag, "Godot Comes to Sarajevo", N. Y. Rev. of Books' Oct. 21, 1993, PP.52-59 を参照。

44 例えばパナマは武力を使った一九八九年のアメリカの人道的介入から政治的、経済的利益を受けていない。

45 Kai Bird の以下の提案を見よ。The Case for a UN Army, The Nation, Aug. 8-15, 1994 pp. 160-64, Brian Urquhart, N. Y. Review of Books. June 10, 1993, and May 12, 1994 また、以下のいくつかの提案も参照。 Agenda for Peace, supra note 7, pp. 24-27.

46 前節での議論の一部では冷戦後の地球的安全保障について、市場がその成立を促したものであり、国連の役割を理解するための、世界秩序を考える第一のテキストとして、湾岸戦争とボスニア、ルワンダの場合を比べるというやり方を取っている。国連がことを遂行する能力をいかに獲得するかについての標準的な解析については Robert Johansen, "Reforming the United Nations to eliminate War, 4 Transnational Law and Contemporary Problems,PP. 455-502 (1994) を見よ。

47 朝鮮戦争の戦術および市民社会の破壊については下記を見よ。 Gabriel Kolko, "Century of War, 404-11 (1994)Walter G. Hermes, "Truce Tent and Fighting Front" (1966), Robert Frank Furtrell et al. "The United States Air Force in Korea" 1950-53 (1961).

48 この議論を支持する Best, supra note 10 のさらなる分析を見よ。

49 国家の暴力を和らげるために国連には「超暴力」が必要とされるだろうと説くすぐれた分析について、最上敏樹の論文（Toshiki Mogami, "The United Nations and Non-violence", in Global Transformation: Challenges to the State System pp. 412-38 (Yoshikazu Sakamoto ed.,

1994）を見よ。

50　NATOの冷戦後の役割とアイデンティティに関する討論における、ヨーロッパには外的脅威がない以上、それは地域的安全保障のための一機関に変換され得るか否かということの議論については、Charles William Maynes, Bye Bye Bosnia: Misperceptions Fuel the Urge to do Something, Anything in the Balkans, Washington Post, Aug. 6, 1995を見よ。この討論の一部は、もしロシアに新しい超国家主義的政権が生まれ、再びヨーロッパの脅威となるような場合に備えて、NATOをそのままにしておくのがよいかということである。地域の役割と将来の役に立つ一般的な考察としては以下次の論文を見よ。Bjorn Hettne, "the New Regionalism: Implications for Development and Peace", in The New Regionalism 1-49(1994).

51　ICRCはジュネーブで会議を開き（一九九四年六月二二日〜二四日）、[UN Peacekeeping and the Humanitarian Operations] という報告書を出し、国連の武力行使時における人道法の適用という見出しのもとにこのテーマを追求している。

52　国連軍が入ってきても紛争の場で現地の民間人と不和になることにはなりそうもないから、必ずしも国連軍にとってさらに危険が生じるというわけではない。

53　一九九四年、アメリカ政府はハイチの国内状況に応じて武力を行使する権限を安全保障理事会に要請し、許諾を得た。湾岸戦争に用いられたのと同様の、"all necessary force"という表現であった。

54　事実、ジェノサイドに直面していながらそれを無視したのは、国連の怠慢であったのであり、それがボスニアとルワンダにおける人道に欠ける対応の本質であった。David Reiff, Slaughterhouse: Bosnia and The Failure of the West (1995); Alain Destexte, The Third Genocide, 97 Foreign Policys PP.3-17 (Winter, 1994-95)を見よ。ある意味で国連の失敗は、主要国に政治的意図がなかったために「引き起された」ともいえる。この意味では国連は失敗するように作られている。国連は一方の側に味方するには、十分とは言えない方法しか与えられていない。国連が中立の立場をとり、その立場を取り続けるならば、残虐行為の委任を与えるに近いことになり、国連決議があたかも共謀とみられても仕方がない。

55　この一極体制が限定的な関わりしかもたないことは、ポール・ケネディの著書の出版が引き金となった、アメリカの衰退と過度の勢力拡大についての一九八〇年代の議論を思い起こさせる。Paul Kennedy, "The Rise and Decline of the Great Powers：Economic Change and Military Conflict from 1500-2000"(1987); Edward Luttwak, "The Endangered American Dream" (1993). Jopseph Nye jr., "Bound to Lead: the Changing Nature of American Power" (1990); ふりかえると、「一極体制となる時期」が湾岸戦争の勝利の結果生じたのだという乱暴な主張が、一九九一年の春にそう言い出されてから大して長くは続かなかった。強硬な改革論者の地球的統治の主張は "Common Responsibility in 1990s: The Stockholm Initiative on Global Security and Governance", PP.36-42 (Apr. 22, 1991) にある。この方向の政策の勧告は次の報告書に出ている。Commission on Global Governance, Our Global Neighborhood (1995)：グローバル・ガヴァナンスの性質と出現に関して、組織的観点が貧弱であることを考察している次の論文 Governance without Government: Order and Change in World Politics (James N. Rosenauand Ernst, Otto Czempiel eds. 1992) Our Global Neighborhood (1995) における様々な寄稿を参照のこと。世界市場勢力に

より重点を置いた文献としては Richard Falk, "On Humane Governace: Toward a New Global Politcs" (1995) を見よ。この論に沿った議論は Jeremy Brecher and Tim Costello, "Global Village of Global Pillage: Economic Reconstruction from the Bottom Up" (1994) を参照のこと。

56 例えば財政的能力と経済的地位を安全保障理事会の常任理事国であるための主な評価価値としてよいのであろうか。それとも安全保障のための出資を事前に約束するなどの……意思の表明をしていることか、あるいは大いに正当性があるように見える決定をする能力を示していることであろうか。

57 Michael Lindenmann, "German Outline Plans to Draw EU Nations Closer on Defense", Fin. Times, June 8, 1995’を見よ。

58 Dorothy Y. Jones, "The Declaratory, Tradition in Modern International Law in Traditions of International Ethics" (Terry Nardin and David R. Mapel, ed., 1992)PP. 42-61. も見よ。

59 Richard Falk, "The World Order Between Interstate Law and the Law of Humanity: The Role of Civil Society Institutions", Lecture Transcript, International University of Peoples Institutions for Peace; Rovereto, Italy, July 29, 1993. の第二章を見よ。

60 上記注（18）の参考文献を見よ

61 弁護の一般論として下記の論文を見よ。Richard Falk, "In Search of a New World Model" 92 Current History PP.145-49 (1993).

62 この区別は World Order Models Project (WOMP) の最後の段階で発展した見解の主要な部分の特に第一章に説明されている。Richard Falk supra note 9 を参照。そのような特定の事業は World Court Project および国際刑事裁判所設立の努力を含む。

63 Henry Kissinger, "Diplomacy" PP.804-35 (1994) を参照。

64 Zbigniew Brzezinski "Out of Control, Global Turmoil on the Eve of the 21st Century" (1993) を参照。

65 これらの発展について、Falk, supra note 91 で分析されている。

66 この方向での暫定的な動きはあるが、何もまだ具体化していない。

第四章　人道的介入の複雑性――新しい世界秩序への取り組み

A. 探求の枠組みの設定

法的には不介入の規範が支持されていても、実際には介入外交が行われているという、二つの現象の交錯する状態が、主権を有するが、同等ではない、各々異なった目標を追求する国々からなる世界の、避けることのできない特徴である。主権に対する法的な重みは、画定された国境線内部における領域的優位性という空間的概念によって強められ、不介入主義の学説上の基礎を提供している。ところが一方では、領域主権を超えて権力や影響力を投影しようとする奮闘があり、これが実質上、大国と普通の国とを区別するものの定義となっているのであるが、この地政学的な圧力が、力のない主権国家の内政および対外問題に対する介入ということになるのである。

介入外交に伝統的に結びついている複雑性の一部は、政治、倫理および法が区別されないで様々に混じり合っていることに起因する。この混合は、ある特定の介入の性格が「人道的」とされるか否かにかかわらず存在する。もっとも介入を、「人道的」と表現することで、その道義的、あるいは法律的な正当化にいっそうの重要性を加えるということはある。介入の政治的側面は、その有効性と容認性という重要な問題に集中していて、実行と結果の間における手段／目的の結びつきを監督し、様々な決定と評価の場面において介入の主張の容認度を判断するのである。また外国において影響力を強制的に及ぼすような手段をとることが、介入する側の国にとって有効で、法に適ったやり方であるという評判を得るか否かを含めて総合的な利益を増進するか否か、また現に進行中の行動に対する支持の度合いを考慮し、合理的な時間内に介入の成果を得るのに必要な物資が供給できるか、供給されるべきなのかを判断することが極めて重要になるのである。

倫理的立場では、武力行使が不可欠であり、均衡がとれていて、また対象国の国民に利益をもたらし、同時に介入する側の国の評価（と利益）が高まり、しかもグローバルな公益にも役に立つものであるという主張の正しさを立証することがより重要である[1]。法的立場では、特定の介入の企てに賛否を表明し、先例と規則や基準に関する法的論争を引き合いに出すことや結論を導くことが中心的課題となっている[2]。

介入という主題は、国家が、領域的優位性により生ずる権利を享受する唯一の正当な行動主体であり、国策の手段としての武力行使の政府決定については、外部からの法的拘束を一切受けないという、ウェストファリア体制的世界秩序の中で起きる事象として発展してきた。国家のみが「介入」と認識されるような種類の政策を実施するために必要な軍事力と政治的手段をもっているので、国家が中心であることは変わらないが、介入外交と言われるようなより最近の実例は、いくつかの新しい要素の影響を示している[3]。最も重要な新しい要素は、国連および特にヨーロッパにおける地域的実体が「介入」時に演じる役割であるが、国連の役割のもつ性格は全般的に曖昧であり、場合によって異なる。特に困惑させられるのは、国連安全保障理事会の決定が、どの程度公益を考えて行なわれるのか、純粋に集団的で、共同体の行動としての介入の判断がなされているのか否かという点に関わる不明確さである。また、もしそのような決定がなくても国家が単独または他の国々と連帯して介入を行なえば、一般に「違法である」と考えられる類の武力行使の決定が、かろうじて合法であるための理論的根拠をどの程度もつと言えるのかということも曖昧である。比較的新しい要素は、対象国の住民や、結果として生じた戦争に参加している人々の苦しみを和らげようと行動する、一連のトランスナショナルな市民行動が顕れてきたことと、それらのもつ重みである。クリミア戦争における戦場の惨状に触発されてすでに十九世紀の半ばに設立された国際赤十字委員会は、介入の状況において、明白に人道的とされるような市民行動を拡大させた非政府組織の役割を思わせるものがある。また、国政の手段としての武力行使に課せられる法律的制限や、介入の性格をもつあらゆる形の強制力を公的に禁止したことは比較的新しい要素である[4]。この武力の地位についての規範の刷新をいかに評価するかということが物議を醸しているのである。主要国は、依然としてその行動の段階で、武力行使について自由裁量が可能な選択権を保持しているのであるから、主に変わってきたのはそれを表現する言葉であって、実際の行動ではないというような、とりとめのない現実面での変化を我々は扱っているのではないだろうか。そこまで極端ではないとしても中道の立場にいる者は、このぼんやりした変化が以前存在しなかった、武力行使に対する異議申し立てを正当と認めることによって様相を変化させ、時間をかけて武力に依存することから脱却できるように微妙な動きをもたらし、自国の安全を追及する政府が立法化に着手するかどうかという、その見極めに微妙に影響しているのだと主張する。

過去半世紀に生じた決定的な進展は、極めて明瞭な国際人権法の登場である。それは、はなはだしい人権侵害に対しては、政府であれ個人であれ、説明責任が生じるという考え方によって心理的に支えられている。最小限の人権の水準は、しっかりと守られるべきであるという新たな期待が次第に増加し、特に様々な形の非人道的な行為を、地球規模でリアルタイムに知らせることのできるテレビというメディアの威力が大きいこともあって、介入せよとの圧力を生じさせているのである。

この介入という現象は複雑で、多くの矛盾する結果を伴う。だれが何に対して責任を負うのかを定めることがますます難しくなってきている。国家は介入外交を支配し続けているが、地域や地球レベルで、一つかまたはそれ以上の階層をもつ組織の関係当局に、権限を与えることによってしばしば間接的に活動する。そのように権限が間接的になることは、ある程度国家の役割を薄め、偽装し、介入に反対する批判を多少かわし、介入が目的に達しなかった場合の責任の一部を、より広い制度的枠組み、特に国連に移し変えるのである[5]。さらにまた、介入をしてはならないという規範や武力行使の禁止は、人権侵害が発生すれば国家の主権的権利を無視してもよいという法的・道徳的基盤を生じさせることになるのだという今日の考え方とはいささか整合しない[6]。この複雑性を考えると、特に立憲民主政治においては、政治的指導者たちがその外交政策を推し進めるにあたり、定期的な自由選挙に際して国内向けに十分な説明を行なわねばならず、また立法府による監視もあって、モラルという点で優れていることと法律的有効性とが求められているので、介入外交という問題が当然論争を招き、いまだ結論に達していないとしても全く驚くには価しない[7]。ボスニアの内戦の初期に、ブッシュ政権が地上軍を送ることに乗り気ではなかったことを論じた当時の国務長官、ジェイムズ・ベイカーは、二、三年後に、「アメリカ人だったらそのような介入にはたとえ三日間でも耐えられなかっただろう」と回想している[8]。そのように市民が介入策に懐疑的であるという認識は、広く認められた戦略的利益か国家安全保障の考慮に明確に基づいていないような介入が提案されている際に、しっかりと監視の役を果たすのである。もちろん、介入を正当化しようという主張が強力になされているような場合には、選挙民の感情が盛り上がり、時には介入をせきたてるように作用することもある。このような見方は、冷戦終了後唯一生き残った超強大国家であり、介入しようという主張の理由を現実主義者たちが公に説明することを最も避けたがる傾向をもつアメリカにことさらよく当てはまる。その理由の一部は明らかに、反植民地主義的な伝統、民族自決権を含む国際的な人権問題では最近は先頭を切っていることと、海外で行動するにあたってその利己的な動機を隠す傾向があることなどにある[9]。

さらなる介入を否定する舞台装置となる要因は、冷戦終了後は現実主義者が唱える根拠に対して、介入すべきとの地政学的な圧力が、ますます説得力をもちにくくなってきたことにある[10]。このような展開が、植民地主義崩壊による規範面に対する影響と旧植民地が独立国家としてグローバルな政治へ参加する度合いを強めているのであるが、それらの国々の指導者たちはどのような介入の要求に対しても、一般的に疑惑の目で見ているのである。国連という舞台の上でのそのような抵抗を回避するには、強国の視点を効果的にぼかすようなやり方で、介入に関する論議を組み立てる必要がある。「人道的」であるからという正当化の方法が顕れてきたのは、現在の歴史の状況を考えた上で、介入にまつわる衝撃を地政学的な目的のための武力行使を禁止する規模と一致させようとする努力の結果である。

さらにもう一つの一般的な考え方がある。介入が（近隣諸国の問題に介入する国々を除いて）強国の排他的な事業であるかぎり、政策の選択肢としてそれが実行できることは、しばしば介入国側の統治構造の性格によって具体的な形をとる。国家が独裁主義的であるなら、介入を行なう際には国内の一般の支持をあまり必要とせず、国際的な反応をそらしたり、自国の安全保障上の配慮を仮定すること以上に、巧妙に正当化するように意を用いることも必要はない。そのような国家はまた、より簡単に政策をひっくり返すこともできる。介入のために国民の気運を盛り上げることもしないでよいのであるから、国内の期待に巻き込まれるようなこともない。もし、国家が民主主義体制であるならば、介入政策の利益について国民を説得しなければならない。通常そうであるが、被介入国側での抵抗が予測される時、兵士の犠牲がはっきりと予想される時、また急速に紛争を終結させ得るという保障のない時などは特にこうしたことが必要である。しかし国民がいったん説得されても、市民の命を犠牲にしたという失敗を認めなければならない可能性があるので、介入を終わらせるのはしばしば政治的に厄介なことになる。冷戦期にアメリカは多くの介入の役割を演じたが、政策に対する国民の確実な支持が必要であるということを教訓として学んだ。これはこの時期の介入の決定的な経験、すなわちベトナム戦争によって植えつけられた、長い苦難の間に非常に強固になった姿勢である。

歴史的記憶もまた、それが信頼のおける解釈によるものである場合、重要な関連性をもっている。一九四五年以降、西側では国家の安全保障政策とその結果として生じた国際的行動に対する政府の態度がいかに「ミュンヘンの教訓」やそれに連なる「宥和政策」と戦備の遅れに対する恐れを想定することで方向付けられたかということを誰でも知っている。政治家も一般大衆もともに、初期段階の侵略行為がみられる場合に、重要性が低いとしても、それを看過することで、後に確立した世界秩序に対して重要な挑戦をせざるを得なくなることを避けるために、そのような事態に立ち向かうことが重要であるという経験から学んだ考えを支持しているのである。またそのような社会的学習の過程は、アメリカが真珠湾で犯した、あまりにも無警戒故の失敗の事例でさらに強化された。この事例は、平時にはアメリカ大陸を挟む二つの大洋が、アメリカを永続的に守ってくれるという国民的な安心感を粉砕したのである。遠く離れた敵国によるものであっても、奇襲攻撃を受ければ弱いという認識は、さらに、戦争遂行手段に関わる革新的な技術の進歩によって強められた。とりわけ核兵器によって、またミサイル、誘導装置、そして精巧な潜水艦および長距離爆撃機の出現によってである。

二五年の後、「ベトナム症候群」がまったく異なったメッセージを伝えた。それは遠く離れた周辺地域で、軍事的によい結果が得られず、介入の対象となった国家の内部において惨禍と荒廃が拡大することはもちろん、介入の中核となった国家とその同盟国に深刻な分裂と士気の低下を招くような場合には、あえてことを構える価値はないということである。ベトナム戦争以後は、文字通りすべてのアメリカの政治指導者は、その所属政党や政治思想の傾向に関わりなく、一般の意識からきっぱりとベトナム症候群を拭い去ろうとするやり方で、軍事行動に頼ることに対して一般の支持を得ようとしてきた。そして、国益を追求するために武力を行使することへの不本意の原因を取り除こうとしたのである。対照的に、介入外交に反対する人々は特にベトナム戦争で傷つき裏切られたと感じている人々は、ベトナム症候群を、介入したいという衝動を警戒し、禁止するのに役立つものと考えている。

しかしながら、このような予めの評価は個々の出来事の歴史的特殊性を見ていないのである。介入は国際関係において広く普及した性格のものであったが、そのそれぞれの形式は時とともに変化しているので、その時々のグローバルな背景に照らして理解されるべきである。本章の中心をなす議論は、冷戦時の介入外交は地政学的二極対立を反映したものであり、特に地政学的なグループへの帰属が曖昧で、争奪の種になっていても、悶着が拡大するという危険性はかろうじて避けられると思われるような国々において、イデオロギー上の親和関係を維持するか破壊するかということを基礎にして、介入のパターンを決めたということである[11]。世界的に最も危険な介入は、最も深刻で長引く暴力や、さらに拡大した戦争の勃発の事例と同様に、イデオロギー的な線引きによって引き裂かれた国々（ベトナム、朝鮮、中国、ドイツ）か、地理的にいずれかの超大国に接しているような国々（アフガニスタン、キューバ）で起こったということが明らかである。

一九八九年以降、介入への地政学的圧力はたいていの状況において弱まったが、人道的介入に対する圧力は強くなった。しかし、その性格は根本的に異なっている。効果的な介入に必要な力量についての実態を考えたり、目標が達成されるまで介入の努力を続けるという、所要の政治的意思を獲得するためには、国民の支持が必要であるが、その範囲と性格を考慮すると、両方の型の介入には各々明らかに問題がある。地政学的介入が失敗するのは、特に反介入勢力の外交的、軍事的抵抗が増強された時に、主にその地元の民族主義的勢力の抵抗を押さえつけるだけの能力がないことと関連しているのに対して、人道的介入が失敗するのは、主に介入する側が比較的軽微な介入を行なうためであり、その場合には、反介入勢力の支援がなくても、抵抗のための戦術が容易になるということである[12]。

政治的な支持のあり方が明らかに変わってきていることは、正当化の議論におけるこのような変化と密接に関連している。地政学的な目的をもつ介入というのは、介入政策に一般の支持を集めようとする、時の政治指導者たちによる戦略的利益の評価の当然の結果を示しているのであるが、人道的介入はその性質上、社会的な圧力によるものであって、その圧力はグローバル化したメディアによって近年さらに強化され、ついには政治指導者たちに彼らが考える国益意識に反してでも渋々行動させはするが、彼らはその関わり合いをできるだけ限定しようとするのである。最近ではこの限定された解決手段の中で、無制限の介入の責任を避けながら行動せよという社会的な圧力を和らげるために意図されているのが、表向きの責任を国連に委譲することであった。介入外交は、特に強い地政学的な動機と充分な能力を欠いている場合には失敗の公算が大きいから、平和と安全の分野での国連の評判は少なくとも一時的には下落した。この権威の失墜の原因の多くは、国連が、ソマリア、ルワンダ、ブルンジなどの国々、とりわけボスニアで人道的緊急事態に対応することができなかったと受け取られていることから生じている。この失敗はさらに、国連からＮＡＴＯへと第一義的な責任が移されたことでいっそうひどいものとなった。移管自体は複雑で、多面的な過程であり、関係者一同をあやふやではあったが、最終的に和平案に合意させるためにとられた方法であった。ＮＡＴＯがセルビア人の抵抗運動を軍事的対決に引き込もうと懸命になったのに対して、国連はそうすることを望まなかったため、国連は非能率的であるとする見解が強くなった。そして、決定的な意味で、紛争処理交渉において、ボスニアの三人の指導者をオハイオ州デイトン軍事基地に彼らが同意するまで事実上監禁したことで縮図的に示されたように、基本的に一方的な性格のアメリカ外交によってＮＡＴＯの役割でさえも影の薄いものとされてしまった。実際、人道的な問題に対処するには今日様々な外交手段の蓄積があるが、そのどれもが常に成功の確率が高いということはなく、ボスニアで達成された和平でさえ、その人道的効果については論争の種として残っている。

最後に国家は、他国の社会や住民の福利についてまで考えを及ぼすことはなく、自国のための利益というかなり狭い概念で動かされるので、人類に対する大規模な危機的状況が生じたような場合でもなかなか介入しようとはしないが、そのことによって独立した草の根の団体はますます人道的使命を果たすようになるのである。この拡大しつつある民間団体の役割で目立つ例は、「国境なき医師団」である。さらに指摘したいのは、人道的介入の行為主体はしばしば政府以外の行為者であり、特にトランスナショナルな市民連合であるということである。これらは、大方の政府が人道的任務に従事する際に従うような国家主義的観点とは全く異なる、専ら道義的な動機、つまり主に責任と連帯の精神によって形成されていると思われる政治的論理に従って行動しているのである。もちろん、このように一般化するには注意深い調査が必要である。例えば中規模の政府を見てみると、最も目立っているのはスカンジナビア諸国、カナダ、オランダなどの政府だが、それらはより純粋に人道的な精神で行動し、国家主義的な性格を人道主義という責務によって形成されるものに従属させている。同時にこれらトランスナショナルな勢力の能力と見通しをロマンティックに考えてはならない。これらの行動主体のうちのあるものは、資金提供を受けたり、さもなければ一国またはそれ以上の多くの国家に依存したりしていて、真の独立性を欠いている。仮に紛争が大規模化し、暴力行為が限界を超えると、非政府的行動主体は一般に紛争の中核に直接介入するだけの財政的、外交的、および兵站業務遂行上の手段を欠き、あるいは関係者と接触することすらできないかもしれないのである。

介入行動の現況は、したがって次に挙げるようないくつかの現実によって形作られている。

・たいていの他国の社会への介入には、介入する側に重大な失敗という危険を引き起こしがちである。

・地政学的諸要因により政治的指導者たちが介入の危険を冒す場合があるが、たとえ強力な政治的圧力により支持されたとしても人道的関心による介入の可能性はない[13]。

・介入を行なうことを選択しない場合は人道上の惨禍を和らげるべく介入せよ、という政治的圧力をかわすため国連に依存することが奨励されてきた。

・このパターンが引き起こす幻滅により、少なくとも一時的には国連の役割の縮小が起こり、その地域の行動主体、すなわち強国への依存をより強めることになり、また行動することを公然と拒否する事例が生み出される。

・人道的関心はまた重要な、非政府的性格のトランスナショナルな活動を刺激している。

・メディアが注目していることと、人権の思想が進化していることとが組み合わさって、「人道的介入」に対する首尾一貫した理由づけが提示されている（すなわち、厳しい経済的、文化的権利の剥奪を含む深刻な人権侵害は、介入行動を正当化し、さもなくば不介入の約束や姿勢を連想させる抑制的配慮を凌駕する国際的関心事になるのではという、まじめな期待）。そして

・ここ数年間におけるこのような展開の組み合わせが、特に旧ユーゴスラビアの解体に付随した人間の苦難に照らして、政府による攻撃（ボスニア、チェチェン、東ティモール、チベット）か、先鋭的な民族紛争に起因する（ボスニア、ルワンダ、ブルンジ）か、あるいは政府の崩壊（ソマリア）によるか、いずれにしても、弱者をひどい虐待と苦しみから保護するという国際社会の集団的意思能力に対する深い幻滅感をもたらしてきた。

このようなみじめな経験から我々は何を学ぶべきであろうか。介入外交と国際法の相互作用は、理論の明確な記述と、国家、国際機構、そしてトランスナショナルな市民団体による活動との双方の観点からは、どのように解釈されることになるのか。それぞれ異なった型の行動主体（国家、国際組織、NGO）による人道的介入の様々な主張の法律的根拠は何であるのか。どうしたら過大な期待を起こさせることなく国際法の役割を高めることができるのか。どうすれば国際法の妥当性が損なわれずに、抑制された地政学的影響力が認められるようにできるのであろうか。

B. 概念の曖昧さ

介入という言葉が、法律的な技術用語として曖昧であるというのは、あまりよいことではない。その用語は主に諸国の政府によって（近年は、他の政治的主体によることもあるが）、それらの間の「相互作用」の中で投影されるあらゆる形の影響力を表現するために、ジャーナリスティックに用いられている。一般的に介入という言葉は、強力な国家がより弱小な国家の政策や政治形態を変更しようとして、その性質上、軍事的な手段を含む強制的な方策を用いる事態のために特に用意されたものなのである。地政学的な意味では、介入は強国の領域内で、また冷戦期には第三世界全体が二つの超大国による競争的介入外交の舞台となったためにもっと広い範囲において、伝統的な勢力範囲を維持するために用いられてきた[14]。アメリカは何十年もの間、しばしば伝統的支配権を維持するために、カリブ海、中央アメリカという隣りあう地域に介入してきた。これは先に外交政策の指針（モンロー・ドクトリン）として形作られた介入のパターンであるが、介入の性格は、その都度民主主義を守るとか、政府の圧政から介入の対象となった社会の人々を救うとかの尊大な主張によって、あるいは地域の要請があったからという薄弱な言い分によって幾分か偽装されていた。最近数年間に、グレナダ、ニカラグア、パナマ、ハイチでの介入は、信憑性には様々な度合いがあるものの、このような人道主義的な言葉ですべて正当化されてきているのである。

しかしこれらの各々の実例は、国際法の見地から厳密に介入であると評価されるのであろうか。ある政府が他国の行動に対して、明確にかつ強制されることなく同意を与えるとなれば、介入という不名誉の大部分は取り除かれる。もちろん、介入を招き入れた当局の意思が純粋なものであったかどうかについては、曖昧さがつきまとうことになる。ごく最近、介入の対象国の人民が、彼ら自身の政府からの保護を求めた時には、彼らによる介入行為の承認は、同意と同じであり、介入の汚点を除くか、少なくとも介入の資格ありとする効果をもつとする主張が見られる[15]。またハイチの場合のように、選挙によって選ばれた政府を権力の座に復帰させるために、その選ばれた文民指導者から権力を奪取した軍事政権による残虐な行為に耐えた後、アメリカ政府の基本的に一方的な行動が、国連の安保理の賛同と協力を得てとられたのである[16]。ロッカビー事件での国際司法裁判所の意見があるが—そこには、安保理の、その権限の正式な範囲内の行動であったかどうかについての見解は述べられていないが—国連によって是認された行動は、少なくとも国連の内部でもち上がった限りにおいては、干渉という法律上の非難からは有効に免れ得ると思われる[17]。アメリカが、一九八三年にグレナダに明らかに一方的に介入したことでさえ、それまでは無名であった政治的主体としての東カリブ海諸国連合の委任を受けたということにして、地域の合意の結果であると主張された。ある意味では、そのような多数国による公認に頼っているわけで、そのことは、一方的介入の禁止を尊重しなければならないことを自認しているのであり、また多数国間によるという、イチジクの葉を用いて、介入を正当化してしまうことでもある。冷戦期にソ連が、東ヨーロッパで行なった一方的介入を押し隠すために、同じような戦術を用いた時には介入の言い訳として「招請されて」という言葉や、ワルシャワ条約機構の承認をもち出したが、そのようなあからさまな言い訳は全く価値のない議論であるとして西側により退けられた。

では、国際法の視点から介入とはどういうものであるのか。合意は強制されることもあり得るし、あるいはでっち上げられるかもしれないし、一般大衆の承認が主張されることもあるが、全くその時の風任せで、信頼するに値しない。介入の行為を、学説的にこういうものであると抽象的な法律用語を用いて厳密に定めることはできない。外部の機関が、ある主権国家の統治機構や方向性を変えるために強圧的に行動している時はいつでも、主権的権利への干渉が起こっていて、無条件に介入を否定する法規範に対するある種の挑戦がなされているのである。しかし、もしその国の政治プロセスが崩壊してしまったとか、「人道に対する罪」に相当するとされるような大規模かつ重大な人権侵害を引き起こしていると広く認識され、特に大量虐殺の要素があるとされる場合には、道義上および法律上の介入の要件は確かに満たされる。特に、標的となる国が重要な石油供給国であるとか、海外からの投資の対象地域であるとか、軍事基地が置かれているとか、あるいは地理的に微妙なところにあるとすれば問題であるのだが、そうではなくて人道的な関心が経済的、戦略的な利害と絡み合っていなければなおのことである。行動するための充分な理由のある人道主義的介入の主張というのは、その領域の政府が非合法であるか、残虐な行為と混乱を招く無政府状態が存在している場合に、その状況に照らして不介入の禁止の例外として、あるいは不介入の禁止を一時停止するものであるというように説明することができるであろう。

今度は、強制行動の主張される目的が、政府の崩壊（いわゆる「破綻国家」という問題）か、あるいはその社会全体またはその一部の基本的人権を侵害している政府が追求する政策かによって生じている、人々の苦難を和らげるためであるということが、政府間や一般の人々に広く受け入れられている状況を考えてみよう。そのような背景において、我々は「人道的介入」について一般的にまた適切に語ることができる。特に旧植民地などでは、介入という言葉で想起されるその汚点ゆえに、そのことを思い出させないような他の言葉が強制行動を支持する者たちによってよく使われている。すなわち、「人道支援」、「人道活動」、「人道外交」などである。この種の問題は言葉の上の言い換えだけではまともには扱えない。これらの事業の本質は、国と国との間の境を越え、ある国の中で活動し、そこにおいて深刻な困難に立たされた人々を助けることにある。これが本来的な意味で介入であり、こういう理由があればこそ、人道的介入という言葉が我々のものとなるのである。もちろん、人道の危機的状況に対応する政策はいかにあるべきかという議論において介入する行動主体の動機が多種多様に存在することから、参加している様々な人々の使う政治的用語の裏にそれぞれに異なった事実の評価や受け取り方から起こる論争がある。すでに述べたように、そのような介入行動に参加する主体は、人道的ＮＧＯや国際機関、それに国家と幅が広いのである。

C．窮地に立つ法律学

介入を扱った国際的な著作は、その大半が地政学的な圧力や制約について触れてはいない。このような欠陥はある特定の状況においては、私たちの力量で理解し行動しようとすると深刻な結果を招く。地政学に言及していないのは、その一部は述べなくてよいと考えているからであり、また一部は地政学との関わりがあってほしくないという願望からである[18]。前者については、強国によってもっぱらなされている介入の要求の程度が、どれほどのものであったのかを見落としている。強国は、これまで問題のある武力行使を実行したのは掛け値なしに人道に叛くと思われる事態をかかえている弱国を威圧するためであるという、利己的な自己正当化をしばしば唱えているのである。近年の物議を醸している事例は、アメリカが過去数十年間にわたり、キューバに対して制裁として行なっている経済的強制措置であろう。ちょっと考えると不思議なことなのであるが、現実主義者であると自認している国際法の専門家たちが、国際社会においては力が支配しているということを述べるにあたって、世界最強の諸国家が人道主義に基づく要求やその履行について、あたかも他の国のことを慮って、変革させるための代理人として行動しているのだと称する時に、その主張を額面通りに受け取ってもよいと思っているかのように言いがちであるということである[19]。大国が慈善的役割を気取ったとしても、いかなる国際関係も国際実行も、そのことを証明していない。つけ加えておかねばならないが、その反対の見解、つまり政治的に動機づけられた行動は、人道的利益には結びつかないということを支持する証拠も存在しない。特定の介入が要求することの性格とその効果によってもたらされることの評価を詳細に述べる限りにおいて、結論はどのみち、理屈が通ったようになるのである。しかし、人道的要因に独自の重みがあるという幻想を抱いてはならない。

一九七五年、恐らく主に安全保障上の理由からであったと推定されるが、ベトナムがカンボジアを侵略し、広く非難の的となっていた大量虐殺を行なった政権を効果的に追い落した時には、クメール・ルージュの影響が復活する危険があったにもかかわらず、国連はベトナムに撤退を要求し、ベトナムの介入の結果として設立されたカンボジアの後継政権は、国連でカンボジアを代表することはできなかった。これは人道主義の考えにこの上もなく反するものであったが、この反ベトナムの姿勢は、純粋に地政学的な思惑によるものであった。つまりカンボジア人民を、彼らの生命に課せられたグロテスクな重荷から救うことよりも、ベトナムの影響の伸張を食いとめ、中国（その当時はベトナムに敵対していた）をなだめることの方が重要であったのである。そのような優先すべきものの選び方は極端に見えるかもしれないが、主要国のふるまいや、従って彼らの影響力によってその支配下にある国際組織の行動に対する地政学的な主張と人道主義的要求の相関するぶつかり合いをむき出しにしてみると、それらは決して異例というわけではない。

冷戦が終結してからの数年間においては、また別種の地政学的圧力がかかっている。それは極端な人道上の危機が起きたとしても介入を避けるということである。アメリカは地政学的関心を露わにするという点では、はっきりとしたリーダーであり、重要な役割を担ってきた。ソマリアでの激しい抵抗に遭遇し、引き続いて合衆国内で批判の嵐に晒されて、地上戦の形を取って介入に絡むことは、深刻な軍事的対決の危険を背負うということを示唆した「モガディシオ症候群」が発生したのである。その結果アメリカは、惨禍に晒されている社会に平和と常態を回復しようと直接・間接に行動する意欲を劇的に低下させて、ただ外交的圧力を用いてボスニア、中東、北アイルランドの当事者間の交渉を急がせただけであった[20]。このアメリカの無気力ぶりはまた、自らがまとめたデイトン合意の実施に向けてすらその約束の存続期限に厳しい制限条件を設けたところや、このような状況では無制限の経済的支出を続けなければならないのに、その気はないところ、また、ルワンダでの大量虐殺という暴力行為の再発やブルンジで勃発するのを防ぐための低度の国連の活動に対する必死の要請すら、特に注目すべき抵抗を示したところに表れている。このようにして、ある重要な意味において人道的介入に関する地政学は近年、集団的責任と同情という態度を反映させた対応を前提とした、地域的あるいはグローバルなレベルの行動を「妨げる」ように作用しているのである。批判的な論評の誘引となるものは、以前にはとりわけアメリカの外交政策と結びつき、一般的には地政学と結びついた介入主義というものであったが、今や、この不介入主義という地政学的風潮がそれなのである[21]。

このような状況を総括をすると、ユートピア的な側面もみられる。倫理主義者や法律尊重主義者は政府に対して、その要求に絡む政治的制約を一切考えることなく、正しいことをせよと単純に迫っているのである。東ティモールやチベットの不幸な運命が、それらの地域の住民の明らかな意思に反して強制的かつ暴力的に併合されたことで決まったように、諸政府が一般的にはそれらの物質的利益に大幅に反するような行動を実質的にとらないことが分かると、彼らは欲求不満や敵意を抱くようになる。それと同時にトランスナショナルな市民グループが、このような問題について世論に訴えることは、民族自決の原則や人権についての最小限の考えさえも許さないような圧制的なやり方を合法化するのを防ぐことにもなるのである。このような状況での基本的な妥協というのは、永続的な対立を避けて、程度の差こそあれ、完全な承認を与えず、言ってみれば一種の象徴的な行動に参加するということである。もう一つのユートピア的傾向は、人道上の緊急事態に追い込まれた人々や国民全体の苦しみを克服するには、国際法が無力であることを悟り、その役割に痛く失望するということである。いずれの結果も、このようなことになると、政治的影響力の行使を追求する他の方法でなされる貢献からも、また、たとえ控えめなものであろうとも、国際法のもつ建設的役割からも、我々は注意をそらしてしまう傾向がある。

要するに、そのような人道的要求を支持する行動を引き起こす唯一の方法は、地政学的抑制を克服するのに充分な対抗勢力を生じさせることである。英国と米国の国内の抗議運動は一九八〇年代初期に、アパルトヘイトを弱めるための制裁キャンペーンを始めることに関して、これを行うことに成功し、効果的なトランスナショナルなキャンペーンへの政治的道筋をつけた。このことは人道についての論議を促したが、それらの論議によって変化がもたらされたということはなかったのである。この点について言えば、人道上の緊急事態が起こった時にそれに対応して、国内的およびグローバルな運動を起こして圧力をかけると、地政学的な思惑にかなりの程度で変更を加えることができるということである。特に政治的指導者の多くは国内での権力を保持することに頭が一杯であるので余計にそうなる。有名な事例がある。その解釈を巡っていまだに論争が続いているのであるが、それはイスラエル建国の初期におけるアメリカの支援の程度に関するものである。つまりイスラエルがアメリカの戦略的パートナーとなる一九六七年より以前、アメリカのイスラエル支援は、中東の油田を有するアラブ諸国との重要な関係を弱めることになるだろうという危険が伴っていた。明らかに、アメリカのような民主主義国家では、地政学的な思惑による影響が最も大きい。アメリカでは想像するに、国内の政治の風向きを左右する重要な因子となるほどに潤沢な資金を持ち、深く政治にかかわっている選挙民がいて、彼らはその資金をある選挙運動に集中投入して、外交政策を、純粋に国際的な目標を考慮した場合、ほとんど地政学的な意味をもたないような硬直した因子の中に閉じ込めてしまうように圧力をかけることが可能なのである。一九八九年以来、敵対関係という地政学上の口実がなくなったにもかかわらず、キューバ人の亡命社会というのは、アメリカがカストロ支配のキューバに圧力をかけ続けるための奮闘にとっては極めて有効であった。

もし国際法が、マイレス・マクドゥーガル、ハロルド・ラスウェルや、近年ではマイケル・ライスマンといった人々の著作と結びつけて考えられるニューヘブン学派の研究方法の幅広い原則に従い、行動する権限と履行する能力との間の、ある種の結びつきと関連させて考えるべきものであるとするならば、国際法を人道的介入の理論と実行に関して適用することは、「現下のグローバルな状況においては」大いに問題がある[22]。ソマリア、ルワンダ、リベリア、ブルンジ、チェチェン、そしてとりわけボスニアとコソボにおける最近の経験は、国際社会に代わって行動するという権威づけがなければならないという主張が大きくなってきていることと、これらの介入するという主張が、矛盾なく正当であることを立証するための能力が不足していることの両面を示している。つまり主張と実行との間に深刻な落差があり、執行される政策と法を制定する主体を歪めてしまう傾向がある。これは正すべき人道上の不正が存在しているにもかかわらず、不介入主義の障壁がそれよりもっと高いということを意味するのだろうか。これはまた国家や国連およびＮＡＴＯのような国家間組織による行動を、独立した市民組織により実行されるトランスナショナルな市民活動とは分けて考えることの重要性を強調するものなのであろうか。

争点になっているのはまた、代表権というウェストファリア体制の根本をなす問題である。すでに形成されている政府を、確かな人民の代表、国際法の主体として扱うことは有用で、一般的に信頼できるものとなっている。さらに介入への招請や権限を得るために、当事国の統治階級に対抗する層を巧みに操作するというやり方は、それなりの理由があって（一九六八年のチェコや一九七九年のアフガニスタンにおけるように）ソ連の常套手段であったが、そのために、国際的に承認された正当な政府のみが、介入の使命をもった外部の勢力の入国に対して承認を与えることができるのであるという見解が強まることになった。

しかしこのようなきちんとしたウェストファリア体制的な見解は近年の国家実行の結果として、様々な点で崩壊してきている。第一に、ある国の抑圧された人々が、自分たちの解放を歓迎することによって、介入軍を正当化することができるとすれば、公式の政府の見解などはその時点でいきなり放棄されることもある。これが、ソ連やユーゴスラビアの解体に伴って顕れ、申し立てられてきた民主主義の権利、民族自決による国家の解体の実行が意味するところなのである[23]。また、もし政府の崩壊があるとすれば、介入に同意を与え、またそれを撤回するいかなる権威も存在しないわけであるし、複雑な人道的危機を伴うような出来事の客観的状況を考慮して、これまでもそうであったように、強制的立入りが主張されてもよいことになる。しかし、代表する権限ありとされた勢力がまた、人道に対する犯罪の実行犯でもある場合はどうであろうか。これらの指導者たちは交渉の相手でもあり、同時にまた人道に対する犯罪の実行者でもあることになる。これがデイトン和平協定の生み出した難問であった。それは外交というものが、伝統的な政府という範囲にあまり限定されないようにすべきであるということを示唆している。交渉相手としてカラジッチやミロシェビッチのような人物のみを選ぶようなことは避け、国家犯罪を支持せずそのような行為に加担していない、また民族的に純粋な境界線に沿って国を作ることを要求しなかった人々の代表との対話があるべきであったが、そのような代替策の実行可能性はよく言っても不確実なものである。犯罪の実行に関わっていたとしても、政府指導者のみが、おそらくは人々の感情や能力に対する十分な支配力をもつことによって、代表能力を有しているのであり、彼らの代表権を否定することは意味がないであろう。そのように事態を認識したことが、それぞれの和平交渉に必要な参加者としてPLOとIRAを両方とも受け入れることにつながったのであるが、その際、ボスニアにおけるような、過去に行われたテロ行為に対する起訴の可能性を重ね合わせて考えるということはなかったのである。

ボスニアに関連する事例のように、以前のテロ活動に関連して潜在的な起訴の可能性があるとすると、大変なディレンマを招く。戦争犯罪に責任ある人々を訴追する意図をもたないことは許されないようであるが、かといって履行もされ得ないとすれば、その不確定性は戦争から平和への動きを危険にさらすことになる。ある人々にはその過程を報復の場のように思わせ、他の人々にとっては欺瞞の場となる。一九九六年二月にIRAのテロ行為が再発した時でさえ、交渉責任者から加害者を「戦争犯罪人」として扱う旨の言明がなかったことは注目に値する。この時には、イギリス政府は暴力に晒された人々を守ることを放棄し、彼らに将来戦争犯罪法廷が開かれるというなぐさめの象徴を与えようとはしないで、むしろ実質的な行動によって住民を保護しようとしていたからである[24]。

代表権と正統性というウェストファリア体制的な観念と、国家権力の代行者としての個人の刑事責任についてのポスト・ウェストファリア体制的な考え方とに折り合いをつけるという問題は、「人道的介入」という背景において、地政学と道義性とを現代的に妥協させることをめぐる難事のまさに核心にある。このボスニアの例（そしてより偶発的であったルワンダ）で、戦争犯罪の訴訟手続を実施する動きは、特に一九九一～九四年の期間におけるボスニアを除いては、旧ユーゴスラビアの民族浄化あるいはルワンダにおけるジェノサイドを防止するために、大国がその能力を直接的にせよ国連を通すにせよあるいはＮＡＴＯによるにせよ、比較的行使したがらないという傾向を反映していた。それが最も必要とされた時に、実質的に行動しようという意思をもたなかったので、人道的なやりがいのある課題を果たしているのだと何らかの方法で認めて行動に駆り立てる政治的圧力が、様々な象徴的なゼスチャーを生み出した。その中には、ハーグの戦争犯罪裁判所の設立があり、武器禁輸、セルビアに対する制裁、ボスニアでの安全避難所の設置があり、ある程度の効果をもたらしたが、隠された犯罪に対しては逆効果とは言えないまでも、全体的に曖昧な影響しか及ぼさず、その対応が効果を上げるであろうという見込みを増大させるように主要な財源を向けるということもなく、人道的な目的のために対応しているのだという、ありふれた顔つきを共有するだけであった。

介入する権限と、効果的に介入する能力を欠いていることとの乖離は、人道的介入の実例に対して主張されている法的妥当性（そして道義性さえも）を支持する上で重要な問題を引き起こすことになる。なおこのことは間接的にも、現段階の国際社会において不介入主義というものが、ブトロス・ブトロス‐ガリの「平和のための課題」の中で、たびたび引用されている、領土的支配権という意味での主権が世界秩序の原則としては崩壊しつつある、という主旨の文章に含まれている類のものを強調することに比べると、一般的に国際法の影響力を発揮させるためのより建設的な足場を提供しているということを示唆している。これは単なる法律学上の小理屈ではない。この政策上の関心事には少なくとも四つの要素が含まれるが、それらの間で完全に首尾一貫しているというわけではない。

・一九八九年のパナマ介入の事例がそうであったように、本質的に地政学的性格の介入外交から、見せかけの合法性を剥ぎとることによって弱小国の主権的権利を擁護すること、つまり少しばかりは人道主義的な配慮で裏うちされていたとしても、介入が必要だという怪しげな主張に対して国家を守ること[25]。

・たいていの危難の深刻な状況においては、犠牲者を処罰することを避け、主要国や（今ある）政府間の国際組織が、主に人道的な目的で有効に介入するための能力を欠いていることや介入の意思のないことを認めて、和解に向かう傾向が弱まることに歯止めをかけること[26]。

・主権に服すべき領域を人工的に線引きして決めることに反対すること。そのような線引きが今、ロシアのチェチェン介入や、イラクが同国の北部にあるクルド人地区へ介入する際に行なわれていて、ロシアが、グルジアに、あるいは以前に東ヨーロッパの国々に介入した場合とはまた違った、いっそう国内的性格をもった法的、地政学的な地位をこれらの介入に与えている。

・国際実行は一様ではないものの、苦痛を軽減し、平和を確立するため、最大限の柔軟性のある支援を続けることは有益であるという観点を受け入れ、そしてそのために人道的介入の原則が、たとえ非常に選り好みになりがちであり、首尾一貫性を欠くものになったとしてもそれには辛抱すること。

この方向の分析は話の流れに従って考えれば、人道主義的な要求に関して、権限と有効性が再び集束することを示唆し、そこで主権的権利と不介入の規範の両方を強化することになるが、同時に人道的介入に対しては、限られた範囲ではあるが選択肢を保証することにもなるのである。このような方法をとれば、すべてとは言えないまでも、多くの状況において人道的支援への道を開き、ウェストファリア体制のもとにある現況では、その行動主体はしばしば、介入外交か和解外交かの間で難しい選択を迫られ、しかも主要国の側に強い戦略的利益がない場合、あるいは純粋に地政学的な利益評価に打ち勝つやり方で、人道的関心を外交政策の課題へと推し進めている動員された支持者たちが国内に存在する場合には、後者の和解外交のみが可能となるのである[27]。

そのような立場を提唱するために、介入方法をより自由に選択できないものかと考えてみると、大きくて、しかも不運な結果をもたらすかもしれない不確実性が存在することは明らかである。人道的な目的を支えるようにと提案された様々な介入行動の候補に関しては、「もし……であったら、結果はどうなったか」というような問いを発してみても誰にも答えられない。サラエボ周辺に配置された大砲の群れを、紛争の初期段階にＮＡＴＯ軍が少しばかり爆撃してみたとしたら、その包囲をもっと早く解き、より迅速で荒廃の度合いの低い「平和」を招来することになったのであろうか。もしかしたら、そういう行動を取れば弱体な国連軍に対するセルビアによる流血の報復を招く（そして撤退を促進する）ことになったか、あるいはバルカン半島の新たな場所に暴力行為を広げることになったのではあるまいか[28]。アルバニア人のために無頓着に安全地帯を設けたことは、民族浄化と避難民たちを閉じ込めることに役立ってしまったのではないだろうか。それともそれは、ボスニアで身動きのならなくなったある一部のイスラム教徒たちのために聖域と保護を与えようという純粋な善意からの努力であったのであろうか。明らかに、六つの安全地帯のいくつかを適切に守ることができなかったことで、国連は無力であり無責任であるという印象を与えたのであり、おそらくは、セルビア人がどのくらい攻撃的であるかを予測できていたならば、安全地帯を設定しようとの考えに対する支持は望めなかったであろう。これらの基本的な問題点は、ポストモダン主義者が（非構造主義の流儀で）好んで「決定不能の」と呼んでいる問題であった。後に議論が活発に戦わされたが、そこではもし仮定されたようにしていたらこうなったであろうという可能性についてはほとんど明らかにされず、議論に参加した者たちの感情が大いに示されただけであった[29]。

D．人道的介入を人道に適ったものにするために

冷戦終結を機として介入に関する外交政策は、地政学的介入から人類の苦悩を和らげるための人道的行動を支持する方向へと注目すべき変化が見られたというのが、これまで述べた私の主張であった。この変化は特にアメリカ外交において、アメリカが直接に介入する場合、あるいは国連を通じて、またある程度はＮＡＴＯを通じて行なわれる場合のいずれについても強く現れている。

法と道徳という純粋に規範的な視点からは、介入行為におけるこのような変化は歓迎すべき進展であるが、しかし、重要な事例において、不充分な財源と意思にしか基づかなかったことと、人道外交をうまく進めることに伴う負担を過小評価したために失敗してきた。それ以前の地政学的介入も、やはり被介入国の土着の国家主義者の抵抗を受け、敵対する地政学的主体が組織した反介入運動の発生によって、しばしば失敗している。このように、介入が首尾よく行くかどうかは、資金、武器、それに地上兵力の量によって機械的に決まるものとされてはならないのである。

これまでの介入の経験から、人道上の危機的状況に関していくつかの結論が導かれる。第一に、ある程度の水準の能力を前提とするが、著しい被害を避けるための最もよいやり方は、通常、充分に予防に力を入れて関わりあい、派兵は象徴的な程度にとどめ、実質的な経済的援助を提供し、建設的な外交的仲介業務が行なえるようにすることなのである。第二に、民族自決を求める国家主義者的反対勢力を外部から支援する際には、人権が適切に保護されるように効果的な均衡が図られねばならない[30]。第三に、戦場での成り行きが手詰まりを招いた時、あるいは敵対者たちが武力闘争に幻滅するという段階に達した時には、外部からの外交的働きかけや、軍隊が、紛争処理交渉の促進や実行において重要な触媒の役割を果たすことができる。第四に、極めて深刻な人道的危機の局面にあっても、他の国家や

国際組織が適切に介入しようとしない時には、トランスナショナルな草の根の活動、特に非暴力的で和解を目指すような活動を、それらの独立性が損なわれることなく支援するために、最大限の努力が払われるべきである。第五には、紛争防止、人権（市民的および政治的はもちろん経済的、社会的、文化的な）および紛争解決に向けて投資することが、グローバルな安定と繁栄に通じるのであるということを、資源や資金の分配の決定にあたる有力者に確信させるように、鑑識眼のある地政学が必要とされるのである。このような地政学は「新現実主義」と表現されてもよいし、あるいは現実主義の放棄と考えられるかもしれないが、いずれにしても国際政治の現段階において、決定の構造を変えることや個人および集団の福利にとって何が大切かということを理解することに比べれば、それは大した問題ではない。

この章の趣旨は、政策に関するこれらの五つの方向が一九八九年以降では、不充分にしか強調されてきておらず、ただ初めの頃の「人道的介入」への根拠のない熱狂から最近の正当性を欠く幻滅へという、健全ではない変化だけを影響として残した、ということである。その結果として、ある特定の成功例や（ソマリアにおけるように）どちらともいえない結末は認めるとしても、全般にわたって人道外交の掛け値なしの影響は、非人道的であったと認識されているし、またいくつかの例では実際そうであった。現在なさねばならぬことは私たちの力を結集し、人道的な目標に資する人道的介入の将来の見込みをより良いものにするために、その力を再び捧げるべきであるということである。

注

1　これらの考え方は、同じ方向を指しているわけではない。一九八六年のリビアに対するアメリカによる空爆は、アメリカを標的とするテロリストの活動にリビアが共謀していたことに対する報復であると申し立てられたが、これらの観点から結論は当時出なかったし、今もなお出ていない。介入を求める主張の事実関係の論拠とされた特定のテロリスト事件にリビアが関与していたかということは確かめられてはいないし、また選ばれた標的が適切であったか、あるいは均衡のとれたものであったかは明らかではなかった。しかしその攻撃が強い敵対的反応を引き起こさなかったのは、一つにはリビアが国際テロリズムに関して、以前にあくどく挑発的なやり方で行動したという理由で、また一つにはアメリカの限定的な武力行使が、広く、一律ではないもの、リビアのふるまい方を変更させる合理的な方法であるとして受け入れられたからであるが、リビアの態度変更は、その攻撃に続く時期に生じたように思われる。アメリカの主張についての一連の懐疑的な評価に関しては、E. P. Thompson, Mary Kaldor et al., Mad Dogs: The US Raids on Libya, (1986) を見よ。

2　いかなる手順を踏めば武力行使についての主張が国際法上正当化されるかについては、Myres S. McDougal and Florentino Feliciano, P. Feliciano, Law and Minimum World Public Order (1961) を見よ。

3　ロシアはもはや冷戦絶頂期のソ連のような世界的な存在ではないが、一九八九年以来、それまではソビエト帝国主義システムの中の共和国であって、かつては独立していた国々からなる地域の「近隣の外国」において、対抗する国のない介入行動の主体となっている。

4　一九二八年パリ条約（ケロッグ＝ブリアン条約ともいわれる）に始まる、よく知られた法的根拠の長いリストがある。国連憲章第二条第四項は、禁止に関する現代の基本原則であり、国家による介入禁止と関連させて詳述されている。「国内問題への介入の不承認および独立と主権の保護に関する宣言」U. N. G. A. Res.2131（XX）, Dec. 21, 1965 を参照のこと。これらの基本的な考えは「諸国間の友好関係と協力に関する国際法の諸原則についての宣言（友好関係宣言）」に統合されている。U. N. G. A. Res. 2625（XXV）, Oct. 24. 1970 を見よ。

5　国連に依存したことで、最近行なわれたいくつかの平和維持活動はいずれも情けない結果に終わったことから、国連は「失敗した」のではないかとか、国連は主要な加盟国のスケープゴートにされたのだという、無意味とも思われる論争を引き起した。David Reiffe, Slaughterhouse: Bosnia and the Failure of the West (1995) を見よ。

6　これについては次の典型的な議論を参照せよ。Jarat Chopra and Thomas G. Weiss, Sovereignity is no Longer Sacrosanct: Codifing Humanitarian Intervention, 6 Ethics & Int'l Affairs PP.95-117 (1992).

7　これは介入の道徳的あるいは法律的立場が容認されるかどうかの第一の要素であると言っているわけではない。一般的には容認できる費用で成功の見通しがあるかというように、賭けられている利害関係が問題となっているのだと考える方がずっと的を射ている。湾岸戦争で分かるように、迅速かつ容易に勝利を得て、国内的支持は劇的に高まったが、一方で朝鮮戦争やベトナム戦争においては費用が嵩み、戦争が長引き、勝利への見込みが少なくなると、当初の人気は落ちていった。

8　このような観察は一九九四年四月のプリンストン大学ウッドロー・ウイルソン・スクールの教授陣との非公式会議における議論で得られた。

9　二つの互いに相反する解釈がある。一つはアメリカを良心による咎めをあまり感じない、自己の利益を最大に考える介入勢力であるとみなす。この見解は、Gabriel Kolko, Century of War, pp. 412-51（1994）にはっきり表現されている。もう一つの見解は、合衆国は自らの立場の道徳的な正しさをまず確信して初めてその外交行動で強制力をもって行動すると考える。この見解の有力で明確な記述がHenry Kissinger, Dipolmacy（1994）に見られる。

10　地政学的要素はある状況下では依然有効である。中東の主要国でのイスラム原理主義運動は、サウジアラビア、トルコ、エジプトでの政府の親西欧路線がそのために深刻に脅かされているとすれば、やはり介入に都合のよい、新たな地政学的雰囲気を作り上げていると言えるかもしれない。また、再びロシアが強国として甦って、おそらくは中国と結びついてかかわることになり、両国では権力を求める様々な国内闘争の結果として地政学的な競争が起こってくるという、様々なシナリオが想像される。

11　要するに介入主義は、周辺国では促進されるが中核部では避けられるのである。そのために深刻な対立がベトナム、朝鮮、アフガニスタンで起こったが、東ヨーロッパや中央アメリカでは起こらなかった。キューバのミサイル危機あるいはベルリンへの接近方法をめぐって、不確定な状況で緊張の瞬間が生じたのである。モスクワとワシントンの双方の政治的指導者たちは、このような状況のもとでは敵対する相手方の意向を試してみようなどとするのは危険であって、避けなければならないということを学んだ。

12　もし介入した超大国が反介入勢力の抵抗を受けなかったら、ベトナムとアフガニスタンでの結果は違っていたであろうかということを考えてみることは、決定的なことは言えないにしても、興味深い仮想的な問題である。このような考え方をすると湾岸戦争を有効に分析できる。戦略上の対峙の見込みがあれば、双方はもっと慎重になったとも考えられ、イラクはクウェートを軍事的に征服して併合しようとする努力を推し進めることを断念したかもしれない。紛争が進展して、イラクが頼みとする反介入連合勢力がなくなったが、介入した側にもイラクの政治構造を変える努力まではしたくないとする立場があった。このように介入が限定されてしまったので、湾岸戦争の結果は限定された砂漠の戦場で決まったのであり、そこでは軍事的優位の現実が迅速に結果に現れることになった。停戦後、クルド人たちを保護するとか、サダム・フセインの体制を崩壊させようという努力はほとんど成功しなかった。

13　湾岸戦争はこれら二つの関心事のいずれがより優先されるべきかを露わにし、地政学的反応はたっぷり、人道主義的反応はほんのわずかしかないことを明らかにした。

14　地域的な政治は多くの場合、グローバルな地政学とは全く異なっている。エジプトのイエメンへの介入、イランのドーハへの介入、インドのブータンやシッキムへの介入は、主として地域的な視野に基づいて覇権をもちたいとの欲望と結びついていた。

15　こういう考えを支持する有力な明確な記述については、W. Michael Riesman, Sovereigty and Human Rights in Internatinal Law, 84 Am. J. Inter'l L. 866（1990）；Reisman, Coercion and Self-Determination: Construing Article 2（4）, 78 Am. J. Inter'l L. 642（1984）；Anthony D'Amato, The Invasion of Panama was a Lawful Response to Tyranny, 84 Am. J. Inter'l law 516（1990）を見よ。しかし、Sarah A. Rumage の非常に強い反論、Panama and the Myth of Humanitarian Intervention in US Foreign Policy: Neither Legal nor Moral, Neither Just nor Right, 10 Ariz. J. Inter'l and Comp. L. 1（1993）と比較せよ。

16　分析のためには Richard Falk, The Haiti Intervention: A Dangerous World Order Precedent for the United Nations, 36 Havard Inter'l L. J. 341

(1995) を見よ。

17 明らかに、国連憲章二条七項に盛り込まれた「国内管轄権」の原則に基づき、国連主導の行動の合法性を問題にすることは依然として可能であるが、ＩＣＪの、安全保障理事会の行為を司法的に裁くことを避ける現在の傾向をみると、そのような問題がＩＣＪでうまく取り上げられることになるとは考えにくい。世界法廷は自らの先例に縛られることはなく、安全保障理事会の将来の行動が議論の対象となればもっと別の考え方を採用する余地が技術的にはある。国際司法裁判所規程第五九条を見よ。

18 そのような区別は主として、Martti Koskenniemi, From Apology to Utopia: The Structure of International Legal Argument (1989) によっている。

19 例えば、Thomas M. Franck, Nation Against Nation (197?) の現実主義者的な論調と、人民に民主主義的統治形態を求める権利を付与するという規範が顕れてきていることを、彼が支持していることと比べて見よ。Franck, The Emerging Right to Democratic Governance, 86, Am. J. Inter'l L. 63. (1992).

20 それはマケドニアで、国連の名のもとに駐留した象徴的な軍事力の存在が、ボスニアやクロアチアの紛争にまで拡がって、戦争が拡大しかねなかったのをうまく防止することになったように、予防的な努力を助けるのに支持を与えている。

21 Richard J. Barnet, Intervention and Revolution (1968) と Kolko, supra note 9. も見よ。

22 ヘドレー・ブルの、人道主義的介入とか政府の役人の犯罪的行動を明らかにするなどグローバルなレベルでの公益のために集団的措置を取ることを支持するというには国際社会は今日、充分な連帯を欠いている、とする重要な議論を参照せよ。Hedley Bull, The Groatian Conception of International Society in Diplomatic Investigations pp. 51-73 (Hebert Butterfield & Martin Wight eds., 1966).

23 この近年の自決権の実行は、脱植民地化とは別の状況のもとで、国家の内部に封じ込められていた人々が分離行動によって自分自身の独立国を建設しようという闘争にかかわる権利をもつものとして、国際社会によって認知されてきた、ということを意味している。このような場合はそれ自身がまた暴力的かつ残酷なやり方で、「浄化された」民族国家を作り上げることにもつながりかねないのであるから、評価するのが難しい。

24 このような見方は、英国の役割を全面的に容認したものであるという見解と混同されてはならない。実際、メージャー首相が国内で選挙に勝つことを目指して、アルスターの統一主義者の感情に近寄ったのは、初めは全党派の話しあいと結びつけて停戦を選んでいたＩＲＡ内部のバランスを壊してもよいとしたためであった。休戦中、他の手段によって「戦争」を遂行すべく、政治的空白を英国が誤用した経緯については下記を参照せよ。Martin Woollacott, Finding the Bone of Contention, The Guardian Feb. 17, 1996, p. 14.

25 Rumage、上記注 (15) を見よ。

26 国連や地域の行動主体が優先する地政学から独立して平和維持のために行動できるだけの財政上のまた平和維持のための財源を与えられていたならば、またもし地政学が地球全体の安定のため、また出資者の信頼のためを考えて、深刻な人道的危機を組み入れるように再考されたならば、人道的介入はもっと広範な場合に、うまく作用するようになるかもしれない。この論点の核心は湾岸危機におけるイラクの行動に対処した時と、ボスニアでのセルビアの行動への対応の際の資金の集め方を比較すれば理解できる。

27　ここで議論された通り、そのような圧力は介入に賛成する方向にもその反対方向にも作用し得るのであり、規範的な言い方をすると特別の状況において使われる切り札なのである。

28　ＮＡＴＯによる爆撃が、セルビアをデイトン合意に向かわせたことを考慮してなされた回想的な主張は、爆撃の影響は、ミロシェビッチが戦争によってセルビアを最大のものに保とうとする目的を達成することを諦め、クロアチアとボスニアの軍事力が増強し、地上戦の様相が変化した後に顕れてきたということを認識した上で割引して考察する必要がある。紛争の場面ごとに、結果として生じた反応からより詳細な分析をしないと、爆撃がもう少し早く行なわれていたらどうなっただろうかという仮定に対する結論を導くのは極めて困難である。明らかなことは、米国と他の行為者が、もっと早い段階でこのような爆撃を行なったとして、その爆撃が意図した結果とならず、セルビアの報復を招くという失敗が起きたとしても、その結果として生じた政治的な後遺症に有効に対処するように、前もってお役所的に準備をしておかねばならなかったであろうということである。

29　ある程度義務論的に考えれば、民族浄化に反対して行動するということは、本質的には正しい人々の立場に近寄ることになるのだが、結果を重視するような考え方をすると、提案された行動が及ぼす影響の可能性を考えて、話としてはもっともであると思われる考え方に近づくことになる。これらの見方を適当に混合すると、おそらく信頼でき、また答が出せるような結果を生みだせそうに思われるが、どんな組み合わせがよいのかを有効な方法でまとめることは不可能である。

30　一九九一年にドイツがクロアチアとスロベニアを承認したことは、たとえそれが自決権に関する圧倒的多数派の主張を支持するものであったにせよ、この意味で人道に反するものであった。人種あるいは宗教的な動機によって動員される多数派は、対立する少数派に対して厳しい人権上の問題を押しつける。クロアチアとボスニアの事例では、近年の歴史的経験をいろいろに解釈してもっともらしい恐怖を作り出し、ミロシェビッチがそうしてクロアチアとボスニアで壊滅的な影響を及ぼし、自分たちの少数派である国家主義者としてのカードを使い、日和見主義的な政治家に活動の場を作りだした。

第五章　グローバル化の時代における環境保護

A. 仮説――新自由主義と環境保護への支援の縮小

経済のグローバル化が環境保護の見通しに対して及ぼす複雑な影響というのは、驚くほど等閑にされた研究課題である。頻繁になされている研究は、市場開放による国際貿易の促進と環境主義者の求める規制目標との間に存在している、相容れない、より強固で極めて論争を招きやすい特定の関係についてである。本章における私の関心事は、これらの問題のうちの一般的には無視されている部分で、より構造的な影響に関するものである。すなわち、国家の支配を超える統合の進展と、WTOや他の多国間の枠組みを通じて行われる地球規模の経済管理の増大を伴う経済のグローバル化の傾向が、有効な規制努力によってなされる種々の環境対策の試みを一般的に妨害しているということを強く示すことである[1]。実際のところ、政策決定者に時間的制約があるということを考慮すれば、経済のグローバル化と環境保護というのは根本的に矛盾する政策目標を強調するものであり、競合する経済推進勢力と環境保護支持者との間の潜在的な政治的均衡を基礎とする有効な規制上の重みを課することによってのみ、両者は両立できるものであると主張したい。本章は、そのような均衡は目下のところ存在していないし、早晩顕れそうにもないことを論じるものである。その結果として、世界の現況では、環境保護支持者の相対的な弱さを反映して、必要な規制能力が深まることはないであろう。この見通しは、関連する今日の他の新事態によって強められる。それらは深刻なものとなっているが、充分にはその原因が究明されていない公共財の包括的な危機の一部をなしているのである。環境政策の多くの面が、悪化する情況や傾向を示す情報を間断なく提示しているのであるから、そのような一連の状況は、環境の質と格別に重要な関わりがある[2]。この評価が一般的に正しいか否かいずれにせよ、主要な環境問題の諸領域の相異なる性格によって違いがあるものの、もし正しいとすれば、より効率的で強制力のある環境規制を実施する可能性を高めるようにすることが、世界の人々の将来の健康、幸福、安全にとって極めて重要なものとなる。

グローバル化というのは、一九九〇年代の決まり文句の一つであり、誰もが嫌うが、結局、筆者も含め言いわけをしつつ頼ってしまうキャッチフレーズの一つであるということにもちろん気づいている。グローバル化のようにとらえどころのない、論争の的とされやすい概念が、これまでの伝統的枠組みである国家、諸国家からなる社会またはシステムおよび国際機構あるいは組織化された国際共同体の中には包含されない、いくつかの新しい集団的な特徴をもつ国際的な実体を認識するためにはどうやら不可欠なものとなったようである[3]。国家が特に政策遂行の手段としてどの程度適切なものなのかを考えてみると、国家中心の方法では充分にカバーしきれない、あるいは処理できないような、特に今日的意義のある地球規模の行動や課題が見出される。それらを強調するために、グローバル化の理念が地球全体の経済成長の推進を最優先させたいと考える人々によって必要とされているのである。

有力な学者の中には、グローバル化が当節の状況にはっきりと結び付いたものとする仮説を論駁するために、取り引きされる商品の価格差の程度によって測定された交易の国際化が拡大した初期の時代のことに好んで注意を向ける人たちがいる[4]。ここでの議論はそれとは違う。言いたいのは、貿易、金融、投資がますますグローバル化する傾向が、メディア、コンピューター化、広告によって強化されて、種々の理由で、それら自身が直接に、または国際レジームという秩序を通して間接に、国家の管理能力と意図を超えるように見える強力な規制の必要性を創出しているということである。このように考えると、グローバル化は、これまでの歴史には存在しなかったその構造的、観念的性格において、危機的な世界秩序を作り出している。グローバル化の論理や枠組みが国家をすり抜けて行っているというよりはむしろ、国家の進む方向が、少なくとも一時的にはグローバルな市場の圧力に対して自律性の大部分を失い、そのことによって自分たちは不利な立場に立たされていると考えるような、その国家の内部の諸集団との、関係に様々な軋轢を生じさせる危険を冒すような形で、脱領域化に向かっているということなのである[5]。

主権国家が独立して行動し、領域的利益を守るという伝統的な役割を遂行する能力を弱めるような経済の統合化傾向が及ぼす全体的な影響をはっきりさせようと、何か概念的枠組みを探し求めてみても、グローバル化に代わり得るものは存在しないようである。後に論じるように、初期の世界秩序を思考する上での関心事は次のようなものであった。諸々の主権国家からなる社会が前提で、ばらばらに分かれた基本的には内向きの性格の世界の政治権力は、国家が対外的に協力することには一般的に乗り気ではなく、またより具体的には、世界の共同財産の保全については、誰かが代償を支払わずに利益を得ているのではないかという問題を解決できないので、グローバル・コモンズの保護に賛同しない傾向があった[6]。最近の状況はこのような形とは異なった展開をしているが、環境保護については、本質的には類似の困難に直面している。今まさに、環境面での課題に顕れてくる広範な問題があり、国内情勢や取り組み方に劇的な違いはあるものの、すべての政府は活動を組織化し、公共支出や目標に関する優先順位を決めるに際して、ますますグローバルな資本の統制に従うようになっている。言い換えれば、世界経済への参加から排除されているならば（北朝鮮、キューバ、イラクのような）、もしくは自分で入ろうとしないならば（イランについては、ある程度）、政府は庶民の窮乏を目立たせているように見える直接の影響に苦しむのである。このように理解すると、諸政府は例外なく、倫理的にも政治的にも、言わば「街で唯一の競技会」としての世界市場にできる限り有利な条件で接近しなくてはならないという結論に達するのである。グローバル化の影響の中には、国家レベルにおいて異なった政策を選択し履行するための政治的空間、あるいは能力の縮小化や、対外市場関係にかかわる国内的、すなわち領域内におけるそれらの面に対する、政府の実際の支配権の喪失ということがある[7]。この国家権力を行使する選択の自由が相対的に減退するという現象は、共通の新自由主義的政策の下に、主流の政党が実質上集合するという現象を含めて、多くの面でみられる[8]。この展開は、世界中で、社会民主主義政党の再編に関して特に明らかであり、英国の労働党であれ、アメリカの民主党、日本あるいはフランスの社会主義政党、東欧やロシアの再編された共産党であれ、はたまた北欧の福祉重視の政権政党さえも同じことである。これら主流の政治的指導者のすべては、共通の歴史的状況の下に事実上新自由主義への転向者となっている。そしてこれらすべての社会はいずこも同じように、多面的な財政上の危機に見舞われていて、このような危機はいろいろな分野の公共財（福祉、教育、文化やレクレーションでさえも）に対する政府支出の削減を助長し、そして環境保護は明確にその削減の対象とされているのである[9]。

ここで、「なぜ新自由主義というコンセンサスが、環境保護の観点から重大な関心事となるのか」と問うのが公平に適っているというものである。以下にさらに詳しく論じるが、私の手短かな答は、国家が市場勢力に対して自主性を失うと、市場がより大きな自主性を得るので、多くの形態をもつ適切な環境保全のための経費というのは、民営化、経済成長、低課税、押しつけがましくない公的部門といった市場化の目的とは相容れないものとみなされているということである。これらの傾向は世界中の物質的条件が不均衡であることで強められ、このことよってある行動主体は地球的規模の環境悪化に対する責任に無自覚になり、また別の行動主体は環境浄化に関する過剰な費用を不当に負担するよう期待されていると感じてしまうのである。環境保護運動が時流から外れてしまった主な理由の一つは、新自由主義の台頭と連なって、グローバル化への支持と多次元的な形態の不平等にあるというのが、大まかな私の見解である[10]。新自由主義優先の影響、特に正当な公共財の需要を解決するために経済成長に頼るということは、リオ会議以前からはっきりしていたが、一九九二年の地球サミット以降、確かにいっそう強く主張されるようになった[11]。私の議論の中心は、この地球上で今日まで繰り広げられてきたグローバル化が、政治家をして、対外経済政策については新自由主義を受け入れるように強制していて、その政策が付加的な公的資金を環境保護に投じることに水を差し、しかもまた雇用や個人の安全に対して次々と下向きの社会的圧力をかけ、見かけ上の好機に惑わされて受けた損失のために、環境保護主義者の掲げる優先事項や政策に対する市民の支持を大きく減らすまでに至ったということである。

これらの展開が能力のある対抗勢力を呼び覚まし、国家の方向を今一度転換させる可能性があるかどうかは不明である。国レベル、あるいは地域レベルでさえも、そのような調整の可能性の有無は不明である。福祉国家時代の国内の社会契約を再生させるためには、現在の世界が統合していく状況の下で、前例のない地球的規模の社会契約の交渉を必要とするかもしれず、それは極めて複雑な試みとなり、新自由主義の方法を信じている人々のイデオロギー上の怒りを招くことになるであろう大事業である。他に先がけ欧州連合によってある程度進められているような、市場と社会的関心事を双方の満足のいく方法で均衡させる地域的な枠組みができる可能性もある。この種の地域的アプローチのもつ競争上の不都合を考慮する時、別種の保護主義を招くことになるかどうかなおよく見守るべきである。グローバル化の目下の影響力はまた、労働組合の衰退、政府官僚に対する国民の信頼の低下、社会主義者的思考に対する不信、コンピューター化の影響と最先端のサイバー空間、主要国における先見の明のある政治的指導者の不足などの、非構造的な、あるいはあまり明確に構造的とは言えない諸要因を反映している。この環境目標に対する政府の支援が縮小しているということは、地球温暖化の進行の管理のような地球的規模の困難で深刻な環境問題については特に明らかであり、実際、環境に関するどんな目的を設定しようとしても、南北両側の国家の間で負担の配分が必要で、グローバルな市場勢力の自由を制限する、地域的あるいは世界的レベルの制度上の規制機関を設立することにかかっていることを考え合わせても全く明らかなことである[12]。同様の圧力が、国内の政府レベルでも、環境を保護する性格をもつ規制を強めようとする動きどころか、維持することさえも、より難しくしているという点は特に言及されるべきであろう。

他に前提となる問題もある。すなわち「グローバル化は将来、公共政策に対して新自由主義が作り出したものとは異なった方向を提示するのだろうか」という問題である。世界史の現段階においてグローバル化の重要な特徴である、領土的境界に従うことのない、資源使用の効率、利ざや、および貿易や生産の成長率によって政府に優先順位を押しつけるような市場勢力の支配と、貧困をなくすことや環境保全のような、不経済な目的や価値に資源を投ずることは無駄であり、世界経済にとって重荷であるとみなす傾向が受け入れられる限り、基本的にその答えは、「否」であると思われる。新自由至上主義者によれば、そのような目標は、慈善事業によって遂行されるか、経済成長を最大限にし、持続させるというアダム・スミスの言う「見えざる手」の力強い考えに遡る一連の思想の効果のおこぼれで購われるべきものなのである[13]。

この環境目標に対する支援の低下の責任をグローバル化に帰することが正しいか否かのいずれにせよ、そのことだけでは、貿易、投資、そして金融市場に関するグローバルな経済統合の環境保護に与える明らかな意味についてなぜこれまで学問的に殆ど注意が払われてこなかったのかその理由を説明しはしない。それはあてにならない、しばしば潜在している「現実主義」の思考方法が、今なお多くの学者や他の専門家とされるコメンテーターの間で優勢であって、二つの誤った観点で国家を扱い続けるという効果を及ぼしているからというのが私の仮説である。一つは国家が、今も国際社会において唯一の重要な行動主体と見られていて、そのことによって国際機構、多国籍企業、メガバンク、そしてトランスナショナルな市民組織によって演じられている重要な役割が見過ごされているということである。二つ目は、このことよりも関係が深いとさえ言えるのは、諸国家は政府が政策策定をする際に思想的風潮から自立していて、同様に市場勢力に対しても相対的に自立的であるかのように、いまだに誤って考えられていることである。変種の自由主義者もトランスナショナルな市民社会の登場を強調することによって同様の結論に至っているが、そこでは市場勢力が国家中心の世界に代わるものとして、好ましいとされているのである[14]。

グローバル化を軽視する別の説明はあるが、それ自身イデオロギー的なところがある。すなわち一九八九年以来続いている新自由主義のコンセンサスは強力で、他に明らかな建設的代替案がないので、たとえ間接的にせよ、できる限り政府が介入しない国際的枠組みの中で、成長、利益、投資、それにとりわけ人類の幸福を増進させるために規制緩和され民営化された資本のようなグローバル化と新自由主義の多様な柱に頼ることに、深刻な問題があると主張することは、時代遅れで実際的でもなくなったというのである。そのような思考の枠組みの中では、政府の責任としての環境保護というのは、完全に正確な言い方ではないにしても、不可避的にグローバルな市場化という想定上の理想郷においては、背負いきれない重荷であるとみなされているのである[15]。

このような抑制と密接に関連しているのは、政府が自身の自治能力が削減され、領域の利益を確保して、住民全体の幸福のため、また将来の世代の期待を考慮して行動する能力を失っていることを認めたがらないことである。このような政府のやる気のなさは、政府そのものが公共財に対する支援を減じることが社会全体の進展に有益なのであると考えるような、新自由主義的な心情をもつ者によって占められているために、さらに増幅するのである。ある有益な分析は、経済のグローバル化の特徴的な枠組みの中にあって、ある程度の環境保護が達成されるような、中間の立場を特定することによって、この関係についての極端な見解の対立を回避しようと試みているが、どれほどその方法を変えてみたところで新自由主義を優先させる限り、建設的な結果をもたらさないことを暗示している[16]。

できるだけ共通の立場を探ろうとすることが、明らかに実際上利益になることは分かってはいても、新自由主義の考え方がいかに環境保護のすべての面に脅威をもたらすか、その程度をはっきりと認識しておくことがまた重要なのである。新自由主義の問題にもっと焦点を絞った議論を進めるために、私は、世界が人類の歴史の中でも最も乱れに乱れた世紀が終わりに近づき、新しい千年紀が始まろうとしている時に、グローバル化というものがその存在だけでもうすでに気力をくじくような、世界が直面している環境保護という仕事をどんなに困難なものにしようとしているかを真面目に考えることを妨げるタブーを破るつもりである[17]。この意味において、たとえ結果が今日の政策論議の枠組みの中にきっちりと収まらず「的外れ」あるいは「夢想的」で、イデオロギーを閑却するという危険を冒すことになったとしても、私は問題やその内容をできるだけ明快に理解しようとする学問的な方向性をもった、批判という道具を使うのである。

B．再考すべき二つのこと

二五年以上前、初めて私が拡大する工業文明と地球の環境的安定との間の拮抗した状態というものに関心をもった時、国家というシステムは、政治的な分裂をもたらし、地域的および地球的な規模で生じている諸問題に取り組むのに必要とされる程度には、トランスナショナルな環境保護を実現できないということを確信した。換言すると、国家からなる世界では、各国はそれ自身の歴史的経験を利己的に活かそうとし、主権という深く染み込んだ伝統や、様々な物質的環境を抱え、多様な環境被害の性格や深刻さの受け止め方がひどく不揃いで、構造的に環境上の難問に対応することができないのである[18]。その当時の私の確信は、より集権的な統治能力だけが、多次元にわたる環境悪化の不安材料から、将来の世代の前途を守るためにというよりも、人類の生き残りを確保するために必要な規模と程度をもつ環境規制を確立し、実施できるであろうというものであった[19]。このような状況に当てはまるいくつかの補足的な要因、特に当時のたいていの国の指導者たちや国民の短期的な見通しが、この結論を裏づけているようであった。すなわち急増する大人口を抱えた国の政府にとって、迅速で阻止されることのない開発が急務であること、進歩と幸福を主に消費者運動家による豊かさの達成度で測るという近代文明がもっている物質主義的性格、そしてたぶん最も基本的なことであるが、急増する世界の人々がグローバルなメディアによって、すでに高度な工業社会の一般的なライフスタイルに基いたより高い生活水準を期待するように慣らされていることである。当の高度工業社会では、特に輸送と住宅供給に関して、エネルギー浪費と汚染を引き起しているのである。環境保護に関するかつてのこの悲観論の一部は、一般的な人間解放という性格をもつ、近代主義に深く根ざした信念に繋がっていたのである。その信念によれば家族の規模を含めてライフスタイルというのは、国家によって規制されてはならない個人の選択事項であり、かつまた教育とか家族医療制度、中絶などにより、その個人の選択に便宜をはかるという試みでさえも、国家による介入を疑わせ、大いに論争の種となっているのである[20]。この近代思想と行動における自由信奉者の信念の中核は、教会と国家の絶対主義的権利の主張に制限を課そうとしてきた長い間の闘争に密接に関係していて、国家や宗教と競合するだけの権威のあるものとして市民社会を強化し、人権を含めて現代の立憲主義の基礎を確立するための、西欧社会における価値ある努力を表現しているのである。

これらの背景をなしている様相の多くは、今もってかなりの程度そのままに残存しているのであるが、私は、今ではこのような初期の分析はいくつかの肝心な点で非常に間違っていたと考えている[21]。最大の誤りは、環境保護を、しっかりと責任をもって政治家や指導者たちの協議課題に載せるという、民主主義社会における政治的な行動力を、初めの頃の見立てでは非常に過小評価していたことである。警告好きの人々が、一〇年かそこらの極めて限られた時間の枠の中で、残された資源量とか汚染の進み具合を評価し、様々に書き立てたものに頼り、文字通りに解釈して環境の危険度を考えていたのであり、したがって間違っていた[22]。私の初期の頃の解釈においてやはりほとんど予測しなかったことは、国の内外を問わず、環境保護運動がもっていた革新的な性格や、強い印象を与える影響力であって、一九八〇年代に劇的に登場し、ヨーロッパの一連の国々で緑の党が結成されて急成長したり、グリーンピースがいくつかの重要な問題についての環境意識を高揚させせようと、戦闘的な戦術に訴えて成功を収めたり、また環境問題のために開催された国家間の公式の集会、特に一九七二年のストックホルムで開かれた国連人間環境会議では、活動家たちが反対会議を開催したりしたことである[23]。このような環境保護主義の効果の多くは、もちろん、熱烈な運動家にとっては非常にがっかりするようなものであったし、今でもそうなのであるが、にもかかわらずそれ以前の数世紀において、ごく局所的な状況を除いて、環境保護に対して一般人や政府が無関心な態度をとっていたことを考えると、確かに国家の領土の限界を越えるものであるし、実業界や政府が、一九七〇年代の初めには環境運動に対して、悪しき運命を誤って予言するものであり、経済的な繁栄に対する脅威であるという風な反応を示すまでになった、当初の敵意に満ちた雰囲気を考えると、やはり目を見張るものがある[24]。主要国政府は迅速に確信をもって、一夜にして公的財源を深刻な環境の脅威に取り組むために再配分し、いくつかの著名なグローバルな会議を組織できるようにし、環境問題に対する国際法の役割を目覚ましく強めたいくつかの重要な条約の交渉を行なった。もっともその執行は大幅に各国家に委ねられたのであるが[25]。広く信頼されている、ワールドウォッチ研究所のような環境シンクタンクによる要請や、環境に関わるいくつかの科学的な事実の解明が進んだことが助けになった。グローバルな環境保護活動家によるこの最初の成功の時期に、環境保護論者的心情が次第に高まっていたのではないかということが、あるイギリスの新聞によって縮図的に示された。オゾン層消失に関するモントリオール議定書を強化するためのロンドン会議について、その新聞は「サッチャー夫人に環境を意識させる」という見出しで報じたのである。それはマーガレット・サッチャーのような教条的自由市場主義論者でさえにわか環境主義者になることができたのであれば、環境運動は実際に政治的な主流となったのであり、地球は生き残って行けるであろうという見通しが、間違いなくほんの数年ほど前に考えられていたよりもずっと明るくなったのだという、喜ばしい意味合いを表現していたのである[26]。

しかしこのような初期に起こった環境問題の盛り上がりにもかかわらず、一九九〇年代において必ずしもすべてが首尾よく行っているわけではなく、ちょうどこの時期にグローバル化の影響が最も明らかに現われてきたのである。私が見るところ、環境衰退の直接の脅威は、前に私が論じたように、強固な反環境主義や国際社会の国家主義的な構造に起因するというよりは、国家が、「国際化」されて、優先すべき事項を決めるに際して、その領域的関心事を保護することに対しては弱腰になるという、受身の態度になっているからである。私は、国際化されて弱体化した国家が、富の所有と他国への強制力の保持という意味で、最強であるとまだ考えられている国々を含めて、グローバルな資本の新自由主義による統制とそれに伴って強化された、関連するいくつかの展開によって今や束縛され、条件づけられて、いっそう環境保護を含めて、すべての公益にかかわる支出を次第に削減し、諦めさせるべく行動するようになってきている、と言っているのである。財政赤字、歳入不足、貿易赤字に直面し、それでいてケインズ流の方法に頼らずに、経済成長と輸出を促進する必要に迫られている政府は、どうしてもこの環境問題への関心が盛り上がった早い時期に築かれていた民間部門が主導的に行なう活動に対する規制上の障害物を取り除くか、少なくとも減らさざるを得ないのである[27]。

もうひとつの関連する事態の展開は、私の以前の分析が正しくないことを明らかにしている。私は最初、環境問題に有効に取り組むために必要とされるグローバル・ガヴァナンスというのは、社会の無気力さと、予想される政府の領土主権の範囲を縮小させたくないという意思を乗り越えるほどの生態学的な危機が生じた雰囲気の中でのみ、築かれるものと信じていた。当時は、国家レベルで政府に集中された確立した秩序のしがらみを、打ち破る圧力を作り出すには危機感こそが必要であると信じていたのである。国家というシステムは、硬直した官僚主義的なやり方と信念の中であまりにも身動きのならないものになっているので、賢明な利己主義と、長い目での持続可能性との合理的な計算に基づく、必然的な主権の委譲ができず、政府の指導者たちは通常の条件の下では、必要に応じて政治的な権力や権能を国際機構へ移転させることには強く反対するであろうし、彼らは勝ちを制するであろう。それというのもこうした過程はまさしく主権的権利の縮小であると彼らは感じ取り、何よりも国家主権という旗印の下に抵抗するからである、と私は見ていたのである。しかし経済のグローバル・ガヴァナンスに関して、最近一〇年間に起こっていることからすると、国家間の組織化に対する国家統制主義者の無気力さや抵抗をそのように理解することは、間違いであったとは言わないが、偏った不完全なものであったのである。ＷＴＯの創設と共に、ブレトンウッズ体制の組織の強化とか、ＮＡＦＴＡやマーストリヒト条約などに関わる地域レベルでの様々な動きを見ると、主要国と政治指導者たちは、たとえ市民が本気で支持してくれなくても、経済成長の将来性を高めるように、純粋に領域的圧力のために行動するという、彼らの独立した立場がはなはだしく侵害されても、それを進んで受け入れ、強く支持することさえあるようになってきているのは明らかである。パトリック・ブキャナンやロス・ペローのような、風変わりで反動的な人気取りの政治家たちが台頭してきたのは、まさしく彼らこそが領域主権を守り、グローバル化やそれが引き起こす経済的移住者の群によって職を奪われ、脅威に晒された労働者やその他の人々が発する保護主義的な外国人排斥の声に進んで耳を傾けるという、政治の場においてはほぼ孤立した彼らの行動の結果なのである。

つまり経済のグローバル化は、国家という制度がこれまで広く信じられてきたほどには到底構造的に厳密に作られているわけではないということを示唆しているのである。もし指導者が経済、政治のよりどころとして、グローバル化を拡大する方へと向かって進む気になれば、政府の中枢や組織は熱心に領域主権の縮小を促進するであろう。ある部分ではこれが新自由主義についての見解の結論なのであり、それはまた別の部分では、もしも経済成長と得られる利益によって政策の良し悪しが測られるものであるとするならば、市場、決定の仕組み、それに国家よりも大きな社会が不可欠であるというその認識を反映しているのである。

C. 相応しい代替案

環境保護論者が考える優先度という視点からみると、政治的に実行可能な域にあると思われる、グローバル化に適合するいくつかの対応策がある。それらの相対的な実行可能性を手短かに議論する前に、環境問題を含めて人間の幸福との関係において、私はグローバル化を完全に否定するものではないことを明らかにしておかねばならない。東アジアと南アジアの国々の経験で明らかにされているように、資本の可動性ということが、あらゆる歴史において最高速の持続的経済発展を可能にし、しかもかつては貧困、人口増加および汚染の悪循環に際限なく陥っていると見えていた大人口の大部分を占めた人々にとっては、明らかな利益となったのである。資本を有効に使うように努めるという、まさにその性格のゆえに競争のためのいくつかの初期条件が整っているならば、グローバル化は人類社会のレベルを向上させるのである。しかしながら、サハラ以南のアフリカが陥っている苦境は、民間資本に対する利潤還元の条件がないと、グローバル化は新自由主義の公理に従って格差を広げ、経済的かつ人間的な苦しみを増大させる傾向があることを示唆している。格差を小さくするための補助金が減らされ、資本の流れは、主に投資した資金を安定的に保ち、その速やかな償還を保証してくれるような地域と状況に向かう。にもかかわらず、大雑把にとらえた歴史の傾向として、グローバル化は、世界を地域間と地域内の双方において、より均等化する方向に向かわせるようなある種の強い力を生み出していて、多くの点で、北—南、第一世界—第三世界、および西欧—非西欧というように弁別するやり方に基づいた旧い区分によって描かれた世界の形状をもはや陳腐なものにしてしまったことは疑いの余地がない。グローバル化の時代の初期段階においては、その主な地政学的階層構造を最もよく表現するには中心部、半周辺部、周辺部というように、非地理的な分類の仕方を適用することである[28]。この時期において、グローバルな公共財に関する周辺部の主張を実らせなかったものは、中心部において（新自由主義についての）イデオロギー上の意見が一致したことと地政学的和解（冷戦の終結）が行なわれたことであった[29]。

グローバル化は、たとえ新自由主義に導かれているとしても、必ずしも環境保護に有害であるとは限らない。例えば環境に優しい技術や製品を開発して、環境に対する有害な活動に異議を唱えるやり方でそれらを普及させる様々な市場の誘因がある。さらに、炭化水素を燃料とする時代が終わるという見通しがあって、それが環境に対して損失を与え難くする代替エネルギー源の研究と開発を推し進めるよう市場メカニズムに刺激を与えている。

貿易と投資を促進するように形作られてきた統治能力のもとでは、政治的な風潮が変化した場合、あるいは費用と利益について別の計算法が採用される場合には、容易に環境への配慮を取り込むことができるというのもまた真実である。ある意味では、条件が違ってきた場合には、市場は正しい信号をより多く、より早く送り始めることができるようになる。最終的に今ある社会的不平等を考慮に入れると、賃金がもっと公平であるよう求める経済的圧力が働いて、環境に対する最大の無責任なふるまいを止めさせることになる。環境を悪化させる消費主義と、より清潔で健全な環境に対する市民の要求の双方が増大して、それらの影響が混じり合うのではあるが、この水準が高まってくる現象は、環境規制に対する支持を地域的にも地球的規模においても再び鼓舞する助けとなり得るのである。

しかしながら経済のグローバル化は、イデオロギーとしての新自由主義が有している広範なパラメーターの中で現在のように作用し、その累積的影響を及ぼしている限りやはり環境には有害である、というのが私の基本的な考えである。これらのパラメーターの幅が広いというのは、投資や貿易の政策を策定する上で、他に比べるとはるかに国家の積極的な役割に依存しているいくつかのアジア諸国の極めて反自由主義的で、重商主義的な方法というものを考慮に入れているがゆえである[30]。

私の見るところ、この一般的な状況に対抗して、そのような有害な影響をすべてなくすとまではいかないが、減少させるいくらかの見込みを与えてくれる、グローバル化に適合できるいくつかの応えがある。

一．民間部門の賢明な利己主義への信頼と依存という方法について

モーリス・ストングは一九九二年にリオで開催された国連環境開発会議（地球サミット）で、この方法に重要性を与えることになった。ストングはスイスの実業家ステファン・シュミッドハイニィに自分の助言者となるよう依頼し、

「持続可能な発展のための実務会議」を結成するように働きかけたのであるが、この会議はどうすれば合意された目標としての「持続可能な発展」が、最も首尾よく達成できるかについて、地球サミットにおける議論にビジネス界の活発な声を入れる役割を果たしたのである。この実務会議が発信した基本的なメッセージは、持続可能な発展を目標として認証すること、一般の人々の信頼を得ること、市場と新自由主義的な考え方に対する信頼を確認すること、人類の暮しが改善するためには成長が頼りであること、費用と価格については特にその長期的な影響に関して、市場がよりよい信号を送ることを奨励するための、穏健な改革案を出すことであった[31]。シュミッドハイニィは、持続可能な発展のための実務会議は、「世界的ビジネスのために発言するのでなく、ビジネスの指導者たちの小さな団体として、当然少数者を代表している」と主張しているものの、会議の宣言と刊行された書籍の中で表明された見方は、現時点で期待し得る最善のものであるとし、世界経済の将来は環境保護にどの程度配慮しているかにかかっていると考える最先端のビジネスの指導者たちを代表しているという明確な印象がある[32]。特にそういう表現を採用したわけではなかったが、この実務会議は、かつては国家が担っていた環境保護という役割が公然と縮小されている傾向を相殺することを想定した、いわば「ステークホルダー」*の考えを反映しているわけである。会議の宣言の文言によれば、「世界は、規制緩和、価格の自由設定、世界市場の方向に向かっている。このことは、企業が自らの役割を決定する際に、もっと社会的、経済的、および環境に対する責任を担うように迫っている。私たちは企業活動に利害関係をもつ人々の概念を広げて、その従業員や株主のみならず、供給者、顧客、隣人、市民グループやその他の人々を含めるようにしなければならない」と。さらに「持続可能な発展へ向かって進むということは、よいビジネス感覚を創造するのである。なぜなら、そうすると競争力のある強みと新しい機会を創出することができるからである」とも述べている[33]。本書は、成功者の自画自賛の話を含んでいて、彼らが一般的にもっている感情をよしとし、シェル石油、デュポン、それにアルコアなどのような、「胡散臭い」多国籍企業の経営者たちの考える「賢明な」企業の環境保護主義を示している。

この著者たちの誠実さを疑っているのではないが、それでも私は次のように言いたい。「もしもこの方法を信じようとするのなら、あなた方は環境の破滅を招くことになるでしょう」と。ビジネス活動の歴史において、短期的利益を優先する人々に、長期的な視野をもつべき公益を委ねて間違いがなかったということを示すものは何もないのである。彼らの主張がビジネスの方向を根本的に変えようと提案しているのだ、という認識を伴っているのなら、その場合に限ってある程度は信用できるかもしれない。それはタイトルとして「方向を変える」という言葉を選んでいることに幾分かは含みがあるとも言える。しかし、より深いところでは、このような安心を与えるような提言も全く反対方向を向いている。人類の悲劇の根本的解決策は、市場推進型の成長にあると主張していて、「……我々は、成功への望みが、人間性の急激な変化、あるいはユートピアを作り出すことで実現されると考えるものではない。我々は人間をありのままに、その強みも弱点も、すべてそう作られているそのままに受け止めている」としているのである[34]。

問題をはらんでいるこの考え方は、仮に意味があるとしても、それは新自由主義を放棄して、作用が国家から市場へと移る形の、一種の環境保全型の社会的行動主義の裏口にこっそり帰ってきたようなことを示しているに過ぎない。「ステークホルダー（利害関係者のための）資本主義」に至る他のやり方でも同じことであるが、このようなこと

＊企業の真の所有者は株主（ストックホルダー）と狭く考えるべきでなく、広くその利害に関係ある人々（ステークホルダー）を含めるべきとする考え方。

では、強力な新自由主義の門衛の強烈な抵抗を生んでしまう[35]。

市場がどのような論理で動いているのかだけでなく、民間部門の活動の歴史を見ても、市場の自動修正メカニズムとビジネスの指導者たちの知恵に頼っていては、持続可能な発展における一般的な公益を守ることなど、とても実現できそうにもないということを示している。公的であるか私的であるかを問わず、巨大組織で責任ある地位についている人々は、単に彼ら自身の仕事の安定とその高い社会的地位を保っていくためには彼らの主な支持者に―それが一般市民であれ、株主であれ―短期に利潤を与えることができるか否かにかかっているわけであるから、とても信用するに値しない。公的部門へ権力が託されているのは主に民衆を守るためであるから、一般的には公的組織の方が、民間組織よりも勝る点をもっている。しかし政府機関が新自由主義の信条を是認する限りにおいては、その行動もまた市場の活動を妨害しようとはしないであろう。間違いなく民間の組織は、それに対応する公的部門よりも効率がよく、汚職も少ないのであるが、それらの全体の方向は、公共財を事業を営むための費用ではなくて、宣伝活動の問題として扱うのである。もちろん形態にはいろいろな変種があるが、自動調節される世界経済という考え方は、歴史の現時点で政治的な空想が描き出す反理想郷のイメージに近い。

ビジネスを悪魔呼ばわりしないで、経済活動が規制緩和されたらどうなるかを印象として示すことは可能である。カンボジアの事例を考えてみよう。惨禍をもたらし、いまだに終わらない内戦の余波の中にあって、開発の必要性に迫られてカンボジア政府は、規制を緩和するという条件の下で外国の木材会社を招き入れた。つい先頃もノロドム・シアヌーク国王は、カンボジアは二つの異なった原因で「死」に直面していると述べている。「終わりなき戦争と全国的な森林の消滅が私たちの故国に死の恐怖をもたらすものだ」と[36]。殺虫剤や薬品を「北」の諸国で販売することを禁じられた企業が「南」でこれらを安く売っている多くの例がある。つまり、攻撃され易い社会の人々の福利を親切に考えているような形で利益をむさぼっているのである。タバコ会社がなんとか生き伸びようとしてあがき、その健康への悪影響に対する関心を逸らして喫煙を推進しようとするというのも、またよく知られた醜い話であるが、企業の優先度がどこにあるかをより広く例証している。操業に自由度をもたせることによって、たいていの会社の事業は短期的にはなるべく多くの利益を挙げるということで、中期的には別の市場に移るとか、商品の供給源や技術を新しいものに改めることによって動いていることを認識することが重要である。

利益に釣られることがなかったとしても、たとえ汚職がなかったとしても、基本的には信用という構造に依存している、環境についてのいかなる立場をも疑ってみる充分な理由がある。立憲主義の長い歴史をもつ国の、立派だと思われている政府でも、官僚主義的な目的のために、自身の市民たちを恐るべき危険な情況の下に置いたことがある。アメリカ軍の要員がベトナム戦争でオレンジ剤（訳注：枯葉剤）に晒されたことや、核施設で働く労働者のこと、あるいはもっと恐ろしいことにフランスや日本で起こったような、使用者に既知の危険を告知することなく汚染された血液製剤をばらまいたことを考えればよい[37]。どのような機構の取り決めであろうが公益を守るためのものであるのならば、最低線として、内部で抑制均衡を働かせることが必要である。国家が、国際的な取り決めをして、それが効果的であるという信頼を醸成することに深くかかわる場合は、規律を守っていることを確かめなければならないという要請は、軍備管理協定におけるように、極めて厳格なものである。このような協定がなければ、安全保障の運用の基になるのは、核の抑止の場合と同じく、前提として相手を信用しないということである。民間部門に環境問題が委ねられる場合によくあることだが、その組織の方針目標が公共政策の目標としばしば緊張関係にあると思われるならば、もちろんしっかりとした点検が必要となる。この点について、実務会議の行動は意味がないとも言えるし、もっと悪いことに、グローバルなレベルで強力な組織を基盤にして信頼できる規制の枠組みを構築するのでなければ、この会議に誤った信用をもたせることにもなる。持続可能な開発に関し、企業が自己規制という方法によって得ようとする結果には期待できそうにもない、との悲観的な見方を変える理由を示唆する出来事は、過去数年間に何一つ起こらなかった。ピーター・ハースとエルンスト・ハースが書いたように、「強力で、共有することのできる普遍的な将来像、すなわち世界政府というものを主要国が考えていないという状態では、グローバルな問題に皆が集まって対応するとなると、国際機構メカニズムに頼ることになる」[38]。

そこで結論はこうである。新自由主義をよしとする空気の中では、持続可能な開発にとって、グローバルな市場勢力の側の利益を上げるという調整方法に、多くのことを期待するのは馬鹿げているであろうということである。環境をうまく治めることがもっと強く支持されるような雰囲気の中でなければ、「方向を変える」の中で描写された類の行動が強力な建設的影響を及ぼすという展望は大して得られない。実業界と金融界は、現在ＷＴＯの新自由主義的性格を支持していることに要約されるように、地域的および地球規模で、同じ性格の組織的な活動を促進するような統治の必要性を認識していることは明らかである。

「我々を信頼せよ」という論法に密接に関係しているのが、大方の有力な経済専門家によって是認されている、よりアカデミックな言い方の「市場にまかせよ」という態度である。実際は、彼らが本当に言っていることは「主に市場にまかせよ」であり、あるいは「市場が環境の要件をちょうどよいタイミングで知らせてくるものと想定しよう」ということである。この主張の背景にあるのは、市場というのは、現世代とそれより前のすべての世代の生活環境における大規模で継続的な改善に責任があるのだという、歴史的に形成された信念である。リチャード・クーパーは、広く尊敬されている影響力のある経済学者であるが、その成長の見込みに対するより厳しい環境規制を受け入れたがらないアメリカの立場を擁護して、この標準的な経済観を述べている。すなわち、

「率直に言えば、これらの（市場を基礎にした）やり方は、ほぼ普遍的と言える人間の悪徳である貪欲さを、社会的に建設的な方向へと向かわせてきた。新しい技術に受容力のある安定した社会的、政治的システムの中で、ほぼ自由競争の状況の下では、個人の利益追求が、過去何十年にもわたって我々が知っているその他のいかなる方法よりもずっと大幅に、物質的な幸福を大いに増大させ、労働の苦痛を軽減し、余暇を増やし、寿命を延ばし、多様性に対する許容度を高め、人間がもっている潜在能力を生かす可能性を生み出した。このような幅広い成功の実績があるのだから、もし急激な変革を主張するのであれば、それが成功するということを証明をすべきで、その重い挙証責任は、主張する側にある」[39]。

ロレンス・サマスは、似たような経済観を用いて、現在の政策が将来の世代に負っている義務を確認し、それを支えるには少ない費用で大きな利潤を生むというやり方がよいのだという考えを正当化し、当面得られる最良の投資利益は自動的に、将来にとってよい結果を生むことになると結論づけている。

サマスはこう主張している。

「確かに、私たちの孫が我々よりも裕福な暮らしをするというのは倫理的に正当なことである。誰も長期の成長率を正確に予測することはできないが、アメリカでは六〇年前と比べると、現在の生活水準は三倍に上がっており、ドイツのそれは七倍に、日本ではほぼ一〇倍に上がっていることを覚えておこう。アメリカ人の私の祖父母は、今より生活がずっと快適ではなく、洗練されておらず、人々が短命であった時代に、今の私のために地上の原材料を残すべく、彼らの生活水準を切り下げるべきであったとでも言うのだろうか」[40]。

サマスは、未来というものは比較的近い過去に起こったことによく似た形で再現されるものであるとの暗黙の信念の下に、論理を飛躍させているのである。地球が有する収容力、世界の人口とその生活水準の上昇、オゾンホールの拡大、地球温暖化の兆候、水産資源の枯渇といった様々な生態学上の警告信号などについての深刻な疑問点は全く考慮されていない。ここにはある種の、経済成長と利益についての歴史によりかかった、ごく常識的な見方があり、とんでもない結果が起こるだろうという一九七〇年代の行き過ぎた警告（訳注：ローマクラブによる警告）が現実のものとならなかったことに安心し、市場が自分で警告を出し損なった時には、技術（の進歩）が何か救済策を見つけてくれるであろうというある種の信仰に支えられて、環境上の損害に無頓着な傾向がある。これらの見方は、グローバルな資本の統制や経済活動の市場化の動きに一致しているために、グローバル化によって強化されることになる。以前に指摘したとおり、こういう見方に頼っていると、環境保護の強化のために資源を向けるということの合理的根拠は生まれてこないのである。このように経済主義というのはそれ自体、その中心的メッセージが「緩和せよ！」なのであるが、世界経済がさらに統合されたことで、必然的に生じて来る環境破壊の局面に対処するよう取り組むことのできるはずの行動主体としての、国家が全く無能であるということを見落としているので、本当に適応性のある戦略ではない。

二．グローバル化への反作用としてのポピュリストによる反動政治

パトリック・ブキャナンやル・ペンに典型的に見られる新右翼の勃興や、フランスやベルギーその他の地域で最近

起こっている労働不安は、国内労働力の弱い部門への、グローバル化が及ぼすマイナスの領域的影響に対する反動の一形態の表れである[41]。その他のグローバル化に対する否定的な反応としては、宗教的あるいは民族的な要素を重視する政治の台頭、伝統的な文化に価値を見出す復古調の再来、多くの状況下で明らかとなっている本質的な反近代的保守主義などがある。恵まれない労働者の支持を集めている極右のポピュリズムとは異なって、より文化を重視する反動的運動は、西欧の文化が衰退しているとの認識に関わっている。

グローバル化の動きに対抗するために起きているこれらの反動的運動の要となっている点は、主に経済的あるいは文化的側面であると思われるので、環境保護に通じるものでは全くない。グローバル化を批判したとしても、環境保護論者の助けにはならず、慰めを与えるわけでもないし、持続的な発展ということに対して何か意味のあることを言っているわけでもなく、またその優先度が違うので、環境の安定性のために実際にさらに圧力をかけるということにはなりそうにもない。

三．下からのグローバル化の再起と強化

環境保護主義は当初から、トランスナショナルな草の根的活動に強く頼ってきた[42]。提唱された通り一九九二年の地球サミットは、トランスナショナルな運動のための結集の機会であり、世界のあらゆる地域から極めて広範な活動家たちを呼び集めることになった。リオ会議以降、環境保護のための努力を集中すべき焦点がなくなり、市民社会の関心は全般的に、社会的または経済的、時には文化的な問題に移った。いくつかの例外はあるが、環境問題は再び「ローポリティックス」（低度な政治）に格下げとなり、人々の関心度の順位としては、ずっと後の方に下がってしまったようである。ただ一九九四年に、シェル石油による「ブレンド・スパー」と呼ばれる油田掘削装置の北海への投棄

の決定が英国政府によって承認された時に、グリーンピースの運動がそれを覆すのに成功したことからも明らかなように、強力な隠れたトランスナショナルな環境保護運動の能力が残っているということはある。グリーンピースのこの抗議活動が正当化されるほどの環境に深刻な影響を生じさせる可能性がはたしてあったのかに関しては、なお議論が続いているが、疑問の余地がない点は、ヨーロッパでシェル・ネットワークのガソリンスタンドをボイコットするという脅威を与えた戦術と民衆の圧力が、巨大な多国籍企業の方針を逆転させるのに効を奏したことである。公の報道では、グリーンピースはその戦術を非難され、メディアは、その地位を「環境のスーパーパワー」と呼んで嘆いた。このようなグリーンピースの行為とそれに対する反応は、市場化優先に関する上からのグローバル化を和らげる一つの方法が、下からのグローバル化に関わる行動主体の運動を支えることであるという考え方を肯定するものである。

一九九五年のフランスの核実験に反対する、広範に組織された抗議運動が、またもや微妙な国家の政策を政治的議題として持ち出す能力をもっていることを示したが、この時は、まともに対決し、ボイコットするという戦術ではフランスの政策を変更させることができなかった。しかしそれがフランスにとって、世界の世論による圧力と経済的な負担という意味で、核実験は高くつくものになり、一般的には核実験と核兵器の将来の政策に影響を与えることになるだろうということは、ほぼ確実である。

この時点で、トランスナショナルな監視と抗議という行動の役割には、二つの肝心な点で当てはまると思われる決定的な重要性がある。第一は多国籍企業の行為によって生じる環境への危害、あるいは危険の深刻な具体的問題を特定し、確認することで、環境抵抗運動組織はそれらに抵抗し、抑止するように働くことである。第二に、ワールドウォッチ研究所やその他の団体がしているように、環境がどう変化していくのかを信頼できる方法で監視することで、環境危機を純粋に経済的に評価するという独りよがりに対し、その程度は様々であるが、修正を要求する、情報拠点が作られることになる。また、環境の安定度がもちこたえることのできるぎりぎりのところまで悪化し、健康への影響を引き起したという劇的な証拠が示されれば、草の根的な運動を再生してトランスナショナルな騒動になるという可能性も存在する。一九六〇年代後半からは環境保護に対する態度には一種の周期的な変化がみられ、一〇年間にわたって関心や活動が高まると、次の数十年間は興味が薄れ、支持も減少するのである。このサイクルで、現今の低下傾向の位相の次にはたして上昇期が続いてくるか否かは予測することが難しい。しかしもし環境に関するデータ内容が悪化をみせ、有害となったと考えられるようになれば、その時にはおそらく新しい形のトランスナショナルな性格をもつ環境保護闘争運動が出現して、下からのグローバル化を活性化させ、ひょっとすると経済のグローバル化がもっている規制緩和やその他の危険な局面に有効に対抗するような社会的および環境に関する問題についての世界秩序の取り決めに至るような地球市民社会の建設に向かうことも起こりそうである[43]。

もっと大雑把に、ロバート・コックスは、グローバル化で不利な影響を受けた人々が、それに対抗するような勢力の新たな対話による高まりの、少なくともその基礎を創ることになるだろうとも言っている。環境保護運動の支持者は、はっきりとグローバル化の傾向が環境保護への取り組みを難しくするものであると見ていて、彼らはこれに対抗する観点に立つものであればどんな政治でも、その本質がすでに議論したように全く否定的で反動の性格をもっていない限り、それに参加するであろう[44]。

四．グローバルな経済管理に匹敵する、グローバルな環境管理を可能にする制度改革

明らかに、効果的な環境規制を行なうには現在のところ不充分な制度的基盤しか存在していないように思われる。国連環境計画（UNEP）は、国連システム全般の縮小化の勢いに巻き込まれている。国連においては、創設五〇周

年を記念する種々の提案に関連して、環境に対するその規制能力を強化するための様々な改革勧告案が提出されているにもかかわらず、誰もこれに政治的に共鳴を示さず、何も目に見えることは実行されなかったし、この種の問題に関する現今の世界の大多数の人々の意見の空気では、すぐに進行しそうにもない[45]。

また考えてみる価値があるのは、ヨーロッパが、市場、社会的なおよび環境保護上の目標を、地域を基盤として調整して、相対的に目覚ましい成果を挙げているが、このことが他の地域でも可能であるのかどうか、そしてこのヨーロッパにおける進展が、様々な形態の保護主義に陥ることなく、競争という圧力に耐えることができるのかということである。決して一様ではない世界の状況を考慮に入れた様々な地域の舞台装置の中で、地域レベルでなされる歴史的歩みよりがもしかしたら可能なのかもしれない。

現状では、グローバルな視野で、経済政策に対する制度的関心と、環境問題に対するそれとの間には、大きな不均衡がみられるのであるが、そのことに言及して問題とするのは単に議論のための議論に過ぎないであろう。このような現実は、主要工業国の首脳たち、つまりG7が毎年の経済サミットに出席しても、そこではやる気を示さず、注目が集められるような環境問題に関する提案はしないということで理解される*。地球サミットでさえも、持続可能な開発を確かなものにするための重要な過程というよりはむしろ、国家の首脳が環境問題に関心をもっているということを示すだけの儀式の機会であるとみなされた。そこで主に進められたことは、最も完璧に新自由主義の指針を具現する制度面での対応であった。すなわち環境保護の取り組みを地球環境機関による行政的コントロールの下に置こうとする試みであり、言ってみればそれに世界経済におけるブレトンウッズ体制的な役割をもたせたのである[46]。

五．南北の競争の場を平準化するための戦略としての環境条件

南半球における低価格な生産に直面して、市場の占有率を回復、あるいは保持するために、人権や環境の質に対する圧力がかけられてきた。特にアジア太平洋地域の国々は、競争力を得るために低賃金、劣悪な労働条件や環境規制がないことなどを利用していて、それが北半球の労働者から雇用を奪うことになっているという主張がなされている。実際、環境問題についての条件を整えると、競争の条件を公平にする助けにはなるかもしれない。もちろん何十年にもわたって、自分たちが考える公平な競争の条件を求めてきたのは「南」であり、それが最も一致した努力となって現れたのは、一九七〇年代半ばの「新世界経済秩序」を促進しようという運動であったのだから皮肉なことである。[47]

D．結　論

ここに主ないくつかの結論を示そう。

・世界経済がさらにグローバル化した場合、その環境への影響を、特に諸政府による政策の記述およびそれらの態度との関係において考えることが大切である。

＊しかし漸く二〇〇七年に至って、G８のハイリゲンダム・サミット（ドイツ）では、温室効果ガス排出量の削減問題が最大の焦点となった。議長総括では、「二〇五〇年までに半減することを真剣に検討する」とした合意を確認した上で、G８の連携の必要性を強調し、二〇〇九年の国連気候変動枠組条約締約国会議で、中国やインドなども含めた主要排出国が、二〇一三年以降の枠組み（ポスト京都）について合意を目指すとの方向性も示された。曖昧なこの約束が実現に向うかは、G８の構成国プラス中国およびインドとそれらの国民の意思にかかっている。

・グローバル化の主な当面の影響は、特に主として地球規模の性格をもつ環境保護の目的のために公的資金を使うことに対する政治的な支持を弱めたことであると思われる。

・新自由主義に代わるものが国内政治に顕れない限りは、グローバル化の否定的側面に取り組むことは難しいと思われる。

・様々な種類の反グローバル化という大衆の抵抗や、地域主義への傾向のどちらも持続可能な開発という言葉の上の約束に信頼を与え、最も励みとなる短期的な見通しを提供することになるであろう。

注

1 この意味では、私の方向性はジョセフ・カミレリとジム・フォーク「主権の終わり?-」(1992) の方向性とほぼ同じである。

2 例えば、ジョン・ヴィダルによる John Vidal, Globalwarmine disaster "imminent",『差し迫った』地球温暖化の大災害」Guardian Weekly, Feb. 25, 1996. において報道されたように、王立環境汚染委員会議長 Sir John Hoghton ジョン・ホクトン卿の報告のような地球温暖化が近い将来、地球の破滅を招くかもしれないとの最近の指摘を参照せよ。

3 次のグローバル化についての有用な議論を参照せよ。Andrew Hurrell and Ngaire Woods, Globalisation and Inequality, 24 Millennium PP.447-70 (1995)、著者の定義では「グローバル化」という言葉はしばしば、金、人、映像、価値、考え方が国境を越えてこれまでよりいっそう流動化するような時に起こる、世界の相互依存と相互関連化が増大していくような過程を記述するために用いられる。そのような過程は技術革新により、ますます同質的世界経済を作りだす。ロバート・コックスにより用いられている次の言葉にも注目せよ。「グローバル化という傾向の特質は、生産の国際化、労働の国際的な新しい区分け、南から北への新しい移民の流れ、これらの過程をいっそう加速する新しい国際競争環境と国家の新たな国際化〈中略〉であって、国家をグローバル化された世界の機関としてしまう」。Robert Cox, Towards a post-hegemonic conceptualization of world order: reflection on the relevancy of Ibn Khalun, in Governance without government: order and change in world politics P.132, P.145 (James N. Rosenau and Ernst-Otto Czempiel eds. 1992).

4 Milton Friedman, Internationalization of the U.S. Economy, Fraser For. (Feb.1989) P.10.
ジョン・ジェラルド・ラギはこの見解をかなり割り引いて考えている。John Gerald Ruggie, At Home Abroad, Abroad at Home: International Liberalization and Domestic Stability in the New World Economy, 24 Millennium 507, 516-17 (1994).

5 このことが下記の論文集の中心的主題である：Global Transformation: Challenges to the State System（Yoshikazu Sakamoto ed., 1994）.

6 概念を支持するような重要な研究については次を参照。R. B. J. Walker: Inside/Outside: International Relations as Political Theory（1993）、古典的な理論としてはギャレット・ハーディンを参照せよ。Garrett Hardin, Tragedy of Commons, 162 Science PP.1243-48（1968）.

7 もちろん東アジアの国々が示したように、国内の安定化をはかるための歴史的な試みに対してグローバル化の破壊的な影響がなければ、社会的要請と市場とを均衡させることによって、グローバル化へ有効に適応することと市民生活の多くの面に対する当局の管理を両立させることは可能である。Ruggie, 上記注（4）を見よ。

8 この均質化の傾向を主として国家の力が減ずる兆候とみるか、または単なる外部への転化、もしくは国際化という方法での方向転換の問題と考えるかは、複雑な問題であるが、この章の議論に本質的なことではない。前者の見方についてはCammilleri and Falk, 上記注1を参照せよ。後者の見方はGlobal Transformation 上記注5を参照せよ。もちろん後に議論されるように反動的政党や反動的傾向はこのような収束の仕方に反対する。

9 政府の官僚制は圧力団体としても強力であるが、この期間に防衛支出は概して減少し、政治家が雇用を確保するというようなある種の福祉政策を、比較的に弾力性のある防衛予算の中に滑り込ませて隠さない限り、さらに減少するであろう。例えばペンタゴンの職員ダニエル・ドナルドは最近の防衛予算の四〇％は安全保障とは関係のない、本質的に福祉的目的で使用されていると指摘した。Lecture, Mediterranean Academy of Diplomatic Studies, Malta, Mar. 18, 1996.

10 グローバル化の歴史的性格と未来の進展についてImmanuel Wallerstein, Geopolitics and Geoculture: Essays in a Changing World- Systems（1991）；Robert W. Cox, Social Forces, States and World Orders: Beyond International Relations Theory, in Neorealism and its Critics, pp. 204-54（Robert O. Keohane ed.,1986）を参照せよ。

11 影響力ある議論の一つの傾向は、環境の質を向上させる最善の方法は急激な経済成長を促進し、生活水準を向上させることであり、実現されれば環境保護に対して社会の関心がより大きくなるというものである。Gene M. Grossman and Alan B. Krueger, "Environmental Impacts of a North American Free Trade Agreement"（Working Paper, 1991）を参照せよ。

12 しばしば論評されているオゾン外交は、市販の代替品の存在、健康への影響が短期的であること、一致した、反論しがたい科学的データ、比較的安価な対策費用などといった、多くの補助的要因も手伝って実現可能となった例外的事例である。しかし、それでも毎年オゾンホールは拡大し、より長期間続くようになり、うまく行っていないという証拠が上がっている。これらの実績についての説明は、Richard Elliot Benedick, Ozone Diplomacy: New Dimensions in Safeguarding the Planet（1991）を参照せよ。

13 実際、市場は正しい信号を送り出しているとの信頼が、生活水準が高くなれば、環境保護を含めてよりよい生活条件に対する社会的需要を掘り起こす、と主張する経験に基いた議論によって補強されている。

14 「自由主義」という言葉は、使用に際して混乱を招きやすい。それは市場を支持することと、国際的な事業としての人間たるに値する生活の改善を約束することの両方を意味するからである。そのような混合は次の典型的な報告書 The Commission on Global

Governance, "Our Global Neighbourhood"（1995）に明らかである。ある学者はこの報告書を「システム管理に対するネオリアリスト的および新自由主義的関心から離れて、主な構造と実行が及ぼす道徳面の影響が直視されなければならないところへと、国際関係についての一般の人々の意識を高める助けになっていると見ている。この学者にとっては、権力を道徳的なヴィジョンと結びつけて考えるという方法で、この巨大な全体像について別の考え方を表現していることがこの報告書の強みの一つなのである」。John MacMillan, A Kantian Protest against the Peculiar Discourse of International Liberal State Resource, 24 Millennium p.549, p.561（1995）この報告書に対するより批判的な見解は、Richard Falk, Liberalism at the Global Level: The Last of the Independent Commissions? 24 Millennium p.565（1995）を参照せよ。

15　ステファン・シュミッドハイニィさえもまた「持続可能性」に関し、持続可能な発展よりも短期的な利益を強調するような間違った信号を送るとすれば問題があるだろうと認めている。Stephan Schmidheiny, Changing Course: A Global Business Perspective on Development and the Environment（1992）を参照せよ。

16　特によい例は、Benedict Kingsbury, The Tuna-dolphin Controversy, the World Trade Organization, and the Liberal Project to Reconceptualize International Law, in a Yearbook of International Environmental Law（1995）である。

17　経済のグローバル化による圧力をかけられていない政府に、環境に関心をもつ政治指導者がいたとしても、立場が違い、受け取り方も違い、かかるかもしれないコストの規模の大きさ、調整に取りかかるまでにしばしば必要とされる準備時間の長さ、今後観測することやこれまで得られた観測の結果を修正する際に生じる評価のばらつきなどを考えると、この仕事はどんな場合にも大変なことである。環境問題に取り組もうとする際にはこのような特別の困難さがあるという感覚が興隆しつつある国際環境法に、「予防原則」という形で具体的に現れている。

18　このような線に適った最近の分析は、William Ophuls, Ecology and the Politics of Scarcity Revisited（1992）を参照。

19　Richard Falk, This Endangered Planet（1971），Richard Falk A Study of the Future Worlds（1975）；今"global governance"と描写されるものに対するそのような呼称が、実際上、また規範上の根拠となる事業としては私が反対した「世界政府」と混同されてはならない、ということをはっきりさせるように極力努めた。この区別について同じような立場を取っている最近の議論に、Our Global Neighbourhood、上記注14、pp. 2-7 がある。

20　中国が一九七〇年代後半、人口増大を止めるために一人っ子政策を採用した時に、その独裁主義的な方法が広く批判され、いくつかの残酷な結果がメディアによって強調された。この非難は、中国が広範な社会的革新に踏み出していて、おそらく局地的な安定化に大きく寄与し、大多数の中国国民にとって国内における幸福がより手の届くものになったという評価とは釣り合いを欠くものである。

21　ケン・コンカは、「限界」の議論から「人間への影響」の研究へと問題を変えて、評価の仕方についての二段階の診断的な発展論を提示している。Ken Conca, Environmental Protection, International Norms, and the State Sovereignty: The Case of Brazilian Amazon Beyond

Westphalia? State Sovereignty and International Intervention 147 (Gene M. Lyons and Michael Mastanduno eds., 1995) を見よ。

22 これらのうちで最も悪名が高いのは、ローマクラブの報告書：Donella Meadows et al., The Limits of Growth (1972) であった。

23 おそらく結果として最も重要な影響は、主流の政党や国際組織が社会的価値を転換させたり、選挙民の支持を失うことへの心配を表す戦術を選んだりして「緑の政党」化した、その程度である。国際機関に対する影響の広がりについては、The Greening of International Law (Philippe Sand ed.,1994) を見よ。

24 均衡のとれた分析としては、Phillip Sand, International Environmental Law: Emerging Tends and Implications for Transnational Corporations (1994) UN Publications Environment Series No.3):, Andrew Hurrell and Benedict Kingsbury, The International Politics of the Environment: An Introduction, in The International Politics of Environment 1 (Andrew Hurrell and Benedict Kingsbury eds., 1992) を見よ。

25 コンカ、上記注21のこの論に近い優れた分析を見よ。

26 しかしながら、アメリカの副大統領のアル・ゴアとの関係では、反対のパターンを示し鋭い対照を見せている。ゴアは副大統領に就任する前から熱心な環境保護論者であるという経歴をもっているが、政治的には全く曖昧というわけではないが、控えめな態度を取っているものと受け取られていた。実際一九九二年の大統領選挙では現職のジョージ・ブッシュがゴアを、「ミスター環境」と楽しそうにあざ笑い、民主党の指導層は環境にかかわりのあるようなことは何も確約しなかった。選挙のスローガンとして使われたのは「問題は経済なのだよ、このお馬鹿さん」ということであった。

27 国家の役割が変わったことを論ずるのには「弱体化」よりは「方向転換」という言葉を使った方がよいかもしれない。グローバル化がもたらした本当の変化は、その他の要素を合わせて、国家をグローバルな市場の目的に合致するような圧力に、はるかに好意的に反応させ、民衆志向の領域的圧力に対してはもっと抵抗させるようになった。この観点から言えば、政府による規制という重荷を軽くするような方向で、ケインズ行動主義からは遠ざかるようにする変化が生じたのである。

28 このような分類を信頼することで大いに創造力を発揮した社会科学者の最近の解釈や貢献については、Samir Amin, Rereading the Postwar Period: An Intellectual Itinerary (1994) と Immanuel Wallerstein, After Liberalism (1995) を見よ。

29 冷戦時代に恵まれない国の政治的運命は、東西の対立においてその掛け金となることであった。二つの超大国がイデオロギーの代行のために資力を使い、助成、あるいは介入を行なった。冷戦の展開についての計算がなければ、周辺諸国でのこれらの結果は、地政学的には興味をもたれなかった。

30 また新自由主義を適用するについて、誤解を招きやすくかつ矛盾した様相がある。Stephan Gill, Globalisation, Market Civilisation and Disciplinary Neoliberalism, 24 Millennium P.399 (1995) を見よ。ジルは経済のグローバル化における現在の段階では、新古典主義で理想化されているような自由競争ではなく、寡占的新自由主義、つまり寡占と強者の保護、仕事の社会化、弱者への市場原理の押しつけによりますます特徴づけられるようになると論じている。Id. p.405.

31 この視点での論議はこの会議の経験により直接生まれた著書の中で展開されている。Stephan Schmidheiny, Changing Course: A Global

Business Perspective on Development and the Environment,（1992）.

32 Id p. xxi、この宣言は pp. xi-xiii に再録。

33 Id p. xiii

34 Id p. xxii

35 これらの視点からの利害関係者資本主義 [stakeholder capitalism] についての多くの批判に関しては以下の文献を、そのカバーストーリーを含めて参照せよ。The Economist Feb. 10 1996, pp. 9, 23-25. 典型的に注目されるのはウィリアム・サファイアが「stakeholder society（利害関係者社会）」を彼が「新社会主義」と呼んでいるものと同じであるとしていることである：William Safire, “New Socialism” Menaces Corporate Headquarters in America, International Herald Tribune, Feb. 27 1996, また 社 説 “Europe fails its jobs test, "International Herald Tribune March 16, 1996 p.8. Lawrence Malkin, Wall Street Plunges 3% On Strong Jobs Data, International Herald Tribune, March 9-10, 1996. も見よ。貿易関係に環境基準を導入することについては、Reginald Dale, "Blue-Green" Danger Signs for Trade, International Herald Tribune Feb. 20, 1996; Reginald Dale, Coming Soon: Worldwide Free Trade International Herald Tribune, March.8, 1996. を参照。ＮＡＦＴＡの交渉で環境問題を矮小化することについては、Albert Szekely, International Law in North America: Beyond NAFTA, in Greening International Law 250（Philippe Sands ed. 1994）を見よ。

36 International Herald Tribune, Feb. 20, 1996.

37 地震予知計画の代表である茂木清夫氏が地震防災対策強化地域判定会の会長を辞任したという報道を見よ。日本政府が、その予告が確固とした証拠として扱うことができるようなものでない限りは住民に地震が起こるという警告は出せないとしたためである。警告はたとえ控えめなものであったとしても、混乱した結果を招きかねないので、官僚主義的な立場からは、災害が起きるまで待って、それから対応するのである。Ignored, Japan's Earthquake Predictor Quits, March 20, 1996. を見よ。

38 Peter M. Haas and Ernst B. Haas, Learning to learn: Improving International Governance, Global Governance 1 pp.255, 256（1995）

39 Richard N. Cooper, United States Policy Toward the Global Environment, in the International Politics of the Environment P.290, PP.290-91, (Andrew Hurrell and Benedict Kingsbury eds. 1992), Grossman and Kruger, 上記注（11）も見よ。

40 Lawrence Summers, Letter, The Economist, May 30, p. 65（1992）P.65 これは以下の文献に再掲された。International Environmental Law, pp. 268-71（Lakshunan D. Guruswamy, Sir Geoffrey Palmer and Burns H. Weston eds.1994）. 以下の文献と比較せよ。Edith Brown Weiss, In Fairness to Future Generations pp. 5-15（1989）.

41 政治的過激主義に対する選挙民の支持の増加の評価については、Klaus Schwab and Claude Smadja, Start Taking the Backlash Against Globalization Seriously, International Herald Tribune Feb.1,1996, James Bennet, Buchanan Targets Free Trade Policy, International Herald Tribune,

March 22, 1996.

42 そのことに対する評価については Richard Falk, Explanation at the Edge of Time: Prospects for World Order（1992）および Richard Falk, On Humane Governance: Toward a New Global Politics（1995）を参照せよ。

43 労働力の社会的保護と引き換えに、経済的安定を達成したグローバル化が、歴史上重要な国内の社会契約を混乱させたという意味の関連する議論については、John Gerald Ruggie, At Home Abroad, Abroad at Home: International Liberalization and Domestic Stability in the New World Economy, 24 Millennium pp.507-26（1995）を見よ。

44 Cox, 上記注 3、Cox 上記注（10）を見よ。

45 地球環境問題に関する国連の制度的能力を高めようという特徴的な提案として、国連信託統治理事会を、グローバル・コモンズを管理し、保護するような組織に改組しようという案が次の中に示されている。Our Global Neighbourhood, 上記注（13）、pp.251-53.

46 世界銀行の後退的態度を非難する文書については、Bruce Rich, Mortgaging the Earth: The World Bank Emviromental Improvement and the Crisis of Development（1994）を参照せよ。世界銀行の環境に配慮した政策がとられる兆しがごく最近見られる。もっと同情的な評価について、Jacob B. Werksaman, Greening Bretton Woods, in The Greening of International Law、上記注（23）、pp.50-64, および Kenneth Paddington, The Role of the World Bank in the International Politics of Environment, 上記注（24）、pp.212-27 を見よ。

47 「新経済秩序を確立する宣言及び関連する行動計画」の原文は以下を参照せよ。Basic Documents in International Law and World Order pp.550-67（Burns H. Weston, Richard Falk and Anthony D'Amato eds., 2d ed. 1990).

第六章　海洋の平和な未来とは？

海洋の有益な未来を築く上で、長年にわたる国際海洋研究所の指導力に対して寄せられている名声が高いので、そのマリバス会議のパセム（Pacem）部会に参加するということは、名誉であり、やりがいのあることである。この会議に参加することになった事情は、私の個人的な理由もあった。エリザベス・マン・ボルギーズが、まだサンタバーバラの民主制度センターに所属していて、海洋の未来についての彼女の見解を表明し始めた時から、私は彼女の存在を知るようになり、友人の一人となった。本章での私の試みは、海洋における軍事活動の地位というものが、平和な未来に対する展望に影響するので、これについてある程度批判的に考察することである。私がこの問題に引きつけられたのは、一つには多くの著述が、怠慢によって、海洋における軍事活動が実質的に規制されていないことを動かし難い国際的な生活の事実であるとするか、あるいは何ら問題のないものとみなしているかのように思われるからということがある。私自身の出発点は、これら二つの説明のいずれをも疑うことである。

まず、この論題に対する私の研究方法をお示しする。「平和」について考える時、平和な世界とは戦争がない世界ということ以上の何かを意味していて、その何かとは武力に頼ることなく、人間の尊厳のための条件を確立しているという魅力的な見解を維持し、持続可能で衡平な発展を含意するもの、という広い意味でとらえることは極めて賢明なことであろう。そのようなより広い意味の平和の概念を支持する議論の重要性は認めるものの、私が重点を置くのはもっと狭く、伝統的に理解されている平和についてであり、海洋の利用と結びついた軍事活動、および関連するグローバルな安全保障の探求に関わるものなのである。

最近の数年間において、海洋についての重要な軍事的な意味をもつ、いくつかの注目すべき国際的な争いが生じている。こう言えば、人はすぐに多数の海軍の艦艇を伴った、湾岸戦争を思い起こすだろう。またイラクや、かつてのユーゴスラビアに対する一部、エンバーゴー*による国連の制裁措置の履行を、フランスの太平洋環礁地帯における核爆発装置の水中実験を、南シナ海におけるスプラトリー（南沙）およびパラセル群島（西沙）の主権に関する多国間紛争を、北大西洋上の漁業権に関して戦争になりかねなかったカナダ—スペイン間の紛争を、エーゲ海の小島に関するトルコとギリシャ間の紛争のことも。しかし、これらの世界秩序に対する多様な挑戦や言及されるべきその他のことが繰り返されたにもかかわらず、海洋における軍事活動という主題は、ここ何年かの間、一般的に看過されてきた。例えば、ブトロス・ブトロス—ガリ国連事務総長による〈平和のための課題〉においては、海洋について、あるいは考えられる国連の平和維持の役割と海洋との関連性については一言も述べられてはいない。一見、これは説明し難い大きな見落としに思えるが、より注意深く考えると、この見落としこそが、海洋の平和な未来を確保するための奮闘によって提示されている、より深い挑戦を極めて明瞭に示しているのである[1]。グローバル・ガヴァナンス委員会の報告書である、〈Our Global Neighbourhood〉もまた、グローバル・コモンズを維持することに関連して、エコロジーへの配慮を論じ、それからほんの雀の涙ほどに、一つの警句で「海洋漁業の枯渇」に注意を喚起すること以外には、将来の世界秩序の課題のその包括的評価の中に同じく海洋を含めてはいない[2]。

海洋の平和な未来に対するこれらの明らかな脅威というものがこのように驚くほど軽視されていることのいくつかの確かな理由を考えてみよう。まず、最近の紛争というのは外交的手段によって解決されたか、もしくは手詰まりとなっているか、あるいは台湾やスプラトリー群島においてその要求を主張するため、中国海軍が果たす可能性のある役割に関する事案のように、現在憂慮すべき事項となりかけていると思われるものもある。さらに、中国を例外として主要な海洋国家は、海洋における軍事活動に関する既存の許容的な規制様式に対して、なんら他国と強く対立するような利害関係を有しているようには思われないし、より重要なことは、このことに強い利益感を結びつけていることである。もっと的を射た言い方をすれば、これらの国家は領海を超えて横たわるあらゆる海域の、実質的に無制限な軍事的利用の「自由」を前提とした伝統的な海洋安全保障制度の根強い存続可能性について、わずかの疑問を表明することにも過度に神経質なのである。非海洋国家はこれとは対照的に、強大国のもつ軍事的特権に疑問を呈するとなると、たぶん無益感と無力感のゆえに、一般的にこれらの問題を排除してしまうことになるのであろう。しかし、千年紀の終りに近づいている今、我々は世界秩序という経験における一つの段階に到達していると思う。ここでは、そのような疑いをさしはさむ余地のない服従が、もはやグローバルな安全保障上の利益のために今後とも役立つことはなく、軍事力の役目を厳格に防衛的なものに制限する現代国際法の根本的な努力とは一致していないように思われる。

＊エンバーゴー（embargo）は、伝統的国際法において平時に復仇の手段として、また開戦の際になされる船舶抑留（自国の港にある外国船舶の出港を阻止するため）を意味したが、一九三〇年代以降広義に用いられるようになり、特定国との間の貨物の輸出禁止、資本やサービスの取引の制限の意味も含まれるようになった。

海洋における軍事活動が軽視されているということについて、一般の人々の関心や諸学者の姿勢はどうかと言えば、いくぶんこれとは違ったふうに説明がなされるであろう。この問題を考える人々は、総じて一九八二年の国連海洋法条約の及ぶ範囲と幅広さが、軍事的性格の活動も含めて、あらゆる海上での活動に適用される枠組みをともかくも確立していて、しかも軍事的性格の活動は、条約の前文において「……海洋の平和利用……を促進する」ようにと宣言されている全般的な命令によって充分規制されていると信じて疑っていないように思われる。（この文言は）条約の本文（例えば、八八条、一四一条および三〇一条）において数回繰り返されていて、一般的な心情であると言えるが、どの条項にもその活動範囲が、その言葉の最も一般的に理解されている意味での、「平和的である」とは思われない地域的および地球的規模の海軍のもつ伝統的な特権に対する、行動上の干渉の意味は含まれてはいないのである[3]。事実、一九八二年の条約は、慣習国際法や、海の自由に対していくつかの重要ではない制限を課してきた二、三の特別条約によって、長期にわたって完成されたぎりぎりのミニマムを超える軍事活動それ自体を、直接に規制しようとはしていない。要するにこの一九八二年の条約は、世界中の海洋国家に対し、軍事活動に関する精査の免除を与えているので、実際上および法律上の問題としてこれらの海洋国家は、たとえそのふるまいが広範な抗議や論争を引き起こし、完全に自衛的なものではないと理解される場合であっても、指導者たちが国家の安全保障や外交政策目標に適うと考えるのであれば、どのような海軍および関連する航空活動も実行する完全な裁量権をもつことになる。伝統的な国際的海軍特権に異議を唱えないということは、一九八二年の条約の批准を進めるため、クリントン大統領が米国上院に宛てた伝達状に率直に表明されている。同大統領は、この条約が大洋における伝統的な海の自由を侵すものではなく、今日的条件の下でのこれらの権利を確認しているので有益であると明確に主張している。すなわち「条約は、海洋国家としてのアメリカ合衆国の国益を高めるものである。これは世界の海をアメリカ軍が使用する権利を維持し、我が国の安全保障の要件に適うものである……」[4]と。部分的な一つの例外は、それもまた活動上のガイドラインを欠いてはいるが、この自由は、海洋の軍事目的以外の利用を妨害しないやり方で行使されなければならないという、一般化された義務である。この義務に基づき、核実験は常に論争の的となった。なぜなら申し立てられた安全保障上の理由による正当化は、他の合法的な海洋の利用に対して、明白かつ重大な環境上の危険を提起し、実験の最中と後において航行のための利用が排除されるからである。

海洋利用の軍事面に注意が向けられていない理由をさらに説明する。直近の過去、すなわち冷戦終結後の数年間において最も気掛かりなタイプの紛争は、既存の主権国家内の人種的、民族自決主義者的、宗教的あるいは非宗教的な緊張を内包していたということである。このような紛争に介入する諸々の努力は、国連の賛助の下での制裁やエンバーゴーを課すことから生じる海洋的側面をもっていたことは事実であるが、これらの諸活動は一般的に国連の承認を得ているがために、厳しい批判的な審査に晒されないできた。

いろいろと考え合わせてみると、将来の海洋における平和のための諸条件がないがしろにされていることについてのあらゆる解釈の中で最も意味のあるものは、恐らく、海洋諸国の内部で、現実主義者の思考態度が依然幅を利かせていることである。学者、メディア、特に安全保障計画の領域の任務に携わる官僚たちの政治的構想力を、現実主義者のコンセンサスが支配しているのである。我々はこの点で、海上および海中における平和的活動に関する国際社会の国家主義者的構造と、領土防衛という国内の至上命令をこなす以上の海軍力および空軍力を有する数少ない国家に、不平等な支配力と一方的な特権をもたせる結果となる、安全保障につきものの地政学的構造との違いに気がつくのである。この点に関して、海上における行動の自由に対する主要海洋国家の地政学的な執着心は、しっかりとその立場を固めて、道義心のある要求とは言い難い常軌を逸したオーラを放っていて、それ自体所与として、すなわちその中で国際的政治活動が展開される現実の一部として、問題なく受け入れられるべきものとなっているのである。このようないわば疑問封じは、健全ではないというのが私の見解である。なぜならそれは将来、海洋秩序の恐るべき崩壊が生じる場合のみ、国際的改編に対する論議に適正な注意が払われることになるであろうことを意味しているからである。世界全体にとって、この世の終末を思わせるような冷戦の最も劇的な対決が、一九六二年のキューバのミサイル危機の最中、公海上において対立する超大国によって演じられたことを想起するのは有用である。ソ連は、攻撃される恐れのあった友好国の政府（キューバ）に武器を供給するという、どちらかと言えば伝統的な国家主義的な権利の主張をしていたのであるが、もしもその主張を撤回しなかったならば、何が起こったか我々には全く知る由もない。しかし我々は、ひとたび危機的雰囲気が消え去ると、超大国の指導者たちは自分たちがいかに破局に至る寸前のところにあったのかということを実感し、そのような事件の繰り返しを避けるためのいくつかの慎重な歩調をとったということをよく知っている。しかし国際法が、軍艦に核兵器を搭載することについてさえ、強制的なガイドラインを提示していないのであるから、この全体的な調整手続は、自由裁量事項であった[5]。

第一次世界大戦以前のヨーロッパでは、「平和」を勢力均衡のメカニズムに基づかせることは当然のことであるとし、あらゆる「責任ある」筋の見解もまた同様のことを示していて、実際上非難を免れていたことを思い起こすことは有益なことである。それでは遠隔の海軍活動を支配する、はるかに厳格な基準の必要性と望ましさを論じることだけでも許されるようになるまでは、我々は生じるかもしれない海洋の破局をただ待つように運命づけられているだけなのであろうか。ある国が、その領域から遠く離れた場所に軍事力を投じるために海洋を無制限に利用するということが、武力の行使を、自衛行動か国連の任務を推進させることに限定している国際法や国連憲章の努力と矛盾していないと考え続けることができるのだろうか。もちろん、もしも海洋における武力の行使が、これらの数少ない同じ海洋国家の能力に強く頼らざるを得ない、対海賊および対テロリスト活動のみならず、防衛同盟や抑止といった安全保障の役割に結びついている場合には、法的および政治的論議は複雑なものになるであろう。複雑さの重要な部分は、国連システムが世界中の弱小国家の安全を確保していないがために、しばしばこれらの諸国に遠く離れた国に保護を求めるか、発展目標の追求と結びついた国家的優先事項に差し障るやり方で、自身の軍事的能力を高めることを求めるかの選択を任せてしまうことから生じるのである。しかし世界の海軍に対してこれらの役目が与えられているとしても、公海における自由を行使する現在の権限の下では、これは覚えておくべきことであるが、植民地主義の終焉の後でさえも圧倒的に北から南へと動く伝統的な介入外交と建設的な世界秩序活動との間の区別はできないという困難さが依然として残っている。この増大するグローバル化の時代にあっては、世界経済の主要な優先事項とグローバルな資本の利益擁護者としての軍事国家の保護者的役割との間に、強力ではあるが、問題のある結びつきもまた存在する。そのような結びつきは湾岸戦争において明らかであった。もっともそれだけでサダム・フセインの侵略行動を旧に復させるために仕組まれた強い反応を説明することにはならないのであるが。

軍事活動に関する我々の関心事から暫し離れて、海洋の他の利用面に対しても、もっと野心的に法を関わらせたいという当節の要請について少しく考えてみることは有用であるように思われる。この展開についての多くの説明のうちで主なものは、平和的利用の量的変化とその可変的な性質が及ぼす激烈な困難が存在するということであった。これらの困難が基本的に、海洋の豊富な利用状況を不足のそれへと変化させた。豊富な利用状況の下では、利用に便宜をはかり、種々の利用を調和させる能力が、利用の総量をはるかに上回っていて、このシステムの自由放任主義的性格に何ら負担を与えることはない。そのような状況の下では、正確な規制基準一式は必要とはされない。しかしながら不足の状況が出現すると、多様な海洋の利用が、受容能力を低下させ、損害を引き起こし、多次元にわたる持続可能性を脅かすようになる。利用の競合は、廃棄物の海洋投棄が漁業を危険にさらす場合にみられるように、両立し難いことをよりいっそう強調することになる。このような状況の下では、いくつかの利用形態に対しては制限が必要となり、諸々の利用における関係と有害な結果に対する責任の配分についての輪郭を、注意深く示すことが必須となる。海洋法の進展は、第三次国連海洋法条約において最高潮に達したが、仮にその調整様式が、この重大な法改正の機会は、大部分未開発のままに放置されている海洋利用によるその利益、特に埋蔵の見込まれる海底鉱物資源の配分について、条約の交渉者が、いっそう共同体志向のアプローチを採るよう仕向けるという、より理想主義的な期待をいくらか裏切ったとしても、条約は状況の変化に見事に呼応している。

私の見るところ、軍事的利用に関する状況の客観的変化は、実在のおよび潜在的な影響という点で、非軍事的利用の場合よりもいっそう大きい。長距離ミサイル技術や核兵器は、海上の軍事活動によってすべての国を永続的に深刻な危険に晒し、また災害事故、あるいは海洋投棄、核兵器実験、海軍の保有するミサイルおよび環礁や大陸棚に対して加えられた損害から生じ得る長期にわたる問題に対してすべての国を無力なものにしているのである。沿岸から一定幅の水域に対して、領域主権を延長する本来の理由は、海岸に設置された大砲の着弾距離に基づいていた。すなわちすべての国は、海軍国家による沖合からの軍事攻撃に対して、防衛上ある程度守られるべきであるという意味があった。三海里から一二海里へと領海の幅を拡張したにもかかわらず、今日、もはや海から仕掛けられる強圧的外交に従うしかない非海軍国家に対しては、いかなる保護も与えられない。換言すれば、これらの技術的変化に呼応する、海上の軍事活動についてのより大規模な規制を求める主張、特に海洋国家の自由とその他の国家の防衛上の安全と主権的権利の間の均衡、および海洋国家の自由と全体としての地球共同体の福利との間の均衡を、共に新たに保たせることの必要性は圧倒的であるように思われる。

そこで私の暫定的な結論は以下のようにまとめられる。すなわち、洋上における軍事活動は、ここ数十年間の過程において、諸条件の変化は同じようなものであったにもかかわらず、海洋の非軍事的利用に相当するようなやり方では規制されてこなかったということであり、しかも海洋国家は、その安全保障や覇権的な国益の理念と一致するやり方で海洋を利用する自らの「自由」をもち続けているというものである。その結果、広い海に対する要求というのは、主権的管理下にある領土が使用されてきたのとほぼ同じ方法で海洋を利用することであり、このことは伝統的に、地球の隅々まで同時代の砲艦外交の使命に基づいて海軍を送り込む自由を含んでいた。これらの主要な海軍国家における軍部の代表は、このような期待を主張して全く恥じることはなかった[6]。尊敬された評論家の一人の、ギロ・ポンテコルボは、最終的に一九八二年の条約に至った長い交渉の文脈において、規制枠組みの特徴を以下のように表明する。「アメリカおよび『ソ連』の軍事的利益は、この条約が決定できるものに制限をつけることであった……超大国は、まさに自分たちが軍事上必要とみなしたものに対するいかなる制限も受け入れないであろう」[7]。この軍事上の期待の強さは、排他的経済水域（ＥＥＺ）や国際海峡の軍艦の通過に関して海軍の活動の「自由」を主張したことで明らかである。領海の幅を十二海里に拡大することにより軍事活動に制約を加えるという小さな譲歩や、領海を通過する潜水艦は水面に浮上することなどの必要条件を維持することはさほど深刻な抑制とはならない。排他的経済水域で活動する海軍大国は、とりわけ他国の大陸棚上に構造物や電子装置を許可なく設置する権利を保持している。海洋に関するこの軍事的慣習が非常に強力なので、尊敬を集めている二人の海洋法の専門家、R．R．チャーチルとA．V．ローヴェが、法律によって禁止しても軍事的圧力に抵抗できそうにもないという確信を表明するほどである。「唯一自信をもって言い得ることは、条約が何と唱えようと、主要な海軍大国が軍事演習のための海洋の使用や（水中音波探知器）のようなシステムの配備を止めることはほとんどありそうにもないということである」[8]。

さらにこの現実をはっきりさせるもう一つの側面は、海洋法条約に規定されていない部分が、有効に主張される国家実行によって進展しているその範囲である。すなわち、強力な国家は争われている海軍活動に携わる権利を掲げて、他国の自由への妨害、あるいは環境に対する潜在的危害があるにもかかわらず、将来における権利を有効に請求できたかつての主張に、あるいは、ミカエル・ライスマンが言っているように、「先例」または「国家実行」としての資格をもつ過去の「出来事」に基づかせようとする傾向がある。数少ない部分的例外の一つは、直近では一九九五年のフランスによる一連の実験を含む、核実験に向けられた法的抗議であるが、ここにおいても地域の完全な反対と広範な非難とを浴びたフランスの主張は、有効な法的または政治的挑戦の埒外にあるものとして、軍事的特権の堅固な最前線を守ろうとする他の主要な海軍諸国家によって、暗黙裡にあるいは公然と支持されてきた。

自国の安全保障政策に役立たせるために海洋を使用するという主要国によって継続的に主張されてきた裁量権から生じる問題のいくつかの重要な側面を検討しよう。第一に、核兵器配備目的の海洋の使用を含む警告すべき高レベルの軍事化がある。一九九一年現在、海軍活動に関連する九、一〇〇〇個の戦略核弾頭があり、それらの大多数は核保有を宣言した五カ国に所属する一〇六隻のミサイル搭載潜水艦に配備されていた。多くの核弾頭はまた、世界のあらゆる地域の多くの国々の港に入った潜水艦以外の艦艇に搭載されて運ばれていた。公式には明らかにされなかったが、すべてではないとしても大部分の戦略核弾頭が、最近数年間において潜水艦以外の艦艇から取り除かれたという徴候がある。加えて、多くの「戦術」核兵器が、比較的短い射程の巡航ミサイルを含めて潜水艦以外の艦艇で現在運ばれているか、あるいはこれまでに運ばれていた。これらの数量は冷戦終結後、協定や一方的な削減によって縮小されたが、海洋には永続的な核兵器の配備がなされており、その配備の程度は、紛争や危機の状況の下で、意図された使用形態を発表するという取り決めのルールと同様、秘密に覆い隠されている。

この配備は、兵器が決して使用されることはないにしても、著しい危険を生じさせる恐れがある。ジョシュア・ハンドラーは、「七基の原子炉と三八個ばかりの核弾頭を搭載した、五隻の原子力潜水艦が事故のために大西洋で沈みかかっている」と書いている[9]。さらにハンドラーは、一六基もの原子炉が、用心深く海洋に投棄されていて（そのうちの十五基は、旧ソ連によって）、しかも事故を起こしがちな原子力艦艇は、海洋の生物資源や海洋の環境の質はもちろん、共同体全体に対して種々の危険をもたらしているにもかかわらず、それら自身の所属する国の政府の規制権限のみに従って海洋を動き回っているのである。これらの危険な状態は、事故や充分にテストされていない危険性の高い技術を用いるということに対する自由裁量権を含む、海軍活動を覆う秘密のヴェールによって悪化している。

いくつかの条約による構想が、広範に認められた特定の危険をある程度縮小させようと試みてきた。たぶん最も必然的な努力は、海洋におけるいかなるタイプの核兵器実験をも制限し、やがては禁止することであった。一九六三年の部分的核実験禁止条約は、大気圏内、大気圏外および海中における実験を禁止したので、その当時は部分的な突破口であった。この条約のもつ利点は、フランスと中国が締約国となることを、すなわち課される制約を尊重することを拒んだために小さなものとなった。一九七一年の、核兵器および他の大量破壊兵器の海底における設置の禁止に関する条約は、海洋の核化に関して（国家に）一連の重要な外部的限界を課すものであるが、これにもフランスと中国は参加していない。さらに冷戦中、超大国間で結ばれる二国間協定は、危機の最中の相互の意思疎通を改善し、公海上およびその上空において生じる事故を封じ込めることを求めていた。非核兵器国による別種の試みは、地域内での核兵器の実験、設置および使用の禁止を締約国に約束させるラテン・アメリカにおけるトラテロルコ条約（一九六七年）と、太平洋の広域において核兵器の実験や設置を禁止し、核弾頭を搭載していないという確認証のない軍艦の入港を制限する上で、ニュージーランドの指導に従うか否かに関しては締約国に任されるラロトンガ条約（一九八五年）

を通じて、地域レベルで非核地帯を設定するというものであった。核保有国が、特に自国の原子力潜水艦の動きや配備に関して、これらの地帯を尊重するかどうかは疑わしいし、戦略ミサイルの射程距離を考え合わせると、それはほとんど問題にならない。

この一般的な状況が不安の原因であろうか。私は不安の原因は、現在の紛争の状況と関連しているし、また将来、海洋が平和的に統治され得るかということに関係していると思う。近い将来、これらの現実を変えるために多くのことがなされ得るか否かは、また別の問題である。しかしながら最初にとるべき手段は、海洋の平和な未来は一九八二年の条約への加盟が普遍的なものとなる、あるいは一九九六年末までにその成果が収められると予期されていたが、一九九八年のインドとパキスタンによる核兵器実験で、無期限に停止されたままとなっている、包括的核実験禁止条約をすべての核兵器国が支持するといった具体的な価値ある方法をとることで確保されるのだという、調子のよい有力な見解の疑わしさを認めることが肝心である。海洋の平和的利用の見込みには、以下のような暗い影を投げかけている数多くの深刻な難題が控えている。

- 核兵器に関係するものを含む、海洋における国家の安全保障に関する活動を秘密にしていること。
- 実質的にすべての海軍活動に関する安全および事故防止のための規則は存在せず、これらの活動は国連海洋法条約の第三〇条～第三二条により包括的免除を享有していること。
- 他の政治的、倫理的および法的義務と対立した場合、国家安全保障上の必要性に対して優位性が付与されること。
- 軍の配置、排除区域、および海洋とその上空における武器移転についての規則が存在しないこと。
- 海洋に関する、ひどく時代遅れな戦時国際法の枠組み。まさにこの時代錯誤的な枠組みは、極めて古い権威ある書面の法律文書からなっていて、これらは一九〇七年というかなり旧態依然とした状況における、限られた数の状況に対する極めて一般的なガイドラインに過ぎないのである。一九九八年現在、一九〇七年の海戦法規は初歩的で断片的なものに思われるのに、定期的な最新版への改定さえ試みられていないのは、海軍国家が自国の自由を、より広い共同体への配慮あるいは自分たち自身の実用上の考慮に基づいた束縛に従わせることに気乗りがしていないことを表している。

・慣習国際法と、国家の安全保障の目的のために海洋を使用するという彼らの自由に些かでも実質的な制限を加えられることに抵抗する主要な海洋国家によって大部分形成される国家実行から進展する様式に補完的に依存していること。そして、

・おそらく最も劇的には、海洋生物資源に関して、海洋の受容能力の不足した状態が拡大しているということ。この状態はすでにいくつかの重大な紛争を引き起こし、軍事的後ろ楯により強化された商業的圧力をものともせずに、トランスナショナルな社会的勢力による海洋環境保護運動をもたらしている[10]。

これらの要因に照らして、それでは、将来の平和な海への展望を改善するために何がなさるべきであろうか。海軍国家においては、現実主義者からの抵抗があるので、すぐに進展がありそうにもないことを実感しなければならないだろうが、私は少なくとも以下に挙げるような五つの方向への努力が、価値があるのではないかと思う。

最も明らかな出発点は、学者や市民グループを動員して、海洋に関する行動についての現状をわかりやすくし、戦争自体が主権的裁量事項として扱われ、国際法の範囲を超えるものであるとされる一九〇七年に作られたガイドラインに従って海軍活動が規制されたままに放置されている状況に対する疑義を述べるよう勧めることである。

第二は、エリザベス・マン・ボルギーズによってすでに提案されているやり方であるが、特に「予防外交」を含む、〈平和の課題〉に書かれた平和維持の範疇を、海洋あるいはその資源の利用に関係する、両立し難い要求によって引き起こされた種々の紛争の事態にまで拡大することである[11]。

第三は、これまでに合意された一連の特別の取り決めに基礎を置き、将来的にはＣＴＢＴを超えることによって、海洋の非核化を達成する努力を拡大することである。一九九六年の核兵器の合法性についての世界法廷の勧告的意見は、より広範な問題を取り上げることを可能にするための一つの糸口を与えている。

第四は、自衛の場合または国際法による武力行使の合理的な実例（例えば、対海賊あるいは対テロリスト行動）として安全保障理事会によって正当化されることのない、いわゆる「ならず者国家」に対する今日的形態の砲艦外交ならびに、軍事活動のために海洋を使用することを禁止する途を探ることである。

第五に、そして最後に、新たな海戦法規、そしてより一般的には海上における海軍活動に関連する規制の枠組みを立案するために、一九九九年か二〇〇七年に、一九世紀末のハーグをモデルとして、提案されている新たな平和会議の招集*をやり遂げることである。軍事技術や戦術のあらゆる面で革命的な変化が見られるのに、一世紀前の法的枠組みを信頼し続けることは全く馬鹿げていると思われる。国際人道法に関しては、一九四九年にジュネーブにおいて企てられて大成功を納め、一九七七年にさらに拡大されたが、規範の構成のこの現代化を試みるプロセスだけでも、海洋の軍事活動を支配する規制のための取り決めを提示するに際しての懸念をみきわめる上で、何がしかの有益な効果をもたらすであろう。大幅な一九八二年の海洋法の改正以前に、一九五八年と一九六〇年に、より控えめな試みがなされたことは銘記されるべきである。二一世紀の入口に近づいている時に、海洋に関する軍事活動が、規制の範囲を超える聖牛として取り扱われ続けることなどできるのであろうか。

＊一八九九年と一九〇七年にハーグで開かれた二回の平和会議に因んで、一世紀後の一九九九年と二〇〇七年に平和会議を開催しようという提案である。両会議は、軍備の規制については、成果が得られなかったが、紛争の平和的解決や戦争法規に関して多くの条約が採択され、後の国際連盟や国際連合の紛争解決制度の基礎を提供した。一九九九年には、平和会議一〇〇周年を記念してハーグ世界市民平和会議などの会議が開かれた。

注

1　この見落としについては、Elisabeth Mann Borgese, Ocean Governance and the United Nations, pp. 175-92 において批評されていて印象的である。

2　Commission on Global Governance, Our Global Neighbourhood p.215 (1995) たぶん最も驚くべきことは、“demilitarizing international security” の拡大討議の過程、あるいは “global governance” の全体的構図を提示することを求める数百頁の報告書の中のどこにも、海洋について触れてさえもいないということである。地球の表面の七〇％を覆っている海洋について、そのような手抜かりがなぜ生じたのか、説明が必要である。

3　これらの規定は、平和的に、またすべての自衛のためではない武力の行使に対する国連憲章上の禁止に従って行動すべきとする国際法の下での抽象的な義務を確認しているが、海軍活動におけるそのような一般的義務を規定するより個別の制限については明示していない。

4　President William J. Clinton, Letter dated Oct. 7, 1994, 6 U. S. Dept Dispatch Supp. 1 (Feb. 1995).

5　海底における、望まない海軍の軍備競争を避けるために、いくつかの核兵器国は、一九七一年に、海底に核兵器の設置を禁止する条約を交渉した。手近なテキストとしては、“Basic Documents in International Law and World Order, pp.207-208（Burns H. Weston, Richard A. Falk and Anthony D'Amato eds., 2nd ed. 1990）を見よ。

6　「国家防衛戦略の見地から、海洋法条約は、海軍の前衛配備の法的支持を規定していて、その見返りに、我々の安全保障同盟を維持し、地域的分遣隊に応え、平和と安全に対する脅威の潜在的変化に歩調を合わせる我々の能力を支持している」。William L. Schachte, Jr., The Value of the 1982 UN Convention on the Law of the Sea-Preserving our Freedoms and Protecting the Environment, in the Marine Environment and Sustainable Development: Law, Policy, and Science p. 93, p. 95（Alastair Cooper and Edgar Gold eds., 1993）と比較せよ。

7　The New Order of the Oceans p.60, pp.60-61（Guilo Pontecorvo ed., 1986）.

8　R. R. Churchill and A.V. Lowe, The Law of the Sea 311 (rev. ed. 1988)；Submittal Letter from the Secretary of State to the U.S. President, dated

Sept. 23, 1994, 6 U.S. State Dept. Dispatch Supp. 2, pp. 16-17 (Feb. 1995）も見よ。

9 Joshua Handler, Denuclearizing and Demilitarizing the Seas, in Freedom for the Seas in the 21st Century, p.420, p.431（Jon M. Van Dyke, Durwood Zaelke and Grant Hewison eds., 1993）.

10 一般的に、Thomas F. Homer-Dixon, Environmental Scarcities and Violent Conflict, 19 Int'l Security 5（Summer 1994）と比較せよ。

11 Borgese, 上記注（1）、pp.175-193を見よ。

第七章　核兵器、国際法、そして世界法廷——歴史的な出会い

A．はじめに

国際司法裁判所は、核兵器が合法的であるか否かについての大きな重みをもつ勧告的意見を発表した[1]。国際裁判所が、人類の未来に対するこの最も深刻な未解決の脅威について直接に言及したのは初めてのことである。本件は判事たちを基本的な面で、法哲学上も学説上も分裂させ、僅差の多数決で（裁判所長のアルジェリア出身のムハンマド・ベジャウィ判事が投じたもう一票の決定票によって決まった）[2]、核兵器の合法性は疑わしいとする見解に、強力ではあるが、部分的で、いくぶん曖昧な支持を与えるコンセンサスを作り出すことになった。

重要な意味合いをもつことなのであるが、反対に回った六人の判事たちの中の三人は、この決定が、現在の国際法は核兵器による威嚇あるいは使用に対する絶対的な禁止を支持しているということを見出せなかったがゆえに、これに賛成しなかったのであるから、このように僅差で多数決が決定したということは人を誤解させやすい。別の意味で

は、明瞭な多数決ができなかったということは、この法廷が核兵器の法的地位について完全には解決できなかったことを反映していることになる。ところが実際には、これら三人の判事たちは、核兵器国をもっと強く非難することを望み、多数意見の決定が、これまではいかなる核兵器による威嚇あるいはその使用もそれ自体、どんな文脈によっても不法であると考えてきた学者やその他の人々の主張を傷つけるものであって、言ってみれば、この勧告は一歩後退であると考えたのである。しかしながら、確定的と思われるのは、この決定を公平に読めば、核兵器国やそれらの諸国の理論上の支持者たちが頼りとしている法的正当性に対して、重要な歯止めをかけていることが分かるということである。

争点の核心となっている合法性について、主文の最も重要な点は、二者択一の結論を予期していた向きを驚かせる結果となった。すなわち裁判所は、自国が存亡の危機にあり、自衛という極限状況に置かれた場合であるならば、核兵器に頼ることが法的に許されるかもしれないという例外を除いて、核兵器による威嚇あるいはその使用は国際法によって禁止されている、と決定し、新しい学説上の地平を開いた。

全体として法廷をまとめることになった共通の意見を、国際法の適用可能性にまつわる不確かさを（おそらく）目立たせている、辛うじて作り出された多数派の、また一連の反対意見を生じさせた様々な少数派の立場とは分けて考えてみるのが有益であると思われる。本件について裁判所の構成員が重視したことはもちろん、見解が分散していたという印象は、関与した一四人の判事たち全員が、個々の見解を、意見なり、声明なり、何らかの形で書き添えて表明するのが相応しいと考えたという事実によって強められている。

B. 共通する意見

極めてはっきりしていることに、一四人の判事たちの共通の立場は、全会一致かほぼ全会一致に近い形で支持した主文の構成部分によって立証されている。かくして勧告的意見は全会一致で「慣習国際法も、条約国際法のいずれも」「核兵器による威嚇あるいは使用について特段の許可」を定めては「いない」と結論づけている[3]。これよりもう少し多くの議論がなされたが、判事たちは「慣習国際法も、条約国際法のいずれも」「核兵器それ自体による威嚇あるいはその使用の包括的および普遍的な禁止」を定めては「いない」との見解も十一対三の投票によって認めた[4]。

二つ目の全会一致で支持された結論は、国連憲章の第二条四項に反し、第五一条によって擁護されないような、核兵器のいかなる使用も「違法である」ということである[5]。核兵器による威嚇あるいはその使用は、「明示的に核兵器を扱っている」条約やその他の約定から発生する「特定の義務に従うことはもちろん、武力紛争に適用される国際法、特に国際人道法の諸原則および規則の義務」に従うものであるということが、すべての判事の間で同様に意見の一致をみた[6]。この結論のどれも別に驚くほどのことではないし、いずれの核兵器国も中立書においてこのことに異議を唱えてはいない[7]。

疑いもなくさらに重要なのは、特に決定の文中の理由づけ[8]との関連で読めば分かることであるが、主文の第二F節である。そこでは全会一致で、諸国家に対して「あらゆる面で核軍縮をもたらすような交渉を誠実に追求し、終結させる義務」を是認するよう要請しているのである[9]。これは勧告的意見の中で核不拡散条約（以下NPTと表示）の第六条の義務的性格を強調しているものであって、核兵器国と非核兵器国とが共有すべき法的立場を説明しているように見える。この見解は核兵器の法的地位に関して判事の間や、さらには国際社会一般において存在する深い亀裂を暗黙のうちに認めているということでもある。この亀裂があるので、生物科学兵器について進められている類の禁止体制が、核兵器についてもうまくできるかもしれないという望みは達成されそうにもない。これに対する建設的な代案は、核兵器国が真剣な政治的目標として軍縮を追求する法律的義務に重みを与えることである。本決定は特定の国々の現在のふるまいや実行に対する批判を差し控えているのではあるが、最重要の核兵器諸国は、この数十年間、核兵器を保有していることからくる危険性を最小限にすることを基本とする軍備管理の方を好み、主張さえしていることはかなり明らかなようである。外交実行においては、この軍備管理に頼る方法というのは、一般的かつ完全な軍縮を政策目標とすることの放棄や、国際的な交渉の基礎として核軍縮案を提出すること、あるいはそれを検討することにさえ熱意を示さなくなることにつながった[10]。軍縮の義務について裁判所が全会一致したことは、公然の核兵器国、ことに米国と英国における支配的な意見に逆らうことになり、その後の一定期間、事態は相当に容易ならざることになった。実際に本決定は、一九四五年の最初の核爆発以来、ずっと核軍縮を主張し続けてきた世界中の平和団体を間接的に力づけている。この軍縮に対する法的な支持は、無意識のうちにではあるが、核兵器国がここ数十年間、軍縮を目標とすることを真剣に目指そうとしてこなかったことへの鋭い批判ともなっている。

さらに加えて判事の間では、国家はこれまで直接あるいは間接に、所与の規則や規準の適用に同意を与えてきたという明瞭な証拠に基づいて、国際法上の義務を実証主義者的に判定することについておおまかな意見の一致がある。判事のうち、一人として自然法主義者やマルクス主義者の法律学上の規準を採用して法的分析をした人はいなかった。ただ三人の無条件禁止を是として反対意見を表明した判事たち、特にクリストファー・G・ウィーラマントリー判事は、おそらく実証主義者の結論と自然法的な理由づけをその議論において、混ぜ合わせている。ロザリン・ヒギンズ判事は、彼女の最終的かつ決定的となった反対意見の中で、ニューヘブン学派の価値志向型文脈主義をいくぶん謎めいて反映させているように思われ、「いかなる場合にも核兵器の使用は不法であると宣言することか、あるいは裁判所が第二E節にまとめたような答えか、いずれが私たちがすべて恐れている想像を絶する惨禍から人類を守るのに一番役に立つのかということは私にはわからない」と述べている[11]。この中には暗黙のうちに、核による破滅を回避するという目的が規範として確実に認識され得るならば、国際法はそれを禁止しているのであると解釈されることになる、との見解が含まれている。実際に裁判所は「ソフト・ロータス」的アプローチ*の受容を示し、すなわち国家の行動の自由には限界があるのだということが、初めから仮定されている、あるいは世界秩序的な価値から演繹されるわけではなく、国家がそれに同意するとか、実際の場合の状況に原則なり法的な規則をどのように適用するかによって決まるのであるとしている。多数派は、「ハード・ロータス」的に、つまり何によらず国家に対して禁止されていないことは許されているのだとは考えなかった[12]。

裁判所が、総会によってなされた、核兵器による威嚇、あるいはその使用の合法性に関する勧告的意見の要請に、全会一致に近い形で応じたというのもまた大きな重要性をもっている。判事たちは十三対一でこれに同意を与え、ただ一人小田滋判事だけが反対したが、それは管轄権の理由によるものではなく、要請を任意に断ることができるという裁判所の裁量権に依拠するものであった[13]。多数意見は、憲章九六条の一項および二項に規定されているように、国連の諸機関により適法に裁判所に付託された問題に答えることの重要性について説得力をもって説き、アメリカを

＊ここでのロータスというのは、常設国際司法裁判所においてトルコとフランスの間で争われたロチュス号事件の判決〈Affair du Lotus〉(1927.9.7 PCIJ) に由来していると考えられる。この判決において、「国際法上禁じられていないことは許容される」という国家活動の合法性推定が提示された。この立場を著者は、ハード・ロータスと呼んでいる。そのような推定の妥当性については、近年批判がなされているが、本勧告的意見における多数派のとった立場もその表れで、これをソフト・ロータス的としている。

含めて数カ国が強く争ったこの問題は、あまりに漠然としていて抽象的であり、政治的難問に満ちていて、核兵器の存在によって生じる危険を管理するための他のもっと適切な外交努力を妨害する危険があり過ぎるという議論を無視している。勧告的役割に限界を敷くことについての裁判所の取り組み方は、世界保健機構（ＷＨＯ）から出された核兵器の合法性を問う、勧告的意見を求める対をなす事案に答えることを拒否したその理由づけによっていっそう明らかになっている。裁判所は十一対三の多数決で、ＷＨＯには関わるべき適切な領域というものがあり、これは不適切な要請であるとした[14]。

本事例において国連総会の要請を受け入れたことは、裁判所が司法的に独立していることを表明したものとして重要である。結局のところそのような結果は総会決議に関する討議の席でも、裁判所に対する書面および口頭による陳述においても、安全保障理事会の中国以外の他の常任理事国から強い反対を受けた。一人を除いて他の判事たちはこぞって管轄権を支持し、答えを出すのを避けるための裁量権の行使を拒んだのみならず、裁判所は実質的には、核兵器の地位に対する国際法の適用可能性を強く肯定した[15]。それゆえ、たとえ先進国からの反対があったとしても、また与えられる勧告が受け入れられるという見込み、あるいは関係する国の政府によって真摯に、尊敬の念をもって扱われるという見込みさえも薄くて、政治的な困難が生じるとしても、勧告的意見が適切に要請されればそれに応えるのが明白な義務であるとするのが、判事たちに共通する意見の重要な部分なのである。

C．決定

総会によって付託された問題の最も重要な面に対する公式の答えは、主文の第二E節に含まれていて、これは一四人の判事のうちの七人と、ベジャウィ所長のもう一票の決定票にかかる、決定に要する過半数によって支持されたものである。このことは合法性に関しても半々に分かれたことを意味するのであろうか。実際はそうでない。本決定を、重要な局面において核兵器による威嚇あるいはその使用について国家の自由裁量権を制限するものであると解釈すれば、断定的に核兵器が不法であると確信し、異議を唱えた三人の判事は、多数派の方に勘定されるから、一〇対四の投票結果となる。さらに反対した七人の判事の議論（ジルベール・ギョーム判事の「個別意見」を反対意見として勘定すると）には根本的な意味上の結束性を欠き、スティーブン・シュウェーベル、ヒギンズ、ギョームの三人の判事だけが、国際法が当てはまるとしても、それは実際に核兵器による威嚇あるいは使用がなされた場合に限ってのことであるという、核兵器国の主張に支持を与えた。しかしながらまた認識されていなければならないことであるが、国連の加盟国の中で、総会による決議を支持する重要な国々も、勧告的意見を求めることではあまり目立たないようにしていて、書面および口頭の陳述でも控えめな態度を好んでいるように見えることである。これは恐らくアメリカの、この種の事柄については裁判所への付託を思い留まらせようと懸命に努めた外交政策が、ある程度功を奏していることの反映である。

総会が提起した問題の、まさに中核をなしていると判事たちが同意した重要な争点は、主文の第二E節にある。裁判所が国際法の正しい解釈についての論争を生み出すことになる新たな地平を開き、二つの主な陣営、すなわち国際法に違反するようなやり方で使われることさえなければ核兵器は合法的な兵器であると考える人々と、核兵器は本質的に非合法な存在であると確信する人々からの、批判と論評を招いたのはここなのである。この重要な点において、本決定は、核兵器国のやり方を是認する側も核兵器による威嚇あるいは使用に頼ることは自動的に国際法違反であると非難する側をも共に落胆させることになったが、その落胆のさせ方の程度は両陣営にとって同じではないであろう。その全体としての理由づけは、前者の見解よりもはるかに後者の方を支持しているからである。

第二E節は、二つの文章のみからなっている。最初の部分は、主文がそれより以前に述べている事柄に依拠して、一般的な結論を次のように記述している。「以上述べたような必要条件により、核兵器による威嚇あるいはその使用は、武力紛争時に適用される国際法の諸規則、およびとりわけ人道法の諸原則と諸規則に、一般的に反するものであるということが引き出される」[16]。合法性の争点に対する革新的な態度は、「一般的に」という言葉を入れたことであって、これが禁止という言葉に条件付きという意味合いを付与していることになる。第二E節の二番目の文章は、いくぶん曖昧さの範囲を狭めている。すなわち

「しかしながら、国際法の現状および把握できる事実の要素に鑑みると、裁判所は、国家の存亡がかかっているような、自衛という極限状況においては、核兵器による威嚇あるいはその使用が合法であるか違法であるかについて最終的に結論を出すことができない」[17]。

特に、裁判所は、「自衛という極限状況においては」、核兵器による威嚇あるいはその使用を明確に有効なものとしているのではなく、そのような状況においてさえ、たとえそう主張されたとしてもその合法性については、いずれであるとも「決定的には断定できない」と述べていることに注意しよう。この極限的な自衛の場合に、核兵器による威

嚇あるいはその使用の法的性格を明瞭に説明することができないという認識が、判事たちの間での裁判所のあり方についての法律論争に、主に「裁判不能」の問題を持ち込んでいるが、疑いもなく同様に学界をも二分することになるであろう。

いくぶん通常の方式とは異なるが、真面目に注意してみるに値するやり方で、本決定は主文に先立ち「意見」の本文中にある理由づけに言及してその包含する結論を説明し、理解させるための呼びかけを次のように行っている。

「裁判所としては、国連総会によって付託された問題に対する答えは、上記（第二〇節から第一〇三節まで）のように決定した法的基礎に全面的に依拠しているという点を強調したい。その各項はその他の部分に照らし合わせて読まれるべきである。それらの考えのいくつかは、本意見の最終節の公式の結論の対象となっていないものもあるが、裁判所の見解によれば、それでもその重要性を充分保持している」[18]。

このような読む人に解釈を任せるやり方は、焦点を当てられた重要な争点のもつ感覚的でニュアンスに満ちた性格を強調して、決定全体の中に溶け込ませるように示唆していて、到達した決定あるいは結論およびそのよって立つところの法的理由づけをある程度まで変えてしまう。

多数決による決定の性格の最も問題となる点は、個々の核兵器による威嚇あるいはその使用を支持する可能性のある自衛の議論に対して、課されるべき制約についての裁判所の見解が明らかにされていないところにある。自衛の場合だけに、しかもその生存が危機にさらされているような極限状況においてだけ、主張国は合法的に、核兵器によって威嚇することまたはそれを使用することが可能であることははっきりしているように思われる。しかしながら混乱が起きるのは、このあり得るとする抜け穴がどこまで通用するのか、ということである。主文は、「ある国家」の存続が充分に脅かされているような場合には、自衛の主張が法的に有効であり得ると述べていて、明白に集団的自衛の主張に道を開いているように見える。しかしながら自衛において、核兵器による威嚇あるいはその使用が合法的権利であるとされ得るためには、より狭い解釈が求められていることは「国家の存続がまさに危機に瀕している極限の状況」に、そのような権利を限定している本決定の文言の中に含意されているように思われる[19]。この見方はカール・オーガスト・フライシュハウアー判事の個別意見における「したがって、核兵器による威嚇あるいはその使用が合法的であり得る特定の使い方を考えてもよいような余地は極めて少ない」という言葉によって強化されている[20]。多数意見がこの主文の表現と第九七節にある理由づけとの間の内部的緊張をほぐすことができなかったのは残念なことであった。しかし、裁判所はこのような自衛のための例外を合法であると保証したのではなく、現在の国際法によってはこのような例外を、決定的には除外できないと述べていることは強調されねばならない。

関連する事項として、敵対する相手国を生存の危機に陥れた侵略国が、核兵器による威嚇もせず、あるいはそれを実際に使用もせず、保有すらしていないという状況における、（その相手国が行使し得る）自衛の権利の立場について、本決定が何も述べていないのはこれまた不幸なことである。かくてそれは、少なくともその主張が個別的自衛ではなく集団的自衛である場合には、核兵器国は非核兵器国である敵対する相手方に対しては、すでに実行や正式の行動により、核兵器の先制使用という選択肢を実質上放棄しているのであるとする向きの議論を暗黙のうちに崩しているのである[21]。

裁判所が自衛について理論的に叙述する上で、特に含意されるものを明確にするための具体例をなんら提示していないのは、たぶん関連がないという理由によるか、あるいは戦略上の問題に関しては権威をもって答える能力にも限界があると暗黙のうちに了解していることによるのであろう。しかし少なくとも一九四五年八月の、広島と長崎への原子爆弾投下は、日本に切迫した敗北をもたらしたことを考えると国際法に違反していたとみなされるべきであり、しかもこのことはそれを使用したことで、人種差別や不必要な苦痛を避ける配慮、また効果と被害との釣り合いなどに関する国際人道法の諸規則や諸原則に違反する行為が平行してあったかどうかということとは全く別個に判定されるべきことであると思われる[22]。実際に裁判所は、仮に極限の自衛という主張が戦争開始時に利用可能であり、またアメリカが第二次世界大戦末期の原爆攻撃について、主に頼りとした「多数の命を救うために」という正当化が、事実に対して説得力のあるものとして扱われていようとも、将来の、核兵器による威嚇あるいはその使用を禁じようとしている現在の国際法において、核兵器による威嚇あるいは使用について部分的な禁止がすでに具現化されているということを是認しているのである。イラクが湾岸戦争である程度行なったような武力紛争の過程で、違法な戦術を用いた国家を処罰するため、あるいは思いとどまらせるために、核兵器が用いられるということはたぶんありそうにもない[23]。また限定的な核（もしくは化学または生物）兵器能力を有する、いわゆるならず者国家を思いとどまらせるために核兵器を使うという脅しも、裁判所によって述べられた明確な指針、特に核兵器による威嚇あるいはその使用は、ともかくも可能であるとしても、極度の必要性がある場合に限って、すなわち侵略がその国の生存を危うくするような時に、他の代替手段がない場合に限って合法的に採用され得るという考えとは両立しそうもない。

合法性の範囲はどうなるのであろうか。第一に、それは国家の存続が確実に危機に瀕していると考えられる状況における自衛に、というもっともらしい主張である。もし一九七三年のアラブ―イスラエル戦争の始めの数日間に、イスラエル側の核兵器による威嚇あるいはその使用があったとしたら、たぶんそれはこのような理由づけで性格づけられたであろう。しかしキューバ・ミサイル危機の最中、ソ連によるフロリダ攻撃があったとしたら、それはアメリカに核兵器で報復する法的権利を与えることになっただろうか。冷戦の絶頂期に、西ベルリンの生存に対するソ連の軍事的挑戦があったとしたら、それはどうなのか。裁判所による公式の答えは、五一条によって、自衛権が主張される場合、核兵器の使用が合法であるためには、まずはその主張国もしくはその同盟国によって行動に移されるが、直ちに安全保障理事会にこのことを報告し、合法性についての最終的な決定を求めるという手続上の要件に従うというものである[24]。極めて明白なことに、この決定の論争の種となる面は、その中核をなす結論であって、そこでは現在の国際法は「ハード・ロータス」的な議論、すなわちいかなる武器も明示的に禁止されていなければ、それが実際の使用において武力紛争法に適合している限りは許されるとする人々と、慣習国際法の様々な禁止事項はいかなる核兵器による威嚇あるいはその使用もすべて不法とするものであり、その考え方はマルテンス条項[*]の適用によって強化されていると主張する人々との間の、中間のどこかにある立場を具現するものであるとしている点である。学術論文は裁判所によるこの結論を予期しておらず、条文主義者（戦争法の規則と原則に従って使用されるならば合法である）と禁止主義者（いかなる状況においても違法である）の二つの立場に分かれている[25]。

裁判所の立場の支えとなっているのは裁判所が出した結論が、地球市民社会と国連総会における、核兵器への依存どころか保有することさえも非合法化しようとする反核運動の増大する影響力とともに、あらゆる大量破壊兵器は禁止されるべきであるとする論理と自衛の論理との間の緊張を含めて、複雑で矛盾に満ちた規範的要素の混在の実体を最も正確に反映させている、という見解である。裁判所は核兵器の領域を限定することに関わりのある様々な条約や保証を総括して、この進展についての自身の考えを表明し、この動向は「確かに、これらの兵器に対する懸念が国際社会において増加しつつあることを示している。裁判所はこのことから、これらの条約は、それゆえこのような兵器の使用を将来、一般的に禁止する前兆と考えられると結論している。」[26]とするのである。同様の意味合いで裁判所は

「諸国家からなる共同体と国際的な一般人を核兵器が存在することに起因する危険から解放する必要があるとの意識が増大している」ことは認識しているが、「このような兵器自体の使用あるいは使用の威嚇を包括的、かつ普遍的に条約で禁止する」[27]ことまでは考えていないのである。

裁判所はここ数年間にわたって「核兵器の使用を特別にかつ明示的に禁止して、完全な核軍縮への道に大きな一歩を踏み出すよう求める国際社会の大部分の希望」を表明してきた総会決議に対しても一定の規範としての重みを与えている[28]。裁判所は国際社会に、合法性について深い懸念があることは認めているものの、それはまだ特に核兵器に関して無条件の禁止という慣習規則の出現に結びつくほどの法的確信の要件を満たすような性格には至っていないと結論づけている。裁判所は、核兵器の現在の法的性格についての認識を表明するに当たり、「生まれ出ようとしている法的確信が一方にあり、他方で抑止力の実行に対するいまだにある強い執着との狭間で続いている緊張」を認めていて、手の込んだ記述の仕方をしている[29]。裁判所は、明らかに理論と実践の面での抑止力の法的な評価を行なうことを避けている[30]。同時に本決定は、たぶんいわゆる最小限の抑止力というのではなくて、たいていの抑止力の実行形態とは矛盾すると思える仕方で、核兵器による威嚇、あるいはその使用という法的な権利を制限している。本決定の問題となる性格は、それが核兵器国の現在の方針や実行について、より直接的に述べていないところからきていて、そのために与えられた法的勧告の政策面に対する影響力を疑わしいものにしている。明らかに裁判所は、ジレンマに

＊陸戦ノ法規慣例ニ関スル条約（一八九九年のハーグ会議の第二条約、および一九〇七年のハーグ会議の第四条約の前文中に書かれている「一層完備シタル戦争法ニ関スル法典ノ制定セラルルニ至ル迄ハ、締約国ハ、其ノ採用シタル条規ニ含マレサル場合ニ於テモ、人民及交戦者カ依然文明国ノ間ニ存立スル慣習、人道ノ法規及公共良心ノ要求ヨリ生スル国際法ノ原則ノ保護及支配ノ下ニ立ツコトヲ確認スルヲ以テ適当ト認ム」という条項をいう。

陥っていた。もし裁判所が、様々な状況下における戦略的政策についての詳細な説明を行なって、現在の実行の合法性についての疑念を取り除こうとしたならば、裁判所の技術的能力の欠陥が露呈されて責任ある司法組織としてのその評判を落とすことになるのではあるまいかと。

ヒギンズ判事は、第二E節に関する彼女の反対意見を主に結論が確定的ではないという批判に基づかせていて、それは国際法が法制度としては不完全であると認めるに等しい、裁判不能という正式には受容し難い結果に達する決定であると考えている[31]。ロシアのウラッドレン・S・ベレシュチェチン判事は、ヒギンズ判事の主張に対して応えた有益な宣言の中で、もし裁判所が「法創造という重荷」を負うのを避けたいというのであれば、ギャップを埋めようとすることを止めて、法廷が見出している、結論がはっきりしないということをそのまま認めるべきだと言っている。この観点は特に説得力があり、ベレシュチェチンによれば、裁判所の「勧告を与えるという手続き」においては、「実際の当事者間の紛争を解決する」必要はなく、裁判所の適切な役目は「法廷が見出している、その発達の現段階における法をあるがままに述べること」なのである[32]。

別々に反対意見を表明した三人の判事たち*によってなされた多数意見に対する攻撃は、核兵器による威嚇あるいはその使用は常に違法であるとするもので、その見解を第二次世界大戦で核兵器が使われ、その後もずっと使用が予期されていたことを含め、この兵器のもつ本来の性格というものが、国際人道法が現在課している義務に根本的に違反しているとの考えに基づいている。これらの判事たちはこの結論に到達するのに、（禁じられた他の種類の兵器の例に存在しているような）特別な禁止のための慣習または条約規範が必要であるという見解を拒絶したのである。彼らの意見は人類の生存と、極限的な自衛という文脈における場合でさえも、国際人道法のもつ制約の絶対的な性格というものに優先権を与えているのであり、重要な核兵器国の無定見な法的主張と実行を退けている。実際これらの不同意の判事たちは、このふるまいを第二次世界大戦末期の原爆攻撃によって始められた不法行為の典型的な例であるととらえている。彼らは裁判所の判断はいくつかの点で後退であるとみなしていて、そのような姿勢を本決定と一致させるべく諸国家に自衛の主張を許容して、核兵器を使用する潜在的な法的選択肢を与えたとするのである[33]。

これらの三人の判事が反対することを選んだという事実が、彼らが個別意見を書いたとしたならば得られたと思われる、より高度の権威をこの決定から奪っているのかもしれない。それどころか、この三人の出した反核の見地に立つ反対意見と、別の四人の反対意見とが（一括して反対意見ということで）一緒に扱われたので、合法性に関する肝心の争点部分で、基本的に深く等しく意見が分かれたのだという誤った印象を助長している。核兵器による威嚇あるいはその使用の合法性についての疑念という点では、多数意見の判事たちは（これら三人の）反対者とかなりの範囲で重なり合う部分を共有しているのであるから、それは誤りなのである。同時に、反対意見を表明しようという決断は疑いもなく、慎重に考えられた末の選択の結果であった。裁判不能というその技術的な性格が国家間における国際法の役割を強化させるための様々な方法と実際にどう関わり合うのかということを曖昧なものにする問題の議論と結びつく、国際法の効力に対する気づかいはもちろん、法律学の完全性について、熟考の上なされた結果であることを表しているのである[34]。

裁判所の副所長であるアメリカのシュウェーベル判事だけが、総会により課せられた問題に解答するという事案

＊シャハブディーン判事、ウィーラマントリー判事、コロマ判事。

を、全般的に肯定的に充分に議論していて、明示的な禁止規則が存在しなければ核兵器を使用することの合法性は、条約によって禁止されていない他の兵器を使用する場合と同様の仕方で評価がなされるべきであるとの見解を述べている。シュウェーベル判事は、国際法の適用に際して、「この問題の肝心なところ」は、「ある場合には核兵器による威嚇あるいはその使用の合法性を禁止せず、その限りにおいて支持している」「五〇年間の国々の実行」が示してきた正当性の影響力と、それに先立つ国際人道法の原則とをどう調和させるかという難しさにあるとしている[35]。シュウェーベル判事にとっては、核兵器国がこれまでに実行してきたことは、彼らが国際社会の主要なメンバーであるが故に、それは一部彼らが安全保障理事会の常任理事国であることに表れているが、特別に尊重されてしかるべきなのである。多数意見とは違ってシュウェーベル判事は、核兵器国が実行してきたことと、国際社会の反核気運とを全体としてバランスをとろうとはせず、後者の法的妥当性を考慮してはいない。法源の選択の仕方がシュウェーベル判事の主な結論の分かりやすさを助けているが、しかし特に彼があからさまに自国の政府の近年の実行に満足気に頼っているので、彼の反対は相当一方的なものであるという印象を与える。

シュウェーベル判事は、アメリカが湾岸戦争に際し、核兵器を使うかどうかを明らかにしなかったことが建設的な役割を演じたという彼の確信をかなり詳細に提示して、合法性への状況重視型の取り組みを支持している。彼のより大まかな主張は、裁判所は、国際法における核兵器の地位を考慮すると、核兵器による威嚇あるいはその使用に頼ることの適切性を、単なる抽象的な宣言によって予断することはできず、しかも一九四五年来の経験に鑑み、その権威ある判断は、慎重さと力量を示してきた核兵器国の政治的指導者たちの手に委ねられるのが、政策的問題としては好ましいというものである。

副所長のシュウェーベル判事が提起した議論のすべてを、彼の結論を支持して正当であるとすることはできないが、第二E節の第二の部分の、自衛の場合の除外についての多数派の議論の組み立て方に彼が強力に反対していることは注目に値する。彼は、それが曖昧であることを自ら告白しているがゆえに「呆れ返った結論」であるとし、このような重要な問題に対しては、〈裁判不能〉—であると彼が考えているもの—を、結論として全く受け入れることはできないと強調している[36]。この不確定な結論についての法律学上の懸念において、種々の反対意見を表明した判事たちは、それぞれ矛盾した独自の立場を取っているが、お互いに多数意見に対してよりもずっと近い考え方である。

D. 評価

相互に関わり合いのある様々な観点から、最重要点をいくつか取り上げて考察する以上のことはできない。それらの点とは国際法の発展、世界法廷の評判、政治的影響力、教育学的意義などである。

一. 国際法の発展

私の考えでは多数意見は、現在の国際法の下で核兵器の地位については矛盾する要素があることを考慮すると、妥当であると思われ、しかも複雑な問題に取り組む印象に残るやり方で、ただもっともらしいというだけではない結論に到達している。重要なことなのであるが、多数意見は、重心を国連加盟国の間に広がる反核のコンセンサスと、地球市民社会の動向に置き、しかも核兵器国とそのいくつかの同盟国のこれに反する実行と法的見解をも看過してはいない[37]。しかしながらそのようにしたことで、法的な推論には曖昧さの要素が入り、裁判不能がはっきり宣言されたのかどうか、もし宣言されたのであるならばそのこと自体がこの勧告的意見を出すに当たって国際法に反しているのではないかという学理上の議論を招き入れることになっているのである。

法的な曖昧さは、多数意見の主要な結論の一面のみに関わっていることに注目しておくことが重要である。すなわち、核兵器による威嚇あるいはその使用は、国家の存続が危機に瀕するような自衛の極限状況下を除いて違法である、というところである。上記したように、このような場合は別にして、いかなる核兵器による威嚇あるいはその使用も国際法に反していると思われる。しかし、何が威嚇に当たるかは抑止力との関係において明らかにされていないため、このことが核兵器国に相当の裁量の余地を残している。この自由裁量というのは、核軍縮が法的な義務として懸命に、誠実に追求されるとしても、それ自身やや不確定要素に依存するものと考えられてもよいであろう。

多数意見が、もし主張国の存続がかかるような極限の自衛の場合を除いて、核兵器よる威嚇あるいはその使用は違法であると明確に断定していたとしたら、国際法の発展により大きな貢献をしたであろうか。そのような明晰さは、中心となる法決定が曖昧であるということに異議を唱えた判事たちの表明した様々な反対を減殺することになったであろうが、そのかわりに今度は司法による法創造というもっと危険な論争を引き起こしたであろう。多数意見が現在の国際法を構成している、規則、原則、実行の一貫しない相互作用を評価する上で、このディレンマを避ける方法はなかったのである。この点について国際法の注意深い研究者は、仮になされた法的判断に程度の差こそあれ、不同意であるにしても、裁判所が立ち向かった難題を評価し、総会に対するその回答を尊重するであろう。国際法が与えられた勧告的意見に従って、つまり核軍縮の方向に発展するかどうかは、各国の政府や、国連システム、市民社会、学界、そして報道機関などを含む様々な方面への影響力を及ぼす場において、この決定が受け入れられるか否かにかかっている。もちろん現今の世界の状況を考慮すれば、核軍縮の実行可能性についての政策決定者間の考え方にも関係する。

二．世界法廷の評判

本決定が司法機関としての裁判所の評価を左右するほど充分に意義あるものとして扱われるかどうかを、この時点で述べるのは難しい。短期的にはこの決定の影響力は軽んじられるであろう。核兵器国はこの判決に寄せられる関心を小さくすることに明白な利益をもっているので、彼らの現在の政治的姿勢としては裁判所に対する正面切った（合衆国がニカラグアの反サンディニスタ政策の関連で失敗した後の姿勢に見られるような）攻撃を引き起こすようなことはしない[38]。長い目で見ればこの決定は、とりわけ総会からのかくも政治的に敏感な地政学的に危険を孕んだ要請を、今この時期の国際連合の空気の中で取り上げるという、強い意見の一致がみられたことで、裁判所の評価を高めるであろうと私は信じている。さらに私はこの決定が、WHOや総会が法廷に提訴するよう積極的に働きかけた職業的な法律家連合を含めて、核問題に関心のある世界中の市民団体から相当な手応えが得られるであろうと思う[39]。

三．政治的な影響

肝心なところでは懐疑的にならなければならない。国家というものは、いつもその国の安全保障政策に向けられた法的な異議に対しては抵抗するものであり、強力な国家ほどそうしようとする傾向がある。近い将来にこの決定が、核兵器国のふるまいに加えて核兵器のもつ役割についても、あるいは核軍縮を追求する義務にしても、それと認められるほどの影響力を与えることはまずないであろう。現在、たいていの非核兵器国が核兵器国に対し、対決姿勢をとるのに気乗り薄であり、国連総会は何かを決定し、影響を与える機関としては目下のところ弱いので、この見込みは強められる。この数十年間の草の根的な反核運動の圧力の多くが、核兵器の存在そのものよりも、むしろ核実験が続けられていることの方に関心を向けてきているので、条約か他の何かによって核実験が停止されるならば、この一揃いの諸条件はさらに強まりそうである。

しかしながら、短期間の政府間に与える影響力というものに限って探求を試みるのは間違いであろう。この決定は、世界中の知的世論に、意識を向上させる効果をもつと考えられ、特に新しい破滅的な事件が起きれば、それが厳密に軍事的な性格のものでなくても（例えば、チェルノブイリのような）、どこかの時点で新たに強化された反核圧力を生み出さないとも限らない。もし現在の安全保障の条件が抑止力を重視するやり方を含めて、核兵器によらなくても満たされ得るという確信が諸政府の間で高まれば、このような圧力はもっと効果的なものになるかもしれない。さらにまた重要なのは、特に中東や東アジアで悪化する地域紛争の解決であり、それに加えて一カ国あるいはそれ以上の核兵器国において、政治的指導者としての先見性のある個人が顕れることである*。裁判所の決定に用いられている文言と理由づけは、現在の安全保障政策と核軍縮のいずれの観点からも、その廃絶を推進する反核の社会的および政治的勢力を勇気づけている[40]。それはまた、政府内部における反核の立場の擁護者に法的基盤を与えるし、核不拡散の協議事項との関連で、特にＮＰＴの第六条の義務に関する、非核兵器国の交渉の立場を強化することになる。

四．教育学的意義

本決定が核兵器の法的地位についての研究や深い省察に大きな衝撃を与えるであろうということは、ほぼ疑いがない。様々な反対意見と一緒に読めば、この決定は、国連総会によって世界法廷に提起された問題を処理するため、さらにそれを超えて国際関係における法と政治の関係や世界法廷の機能、特に国連システムにおいて勧告を与えるというその役割を考察するための、独特ではかり知れない価値をもつ教育の手段である。私は、自衛権の法的範囲についてと同様、本決定に照らして核兵器の法的地位についても、学問的関心が高まることを期待している。そうなれば今度はいっそう大きな学問的および一般的関心を鼓舞することになるであろう。

E. 結　論

法廷は、核兵器による威嚇あるいはその使用についての法的地位に関して、国連総会によって提起された重要な課題に敏感に取り組むことでその歴史的な挑戦に受けて立った。勧告中に示唆されているように、これとは別の国際法の解釈は可能であったが、しかし裁判所が到達した結論は、学理上の解明に関する大きな前進を意味している。多数意見自体が示しているように、核兵器の特別の禁止かまたは核軍縮かによる、なされるべき重要な仕事は残されているが、努力すべき方向ははっきりしていて、一九四五年以来、核兵器の法的禁止や実際の廃絶のために闘ってきた人々すべてを大いに力づけている。奴隷制度の廃止や人種隔離政策の否認などの他の規範的なプロジェクトにおけるように、忍耐と闘争、そして歴史的環境というものが核兵器に関する将来を形作るであろうが、その過程が、世界法廷のこの画期的な事件ともいうべき決定によって、すでに大部分はよい方向へ推し進められてきているのである。

＊訳者解説を参照のこと。

注

1 List No.95 (advisory opinion of July 8, 1996) 以後 Nuclear Weapons と表示する。
2 I. C. J. Statute, art. 55（2）を見よ。
3 Nuclear Weapons, 上記注（1）para.105（2）（A）.

4 id. para.105（2）(B)

5 id. para.105（2）(C)

6 id. para.105（2）(D)

7 裁判所のこの部分の結論は、多くの相反する国家実行にもかかわらず、（憲章）第二条四項の意味合いが主張している見解を強く支持しているように思われる。この論点の重要性に鑑み、多くの学術的な関心が憲章の規範と国家の武力行使の権利との間の緊張関係に向けられてきた。Thomas M. Franck, Who killed Article 2（4）? or: Changing Norms Governing the Use of Force by States, 64 Am. J. Int'l L. 809（1970）; Louis Henkin, The Reports of the Death of Article 2（4）Are Greatly Exaggerated, 65 Am. J. Int'l L. 544（1971）; Oscar Schachter, In Defense of International Rules on the Use of Force, 53 U. Chi. L. Rev.113（1986）; Myres S. McDougal and Florentine P. Feliciano, Law and Minimum World Public Order（1961）; Anthony Clark Arend and Robert J. Beck, International Law and the Use of Force（1993）.

8 Nuclear Weapons, 上記注（1）pp.98-103.

9 id. para.105（2）(F)

10 この取り組み方は、一九六〇年代中頃を通じて有効であった核超大国により宣言された軍縮目標とは対照的である。この政策の公式の枠組みは、一九六一年九月二〇日の有名な軍縮交渉のマクロイ＝ゾーリン合意原則で明らかにされた。この軍縮推進の主張に対する懐疑的な解説については、R. J. Barnet, Who Wants Disarmament ?（1960）を見よ。核軍縮に向けた約束という束の間の微かな光が射したのは、一九八六年一一月、ゴルバチョフ書記長とレーガン大統領がアイスランドのレイキャビクで会った、ミニ頂上会談の時であった。

11 Nuclear Weapons, 上記注（1）(Higgins 判事の反対意見、para. 41.)

12 この解釈は、Nuclear Weapons、上記注（1）（ベジャウィ判事の宣言、pp.12-16) によって強く支持されている。

13 かなり皮肉なことには、日本は他のいかなる国にもましてこの争われている兵器から損害を被っており、しかも他のいずれの国よりも国際司法裁判所に付託することへの支持が草の根的に集まっているのが日本の社会である、ということである。

14 武力紛争における、ある国家による核兵器の使用の合法性、総リスト No. 93（一九九六年七月八日の勧告的意見)。

15 この結果は特に、以前のニカラグア事件（軍事および準軍事的活動（Nicar. v. U.S.）における本案、（1986. ICJ14）の判決の権威を否認したという意味で、法廷の多数が地政学的圧力に屈したとされるロッカビー判決の印象を和らげるのに役立っている。ロッカビーにおける航空機事故（Libya v. U.K.; Libya v. U.S.）から生まれた、一九七一年制定のモントリオール条約の解釈と適用の問題、暫定措置、1992ICJ3,114 (orders of Apr. 14) を見よ。アメリカ政府が裁判所の権威を否定したにもかかわらず、平和へのプロセスを形成するために有効であったと論じる、ニカラグア事件の結果についての重要な法律学的解釈については、Joaquin Tacsan, The Dynamics of International Law in Conflict Resolution（1992）を見よ。

16 Nuclear Weapons, 上記注（1）、para.105（2）(E)

17 loc. cit.

18 id. para.104.

19 id. para.97.（強調が加わっている）

20 id.（フライシュハウアー判事の個別意見、para. 6、これはベジャウィ所長の宣言によって強化されている。上記注（12）、paras.11, 15.）

21 この見解を支持する力強い議論については、Jeremy J. Stone, Less than meets the eye, Bull. Atom. Scientists, Sept./Oct. 1996, pp.43-45 を見よ。

22 日本の国内裁判所が、これらの事件についての唯一の正式な司法的評価を与えて、原爆投下を有罪と宣言したのは、そのような意味合いに基づくものであった（八章注27参照）。解説については、Richard A. Falk, The Shimoda Case: A Legal Appraisal of the Atomic Attacks upon Hiroshima And Nagasaki, 59 Am. J. Int'l L. 759（1965）を見よ。

23 例えば中国が台湾を併合すると脅す場合、アメリカの外交政策に反する行動となるという主張を考慮すれば、核兵器が状況によっては合法となり得るという議論については、シュウェーベル判事の反対意見を見よ。

24 Nuclear Weapons, 上記注（1）、para.44.

25 この世界法廷の取り組み方と実質的な結論において極めてよく似ている学問的な研究は、Burns H. Weston, Nuclear Weapons versus International Law: A Contextual Reassessment,28 McGill L. J. 542（1983）である。主な相違点は、勧告的意見の多数派が極限的状況における自衛の主張から生じる法的不確実性を強調しているのに対して、ウェストン教授は、核兵器を紛争に投入すること（第一次使用）と、核兵器を先制使用する侵略者への反撃（第二次使用）とを区別して、第一次及び第二次の自衛的使用に関係する相対的な不確実性に焦点を当てていることである。ウェストンはこの双方の使用を「自衛的」と位置づけているので、彼の試みた区別は、裁判所による極限的な自衛の場合を、核兵器に頼ることが合法的となるかもしれない場合と同一視するやり方に対する代替案である。ウェストンのアプローチは、潜在的に自衛のための核兵器の第一次使用を許している勧告的意見に対して、異議を唱えることになる。上記注（21）を見よ。

26 Nuclear Weapons, 上記注（1）、para.62.

27 id. para.63.

28 id. 73.

29 loc. cit.

30 id. para.67.

31 Rosalyn Higgins, Problems and Process: International Law and How We Use It 10（1994）における「欠缺の問題」'The Question of Lac nae' に関する興味深い節と比較せよ。

32 Nuclear Weapons, 上記注（1）（ベレシュチェチン判事の宣言 p.1）。
同様の影響を及ぼしているのが、フライシュハウアー判事の個別意見、上記注（20）で、そのpara.6に次のような重要な文がある。「国際法の現状は、核兵器に訴えることが不法であるか合法であるかを区別する境界線をより正確に引くことを許してはいない」。この解説路線をベジャウィ所長の宣言ではずっと洗練させて、上記注（12）、第七節で、彼をして司法的責任の根幹は、法をあるがままに適用することであり、それを「汚すことでも、尾鰭をつけることでも」ないと言わしめている。全体的には、id. paras. 6-10を見よ。

33 この評価は、シャハブディーン判事の反対意見の始めに近い部分で明らかにされている。id. pp.1-2.

34 反対意見を表明した判事たちの種々の論点を、適切なやり方で論じることはここではできない。各々は合法性についての主要な問題に包括的で重要な評価を与えている。ウィーラマントリー判事の八五頁にわたる反対論は、特に一九四五年以来、核兵器に頼っている政府を標的として反対している、トランスナショナルな社会諸集団によって、またこの勧告的意見が引き起こしそうな法的な討論に注意を寄せている学者たちによって広く研究され、論及され、引用されている。

35 Nuclear Weapons, 上記注（1）（シュウェーベル判事の反対意見、p.1）。

36 id. p. 8.

37 このようなアプローチを支持するものとして、Richard A. Falk, The World Order between Inter-State Law and the Law of Humanity: The Role of Civil Society Institutions, in Cosmopolitan Democracy pp.163-79 (Daniele Archibugi and David Held eds., 1995) を見よ。

38 上記注（15）の引用と議論を見よ。

39 私は特に、反核兵器国際法律家協会と核政策に関する米国法律家委員会のことを念頭に置いている。

40 核兵器廃絶キャンベラ委員会の報告書の発行（一九九六年八月一四日）によって、さらにこの励ましは強められている。キャンベラ委員会は、オーストラリア政府から一九九五年十一月に任命された一七人の著名人から構成された、独立法人である。

第八章　核兵器に関する勧告的意見と地球市民社会の新しい法体系

A．地球市民社会と法律学との関連性

国家関係あるいは社会関係における民主化への気運の高まりが、どのような規範の状況をもたらすのかということに国際法学者の大きな関心が集まっているにもかかわらず、二〇世紀の終わりにあって、国際法秩序の特徴としてトランスナショナルな民主化の傾向が顕れていることの法律学的な意義については、驚くべきことにこれまでほとんど注意が払われてこなかった[1]。リベラルな北アメリカの研究者たちは、自国民中心主義的で規範としての権威を欠いた方法で、事実上アメリカの政治や法律のシステム、すなわち立憲政治への参加、選挙による政治、そして市民的および政治的権利というものは、普遍的に適用されるべきものであると公言してはばからない[2]。

選挙の過程や代議制の諸制度によって表明されているような民主政治と、歪んだ、あるいは後ろ向きの政治風土を背景とする世界秩序との間の相互作用には、より奥深い問題もある。この点に関しては次の諸例を考えてみるとよい。まずは東ヨーロッパ諸国。次に中東における和平処理を危機的なものと運命づけた強行派、リクードの指導者を

選んだ一九九六年のイスラエルでの大統領選挙。外交政策における軍部の主導権に対してアメリカの選挙民の与える支持、合衆国議会が国連に対するアメリカの分担金の延滞分の支払い計画を拒否していること、および京都会議（一九九七年）で交渉が行なわれた、温室効果ガスの排出削減に関する世界秩序の取り決めを支持することには乗り気ではないことが明白であることなど[3]。

さらにこの西欧流の自由主義のスタイルが、学理として確立された形ではないが、明らかに現代国際法の一部を構成している自決権を冒すことなく、国際法に書き換えられ得るのかどうかという、重大な経験上のまた概念上の問題もある[4]。さらに明らかなことに、毎年開催されるG7のサミットで公言されているような、正統政府を「市場経済志向型立憲政治」と結びつけようとするイデオロギー的奮闘は、水面下でもなされているということである[5]。

このように政治形態としての民主主義を問題視するということは、主権国家のレベルにおける政治的民主主義を、世界史の現段階における国際公法の規範とみなすことが適当であるかどうかを真剣に問うという意味ではなく、関連してはいるが、それとは全く違った、これまであまりなされたことのない考察なのである。本書で追求されていることは、歴史の現段階における国際的な立法過程に、トランスナショナルな民衆が主導権をもつことの法律学的妥当性について、また普通言われている意味で、最も熱心な民主主義的理論家たちさえも、このような「ウェストファリア体制を超える」という一連の動きに対して、共感をもって関心を示してはいないということに関わっている[6]。将来の世界秩序および規制装置としての法の全般的な状況に関連する、ある意味で国家主義を超えているように見えるものは、広く「グローバル化」と性格づけられているものの出現であるが、これは国連が平和と安全の領域で力を発揮するに至り、ついでまた力を失っていった過程よりもはるかに必然的な経過をたどって世界秩序の国家主義的性格を急速に浸触している、地球規模の市場勢力の台頭によるものである[7]。私は、上からのグローバル化と下からのグローバル化の区別をして、二つの互いに関連する諸傾向を確認した。すなわち世界経済を、地域的および地球的規模で、多国籍企業と金融市場の力によって上から再構築する動きと、環境保護、人権、平和、人間の安全保障に関わるトランスナショナルな社会的勢力の下からの興隆である[8]。下からのグローバル化が積み重ねられた結果、国際的な実在として新しい社会構造が出現し、「地球市民社会」として確認されているのである[9]。

ここで言いたいのは、これらの展開が国際法の成長と性格を我々がどのように理解するかということに対して、特に規範が法としての効力を与えられる過程とそれらの規範が履行されるか否かがかかっている原動力については、革命的な意義をもっているということである。このような国際法のより広い概念というのは、いくつかの点では重要な前例を有している。民衆の意向による圧力は、何が規範であるかを決めるについてはもちろん、国際的な法的義務について遵守を奨励するにせよあるいは無視することを勧めるにせよ、民主的に選出された政府のふるまいに対し長い間影響力を与えてきた。例えばジェノサイド条約は、第二次世界大戦後すぐに、大方は民間の一市民である、ラファエル・レムキンの勇気ある尽力によって導入されたことはよく知られているが、人権の促進やグローバル・コモンズの保護のような中核的な規範の問題に関連する国際法が実施される見込みを増大させたのは、数年間にわたって政府に圧力をかけるという責任を果たした様々な種類の民間部門の活動であった。少なくとも一九七二年以降、環境の国際法的保護が拡大したのは、主に各国の内部および国境をまたぐ市民の率先的な活動の賜物であることは明らかなように思われる。一九八〇年代にはヨーロッパにおける環境保護主義の諸政党の躍進が政策課題の主流を変化させたことで、時流に乗った環境主義者の行動主義の高まりは抑制され、その支持者たちは封じ込められてしまった。一九九〇年代に入って更に起こったことは、国連の後援によるグローバルな会議の場が、環境、人権、女性の地位、そして社会的および経済的政策というような問題に関する法制定という目標を推進するためにますます利用されたことである。

実際に国連の通常の政府間活動に対し、こうした下からのグローバル化が入り込むことが非常に有効であることが明らかとなったので（これはまた世界秩序についてのウェストファリア理念至上主義にとっては脅威となる）、国家主義の反動を生じさせ、目下これらの会議へのトランスナショナルな政治的勢力の参加は打ち切られている。これは伝統的な国家または社会の枠組みを超えて、民主主義をコスモポリタン的に広く行き渡らせることに対する用心深い反動であることは明らかである[10]。少なくとも一九九〇年代後半における観点からではあるが、この民主主義の拡大に対する抵抗は、下からのグローバル化が市場勢力を弱めることを求め、新自由主義の自由放任の教義に異議を申し立てるものであるという、イデオロギー的認識とも混じり合っているように思われる。

国家は上からのグローバル化によって強化されると、ウェストファリア体制を崩すような手法で世界秩序を大きく作り直すことを含む主導権をとることができるようになった。世界貿易機構（ＷＴＯ）の創設に関わる事例がこれであり、一九九〇年代のヨーロッパ連合に関連する急進的な経済の新構想についてはこのことはより明白である。これらの事例では経済政策策定に当たって主権の超国家的委譲を支持する傾向がいちばん強いのは主要国政府である。このようなグローバル化への歩みに歯止めをかけるために、悪影響を受けた市民の諸集団は、領域的共同体と人間の幸福の基礎としてその優先すべきものを訴え、右派の愛国者的な立場と、左派の労働者びいきの立場の双方から、政府を非難している。

アメリカは国家レベルで、これまで最も声高に民主化を唱導してきた。もっともこの態度は、時折ご都合主義的な動機に左右されて、一貫して維持されてきたわけではない[11]。アメリカ政府は「民主主義」を擁護すると言ってはいるが、一般に地球市民社会の勃興や、下からのグローバル化の意味で、国家レベルを超えて民主主義を発展させる努力には敵意を示してきている。下からのグローバル化というのは、ある意味では、世界資本の統制をものともせず、「選択の余地を許さない民主主義」の不毛さに対する反発であると理解されなければならない。それ自体、上からのグローバル化という挑戦に対抗することに関わり、また人権侵害に対するトランスナショナルな関心を明確に示す連帯の気風を具現化することに関し、それは選挙による政治に対する不満足な思いや、欲求不満を表しているのである。言ってみればこの「民主主義の疲労」は、政治家や議会の空虚な議論に対する政府の不適切な言行が広く咎められたワイマール共和国期のドイツで起こったような、独裁主義的な政治への危険な道を開くことになりかねないのである。

国際法は、一般に法理に関する議論を、なんらかの国家の正式な同意に支えられた法源の中に義務を探し求めるという、法実証主義の一、二の解釈に従った、かなり従来型の国家主義の範囲の中に限定しようと試みてきた。ニューヘブン学派の国際法への取り組み方は、これらの多くの制約に打ち勝とうとする、野心的で、重要な法理論的試みを示している。この学派の法概念は、市民社会からの参加者の受け入れを考慮することを含め、法手続をはるかに広く解釈することに貢献している[12]。しかしながら、その卓越した学問の応用の多くが、関心をもっぱら法の大枠を作り上げる権限を有する、実際上の意思決定者の役割に向けてきたように見えるので、その影響力や名声は減じられているのである。公序体系がどのような価値をもつかというその意味内容に対する関心は、たとえ普遍的な言葉で書かれていても、西欧の啓蒙思想の伝統に深く傾倒しているように思われる。その他の文明の伝統的な考え方を見極めようとする試みがまれになされていても、皮相的であり、説得力を欠いているように思われる[13]。西欧に向けられた批判や、あるいはアメリカの地政学的な実行に対してすら、指弾するような考えはほとんど見られず、その基本的な仕事は冷戦の影響下でなされた[14]。この政策志向型の法理論が、地政学的弁証論の試みと大差ないとする議論に最も力を貸しているものは、ニューヘブン学派の研究方法による政治分析では、アメリカの外交政策の最も問題があるとされている面への支持と渾然一体となってしまうという、この傾向なのである[15]。はっきりと頭に浮んでこないのは、新自由主義のイデオロギーと消費者保護運動家の気風との文脈における、経済のグローバル化によってもたらされている権力と価値の構造上の根本的な変化であり、また顕れてきた多文明間の対話はもちろん、トランスナショナルな政治的および法的な発案という形での市民の反応である。それは以前には当然国際法秩序に内在すると考えられていた普遍主義的主張に対して疑問を投げかけているのであるが[16]。

ここで提唱されているのは、グローバル化のその主な顕れ方を二つとも、すなわち上からのものと下からのものを包含する国際法が必要であるということである[17]。この二元論は、それ自体はるかに複雑な現実を単純化したものなので、論及されたものはまた、法的性格に関しては極めて不揃いなそれぞれの地域的枠組みに妥当するか否かに焦点が当てられなければならないのである。この国際法を法理論的に一新する必要があるというのは、一つには地球市民社会の代理人を通してなされる重要で革新的な法の形成と実施の役目を承認しようということなのである。この新しい原動力の生き生きとした実例となるのは、「核兵器による威嚇あるいはその使用の合法性」についての世界法廷の勧告的意見の背景およびその受け入れに対して払われた高い注目度である[18]。このような精密な吟味を、市民主導型の法手続が非政府間的であること、すなわち草の根に起源をもつものであることを全く無視し、法の履行確保の見込みとトランスナショナルな社会的勢力との関連性についてはもちろん、地球市民社会における核兵器の地位についての司法的判断の結果がもたらす影響力を、法とは無関係であると完全に看過している、従来型の国際法手続の議論と比較してみるとよい。これらの点に関連して、勧告的意見は、提出された重要な問題の実質的な議論に大きな貢献をしているが、それのみならず、最も反実証主義者的な法理論でさえも、重要な意味をもつほどに認める用意がまだできていない、国際法のこれらの新しい傾向をも示しているのである[19]。

B. 下からのグローバル化と頼みの綱の法律学

核兵器の威嚇あるいは使用に向けられた法的な挑戦は、平和を志向するNGOの後援の下に組織された、トランスナショナルな市民運動といよいよ関わりが強くなってきている。かつては必ずしもそうではなかったし、少なくとも問題とするほどのものではなかった。核時代の初期には、第二次世界大戦末期の原爆の余波として、ウィンストン・チャーチルやハリー・トルーマンを含む著名な国家指導者たちが熱心に、このような兵器をこれ以上開発しないように、ましてや使用されないようにするために、完全な核軍縮を国際的な査察の下に達成することの重要性を唱えた。これらの努力の結果、明らかにその後押しをした世論の力添えもあって出てきたのが、当時、主な提案者の名前にちなんで命名された、バルーク計画あるいはバルーク・アチソン・リリエンタール計画として知られ、大大的に予告された核軍縮計画であった。この計画はソ連によって拒否されたが、その理由は申し立てによると、討議に付された軍縮のプロセスが、西側の技術的優位を固定化し、将来の新たな軍拡競争においてアメリカとその同盟国に決定的な強みを与えるからというものであった。ソ連の対案が西側によって拒否されたのは、その（対案の）枠組みに適当な査察と強制のための条項を組み入れることをしぶっていたためであると推定される。おそらくいずれの超大国も、両者間の食い違いに折り合いをつける方法を見出すことに全く関心がなかったのであろう。一九六〇年代の後半に、一つには平和運動の高まりに応じて、ソ連とアメリカは核兵器の段階的削減を含む一般的かつ完全な軍縮計画を上程したが、この努力もまた、裏表のないものであるということに疑いをもたせるだけのしっかりとした理由はあった[20]。廃絶を達成するための運動が、大量破壊兵器は国際人道法とは調和し得ないとする考えとしばしば一つになることがあるにしても、核軍縮を鼓吹するだけでは、核兵器の法的な地位に疑惑を投げかけることにはならないということは認識されるべきである。ある意味では軍縮というのは、その違法性を認める一つの方法であるが、それを強調するとある方面では法的に禁止するというだけでは現在の状況に改善をもたらさないという考え方が、また別のところでは禁止の原則を支持するよりも相互核軍縮に賛成するコンセンサスを見出すことの方がずっと容易であるという考え方が出てくることになる。

「違法」という概念が、過去、現在、そしてたぶん未来の核兵器の使用を非合法化する方向に向けての一つのステップであるという限りにおいて、西側のその主な推進力は、ヨーロッパと北アメリカにおける平和運動から生じている。ソ連圏は恐らく、ユーラシア大陸の地政学的な位置や、通常兵器に関して、彼らが優利な立場にあるという主に戦略的理由に基いて行動し、長年にわたって核兵器に反対し続け、世界中にあるその宣伝機関に対し核兵器とその使用を可能とする教義は不道徳であり、違法であり、犯罪的でさえあるという考えを広めるという難しい任務を与えた。このソ連の宣伝攻勢の最も劇的な表現は、疑いもなく一九五〇年代の初めにストックホルム・アピールを支持したことであったが、そのことは反核的であることが、なにやら親ソ的であるように思わせることになって争点をぼやけさせた。アメリカ政府もまた、おそらくは戦略的な要因を反映させて核軍縮の要請は、軍事費が嵩むことになるかあるいは抑止力を弱めることとなり、安全保障全般を低下させてしまうという意味で、好ましくないと反対の構えを取った。

これらの地政学的な覆いにもかかわらず、冷戦の文脈において周期的に惹起した危機に応じた社会の関心の干満が、核兵器は違法であるという見解を推進する努力を生み出した。この考え方は西側の平和運動の中で次第に支持と勢いを得たのである。三つの主導的な動きがこの過程のそれぞれ異なった面を示している。第一に一九八五年、ロンドン核戦争裁判所はその訴訟手続において、この兵器のすべての面に関する多くの証言を集め、四人の判事たちのパネル（そのうちの三人がノーベル賞受賞者であった）は、冷戦の真只中にありながらなんらの制限事項もつけず核兵器は無条件に違法であり、しかも核兵器による威嚇あるいはその使用は人道に対する罪に値すると結論した[21]。第二に、威嚇あるいは使用に対する公式の法的禁止を実現させるために努力するという誓いが国際平和事務局（ＩＰＢ　在ジュネーブ）から発表され、かつてアイルランドの外務大臣を努め、一九七〇年代および八〇年代の著明な国際的人物であったシーン・マックブライドが世界中の何千人もの法律家たちの賛同を得て、ＩＰＢの議長として非常な熱意をもってその先頭に立った。三つ目は、一九八七年に始まったニュージーランドのクライスト・チャーチ出身の引退した下級裁判所判事であるハロルド・エバンズの英雄的な努力であるが、これは太平洋国家、とりわけニュージーランドとオーストラリアの政府指導者たちに対する、一連の充分に議論を尽した書簡（後に合法性の事件に反対する印象的な「法的覚書」によってその論旨が強化された）において、国際司法裁判所にこの合法性についての勧告的意見を求めるよう促したことである[22]。これこそ太平洋地域において、フランスの核実験を契機として、健康と環境に対する危機についての認識が高揚した時期であった。

特にこの三番目の運動は、ＩＰＢや社会的責任を追求する国際的医師団、それに最も重要なのは、新しく結成された法曹界の、核兵器に反対する国際法律家連合（ＩＡＬＡＮＡ）と呼ばれる、トランスナショナルなネットワークによって主催された、世界法廷計画（World Court Project）として知られるようになったプロジェクトの設立に至るプロセスを生み出した。この計画は、国際法の議論に対する政治意識のレベルを上げ、それは医師たちによる、大気圏内核実験に反対する非常に成功した運動の後を継ぐもので、その効果を競い合うことになったが、当初からその立脚点を核兵器の法的な地位について、世界法廷から権威ある説明を引き出すことと設定したのである。

核兵器の合法性についてという根本的な問題を裁判所に提起するようにＷＨＯと国連総会を共に説得することによって、世界法廷計画はその当初の目的の達成に成功した。このプロセスの根底には、裁判所はひとたび合法性に関する問題に直面したならば、核兵器は国際法によって禁じられていないという既存の主張に対して、法的な疑いを投げかけるであろうというこの計画に参画した法律家たちの信頼があったのである。そのような裁判所への付託は大部分、地球市民社会の効果的な動員によるものであったが、またこのキャンペーン中の七〇〇を超える市民の自由意思に基づく連合の連携をなんとか勝ち得た、その場限りの原動力にも依存していた。国連システムやその他の場所において、地球市民社会のより組織だった代表権を確保するために、「地球人民会議」について最近いくつかの提案がなされている[23]。

明白と思われることは、核兵器に関する立法へ向けての刺激になるものが地球市民社会で生じたこと、そして世界法廷計画が準備した圧力がなかったならば世界法廷への公式の要請が行なわれることにはならなかったであろうということである。さらに言えば、この法律を作るという役割は、明示的な委任に基づく、権限を与えられた土俵のみを強調する現行の学究的なアプローチによって隠されてしまっているのである。もちろん圧力をかけ、影響力を行使するあらゆる形態の組織に立法能力が与えられてよいものかどうかを考えてみることは理に適ったことではある。例えば、強力なグローバルな市場勢力を考えてみると、彼らの法を作るための立場の有利さが感じられる多くの道具立てが存在している。ここでもち出されている論議は、世界の人々が危険で、規制を受けない形態の治外法権的行動から保護されるように、国際社会は地球村としての次元で民主化される必要があるという、より重要な主張の一部なのである。核兵器はそのグローバルな意味合いにおいて、ただ単に核兵器国の市民のみならず、世界全体に影響を与える合法性の問題を生じさせていて、それによって世界秩序の取り決めの正当性を危険なほどに損なっているのである

[24]。法の支配によってこのような問題を解決しようとすることは、上からのグローバル化が国家主義と一緒になったとしても、世界の人々を容認し難い危険に晒すことにはなるまいというある程度の保証を与えてくれるのである[25]。

このＷＨＯと国連総会からの二組の要請は、かくして裁判所をして好機とディレンマに直面させることになった。好機というのは、共に憲章に厳密でなければならないということであった。この厳密さは、国連総会の要請に関して手助けとなるものであったが、ＷＨＯ総会の要請については、「健康」という文言をかなり狭く解釈することになった。この点に関して大多数の判事たちは二つの要請を分けるはっきりした線をなんとか見つけることができたが、ここでも裁判所自身の内部での、ＷＨＯ総会は健康についてではなく、兵器についての問題を提起する憲章上の資格を欠いているという三つの強い反対意見が多数意見に対してつけられたのである[26]。

ディレンマというのは核兵器という主題と、法的な指導を求めようとする国連総会主導の動きに対する、主要な核兵器国によって表明された異議によって引き起こされた。明確に述べられてはいないが、この要請に含まれる急進的な要素は核兵器政策の問題を、広島と長崎への初めての原爆攻撃以来ずっとそうであり続けて来た地政学の領域から、国際法の領域へ移すということであった[27]。このような形で合法性の問題を地球的課題としようとすることがすでに、それが実質的な結果をもたらすかどうかに関係なく、核兵器国にとっては警戒信号なのであった。懸念の一つの源であると思われるものは、たとえ現在の核兵器についての政策が裁判所によって法的に支持されるという、およそあり得ないことが起こったとしても、なお合法性の問題の透明度が高まることから生じてくると予想される、市民社会や民衆の反核圧力の扇動と結びついていた、というのがすぐに分かる推論である。このこととの関連で思い出しておかねばならないのは、一九六六年に遡る南西アフリカ事件において分離法廷が下した、ＩＣＪの最も保守的な裁定が、逆説的に南アフリカに対する法廷外の市民社会と国連システム内の双方において、反アパルトヘイト的圧力の強化を加速させたということである[28]。

核兵器国の政府の今一つの危惧は、裁判所が核兵器の合法性を直接的に否定すれば、そのことによって他の（非核兵器国の）政府と市民からの反核の圧力が強められることになりそうであるという予測に結びついていたに違いない。少なくとも核兵器に対する強硬な法的反対論が、個々の判事たちによる個別意見や反対意見の形で表明されそうであった。これらの理由が重なりあって、主な努力が訴えを止めさせ、裁判所においては要請に応じることに反対する議論に注がれたのは、少しも驚くことではない。

また想像されることであるが、法廷の大方の構成員は、多数意見が核兵器の威嚇や使用の法的な立場について核兵器国がこれまでとってきた方法を一般的に承認しない限り、その意見は関係する政府によって拒絶されないまでも、おそらくはぐらかされてしまうであろうということは分かっていたに違いない。このような状況の下では、国家体系の産物（平和と安全に対するその地政学的志向も含めて）としての裁判所に、半世紀間にわたって行なわれてきた、一部の人々からは平和に大いに貢献してきたのだとむやみに賞賛されている、一連の安全保障政策とそっと折り合いをつけていくことを許して、渦中に入らないままでいた方がよいという誘惑が大きかったに違いない[29]。

小田滋判事のこのディレンマに対する取り組み方は、とりわけ彼が日本国籍であることを考えると特別に興味深い。すべての国家の中で日本は、裁判所への提訴に対する最も動員力のある草の根的な支持を有していた。日本は、優に百万を超える—恐らくは三百万の—署名による請願書を提出した。日本はまた依然として「核アレルギー」に苦しんでいて、それは明らかに、まだほんの初期の段階であったとしても核の時代の殺戮をかつて経験した唯一の国であるということからきている[30]。小田判事は彼の反対意見の最後で、第五四節を「私の個人的な訴え」と呼び、脇道に逸れて「私は、核兵器が完全に世界から除去されるようになることを第一番に願う者であることを強く言いたい」、しかしその決定は「ジュネーブかニューヨークにおいて国家間で行なわれる政治的な交渉の役目であり、ここハーグにおける我々の司法機関が関わるところではない……」と主張している。様々な理由づけから、裁判所は総会の要請を拒否すべきであると締めくくり、小田判事だけがこの法廷を関わらせた全過程は国家に任せられるべき性質の政治的な事項であるという彼の印象が間違いないことを裏づけるかのように、NGOの果たした役割を直接にかつ名指しで指弾するのである。他の一三人の判事たちは揃って司法の役割についてのこの意見に反対したことに注意しておこう。彼らの見解では、総会の要請の背後関係あるいは動機を詮索することは適切ではなく、提出された問題がこの機関の権限内の国際法上の争点を提起するものであるならば、それに答えるべきものなのである。

しかし小田氏が問題としているのは、これよりさらに深いところにあり、彼はそれを多数派の意見の「曖昧さ」が、非合法性についての主文の肝心な節にあることを指摘して、「第E節の副節にある曖昧さが、法廷はこの場合には始めからいかなる意見も与えないようにするのが賢明というものであろうという、私の論点を証明している」と言って説得しようとする[31]。対照的に多数派は、外部からの圧力の影響についてはいかなる言及も避け、その裁判管轄権を、一つの要請においてはWHO総会の、他の要請においては国連総会の権限の範囲というような実証主義的要因に照らして決定した。この争点の（小田判事によって—訳者追加）申し立てられた「政治的」な面については、裁判所は、司法の自己決定権という高い立場を保持して、「その政治的な面がどのようなものであれ、裁判所は本質的に司法的任務、すなわち諸国家が取り得る行動について、国際法によってそれらに課せられた義務に関して合法性の評価を行なうように求められている問題に、法的な性格のあることを認めざるを得ない」と述べている[32]。

ここでの多数派の答えは勧告的意見の中で、必ずしも法的な立場についてのすべての疑問を解決する必要はなく、今あるがままの法の最良の専門的な解釈を提供すればよいと主張したことである。この見解は法廷における反核派を失望させ、そして多数派がいかなる核兵器の威嚇もあるいは使用も、一般的には国際法に反すると宣言するほどに深く踏み込むであろうとは思ってもいなかった向きを憤激させた。法廷におけるこれらの司法的立場はすべて、結果的には反核の主旨を強調することになったが、市民社会の見解、あるいは過去および将来の市民社会の役割には言及することなしに構成されている。

ウィーラマントリー判事だけが彼の歴史的に重要な反対意見の中で、市民社会における問題の重要性と関連づけた観察に基づく意見として、裁判所への提訴の問題を応援している。彼はその意見の始めに「本件は、その開始から本法廷の記録において比類のないグローバルな関心の高まりの中にある問題であった」と特に言及している[33]。彼は続けて、「約二五の国々の様々な組織や個人から裁判所に実際に寄せられた、二〇〇万に近い署名」はもちろん、いくつかのNGOからのものを含めて、裁判所に対する多くの提案に感謝している[34]。ウィーラマントリーはまた、「反核運動に努力しているのが幅広い範囲のグループの、環境主義者、医師、法律家、科学者、芸人、芸術家といった職業集団、議員、女性組織、平和団体、学生および連盟などであること」に注意を払っている[35]。

ウィーラマントリー判事はこのような背景を強調する一方で、この種の論議は法ではなくて、モラルを基礎としているというような主張を止めさせることにも熱心である。彼の言葉によれば、「世界の反核勢力は影響力が極めて強いが、しかしこのような状況が、もしそれが本当に合法的であると判断される場合に、その兵器の使用は合法であると宣言する義務を裁判所に履行させせないようにすることはない」とあり、また「この（勧告的）意見の要請に応える上での裁判所の関心事は、現実に存在する法であって、将来のあるべき法ではない」とも言っている[36]。すべての判事が「ソフト・ロータス」的アプローチを受け入れ、審議中の行動にはっきりと言及して、もしそうすることが禁じられていない場合には、諸国の行動は尊重こそすれ、禁止の規則が起草されるべきことを求めるところまでは踏み込まないことにした。換言すれば、核兵器による威嚇、あるいはその使用に頼ることを禁止するというのは、国際人道法の一般的な要請から生じているのであって、核兵器を扱う特別な法を要請しているのではない。トランスナショナルな行動主義の高まりが、おそらく核兵器にはどうしても頼ってはいけないという全体的な雰囲気を醸成することに貢献しているのではあるが、確実にこの事実はどの判事によっても認められていない、ということに言及しておくのがやはりよいのであろう。

ウィーラマントリー判事にとっては、多数派意見の第E節にある曖昧さは極めて残念なことなのである。なぜならその曖昧さこそが法をねじ曲げていて、そのことはあまりにも重大なので、多数派意見を超える個別意見というよりは、むしろ反対意見の提出者としての立場を明確にする方がよいと彼は考えているからである。同時に彼は、小田判事による、このような曖昧さは、(勧告的意見の)要請が政治的であり、したがって不適切な性格をもっていることの避け難い結末であって、そのことが回答にその影を落とすことになるので求めに応じることは法律家としての職業意識から容認し難いものであるという見解を受け入れてはいない。ウィーラマントリー判事によれば、「裁判所はそうする権限を与えられ、命じられているがゆえに、裁判所の関心事ではない、政治的な領域に属する諸々の理由によって抑制させられることなく法を宣言し、明らかにして、その司法的な役目を果たす必要がある」[37]のである。彼はまた、核兵器の法的な地位についての勧告的意見は、おそらく核兵器国が国家の根本的な安全保障政策に挑戦するような助言を採用しないであろうことから「実際上の効果はないということになるであろう」という議論と向き合って、これを退けている[38]。ウィーラマントリー判事は、興味深い傍論において、世界的なアパルトヘイト反対闘争と比較して、法をはっきりさせるということは、「その中で法が尊重される世論の風潮を高める助けとなるだろう」という興味深い見解を明言しているように思われる[39]。実際、本件における法は、以前のアパルトヘイトの場合と同様に、地球市民社会における改革論者たちの行動を正当に結集させる基礎となっている。この意味において、ウィーラマントリー判事は、核兵器に代わるものを諸政府が考えて行く方向に、「人間の良心」を含む、ある範囲の社会的勢力が密接に関係していることを認め、間接的に国際法がどんなに有効なものになるのかについての我々の理解力を広げていて、法と政治が不正に対する戦いの場で、いかに適切に浸透していくかを示している。これらの理由によってウィーラマントリー判事が、裁判後の履行確保の試みとなると社会学的であり自然主義者的でさえある法理に頼りながら、法を確かめるという任務に関しては自らのアイデンティティを実証主義的法理の支持者であると主張するのは極めて造作ないことである。基本的に地球市民社会の参加が支持されているが、それは法律書の中においてというわけではない。

C. 下からのグローバル化と法理論としての勧告的意見

どんな法廷においても、特に世界法廷に関しては、実際の決定の過程に対する地球市民社会の影響をいかに評価するかということについて特別の難しさがある[40]。世界法廷の大部分の司法活動は、諸政府による自発的な付託の結果によるものであるから、主権的権利を擁護する機関としての評判は特に重要である。その勧告を与える役割を果たすことについてはさらに考慮すべき問題があり、その中に国連システムにおける裁判所の役割が含まれているが、国連の主要機関からの法的指導を望む要請に対して、多くの判事たちがそれに応えることを非常に渋っているように見えるのである。そのような諸要因がそれと意識されていなくても、疑いもなくこの状況に関わりがあったのである。

同時に裁判所の判事たちは、もし自分たちの見解が、重要な国家の地政学的な関わり合いを固めることとは反対の向きにはたらくこととなった場合、当事国が裁判所の宣言に従うであろうかということ、あるいは相当の敬意が払われるであろうかということすらも、最小限の期待しかもてないということを認識している。そして十中八九、組織としての裁判所に対する攻撃が試みられるであろうということも認識しているのである[41]。もし裁判所が地政学的見解を強めることになるとすると、その宣言は政府によって援用されるであろうが、市民社会においては今度は軽蔑と反感を引き起こし、裁判所は地政学を保証するためのゴム印であるとのレッテルを張られることになる。このような運命を湾岸戦争の後始末で安全保障理事会が一部経験し、裁判所もまたロッカビー判決との関連である程度経験した[42]。そうすると、裁判所は地政学的に際どい問題について、どのように考えるべきかを国連の機関から問われたならば、どのように答えたらよいのだろうか。この疑問は同じように、国際法秩序に関する純粋に国家主義者的な考えとなる危険性を帯びた、今一つの設問と関連させる必要がある。すなわち、地球市民社会に深く根を下ろしたトランスナショナルな民主的勢力が有効に行動した結果として、この地政学的に際どい問題が裁判所に付託されたとしたらどうなるであろうか[43]。

私は、これらの意味合いをもつ様々な要因により、裁判所は主義としてできる限り保守的であろうとした、つまり、厳密に実証主義者的法理論に従って活動したものと考える。司法的任務のこのような遂行の仕方は特に多数派については適正であったもののその結果、裁判所は第E節で、反核の方向に深入りし過ぎたと考える判事たちの側からと、いやまだ充分に深く踏み込んではいないと考える判事たちの両方の側から実証主義路線の批判を浴びることになった。双方のグループの判事たちは多数派の意見が、法的な地位について明確な指針を与えていないという理由で批判しており、相互の間の本質的な考え方の相違があったにもかかわらず、法が明確であるという点において反対意見の判事たちの見解は一致していたのである。すなわち核兵器が抑止力の考え方におけるような文脈で道理にかなった方法で使用されるならば許さるべきであると考えるか、それともいかなる核兵器の威嚇あるいは使用も現在の国際法によって禁止されていると考えるかのいずれかであった。反対意見の判事たちは、あるいは裁判不能という結論を出すことは許されないとする実証主義的な立場から、あるいは企てられたどのような核兵器の威嚇あるいは使用も、根本的に国際人道法の慣習的規範とは相容れないとする「ソフト・ロータス」の考え方から、多数派の言い分の確信のなさを拒絶したのである[44]。

考えられることは、国際法は核兵器の威嚇あるいは使用を一般的に禁止することを具体的に明示していないと信じている三人の判事たちは、国際法の慣習的な規範は、主として広島以来の半世紀に遂行されてきた地政学的な実行によって形作られているのだとする理解の仕方に則っていたのである。このことはおそらくこれらの判事たちが、最も明確な三つの核兵器国、すなわちアメリカ、イギリスおよびフランスの出身であることと無関係ではない。他方において現在の国際法は、核兵器の威嚇あるいは使用の可能性に関して、既存の実行を非とするものであると考える三人の判事たちは、核兵器の特性と人間の良心とが結びついた、明らかに交錯する見方に導かれたのであり、それに従って不可避的に核兵器を無条件に咎むべきであるとしたのである。この双方の判事の反対意見においても、二つのグループの間にある重要な意味合いの違いはともかくとして、曖昧さや不確定さといった法理学上の難点は回避されている。

多数派の意見は、互いに矛盾する考え方にもかかわらず、なんとか合意を得ようと求めたことも含めて、一連の隠れた妥協がなされたことを疑いなく表している。自らはそのことに気がついていないかもしれないが、しかし作戦的に勧告的意見は、国際社会の道義的コンセンサスを拒否したこと（南西アフリカ事件のうちの一九六六年の判決のように）と、この道義的コンセンサスを政治的な命令と解釈したこと（一九七一年のナミビア事件の勧告的意見のように）との間において見られたのと同様に、地政学への屈従（ロッカビー事件）[*]と地政学への挑戦（ニカラグア事件）との間の曖昧な中間地点のどこかに自らの立場を見出そうとしている。勧告的意見はそれ自体、その主な支持者を満足させてはいないが、彼らを怒らせてもいない。勧告的意見は核兵器諸国にその結論が、彼らの今の政策と両立するとの解釈が可能であると思わせる余地を残してはいるが、また国際社会における反核勢力に対しては、その結論を彼らの努力に対する強い応援であると受け容れさせるところもある。アパルトヘイトの場合の文脈とは違って、総会において多数派の反核勢力は受け身の態度であり、力は結集されていないが、勧告的意見の結果として続いて起ることのすべてはグローバルな反核運動のさらなる努力いかんにかかっている。

法理論的には、勧告的意見としての意味合いにおけるこの中間的立場は、国際的な実行に内在する緊張関係から生じてくる国際社会の矛盾した要素を反映している。一方で核兵器国は本質的に抑止力の正当性に基づく一種の実行を進展させていたし、他方では多数派の非核兵器国が、いかなる核兵器による威嚇あるいはその使用もすべて国際法で禁止されていると主張するだけでなく、その禁止を破った場合、それは人道に対する罪となるという考えを周期的に表明するという、別の形の実行を生じさせてきた。そこで多数派の判事たちは実際上、この互いに対立する解釈の論

＊一九八八年一二月に起きた米パンナム機爆破事件で、米英はリビアに対し、容疑者二名の引き渡しを要求したが、リビアはこれを拒否した。事件をめぐり、国連安保理とＩＣＪの関連が論議を呼んだ。リビアはＩＣＪに対し、自国がモントリオール条約を順守していること、米英が自国の主権（容疑者の所在地国の刑事訴追の権利）を侵害すべきでないこと等を宣言する〈仮保全措置〉を求めたが、ＩＣＪはこれを指示しなかった。しかし、結果的には本件は、リビアによる容疑者引き渡しの合意、事件への自国の責任の承認、犠牲者の遺族に対する損害賠償の支払い等で落着した。

理の間に立って裁くことをせずに、現在の国際法が表しているものとしてその曖昧さを容認することを選んだのである。多数意見に票を投じた判事たちによって表明された、いくつかの個別の声明や宣言において明らかなように、彼らにとって当法廷の役割は、ことに勧告的意見の場合には、このような状況において法を明らかにするに際して、「立法」に近いことを避けることであった。

驚いたことには、彼らが一致したことの第三番目（他の二つは、総会の要請を受け入れたことと「ソフト・ロータス」的なやり方を部分的に認めたことである）は、主文の第F節に法律的義務の問題として、核軍縮にもっと努力するように満場一致で呼びかけたことである。ある意味ではこのような呼びかけは核兵器の法的地位についての総会からの質問には対応していないが、それはすべての判事たちが、国際社会がこの核兵器廃絶に責任があるという感覚を共有していることを確かめ合い、問題となっている法律的争点については他とはまったく異なる考え方をしなければならなかった判事たちに、地球市民社会で活動している反核団体において支配的な感覚との、ある程度の連帯を表明する機会を与えているのである。

D. 最終的評価

この勧告が出された時点では、世界法廷計画の試みによる成果はさほど目覚ましいものではなく、それどころか期待はずれで、国際法というのは、国家が平和と安全の問題の政策を決めるに際し、特に法による制約が国の主要な地政学的な立場に反する場合には、関連はわずかしかないという皮肉な見方を強めているように思われる。疑いもなく核兵器国は、これまでのところ国連総会でも、また地球市民社会においてさえも、重大な意味をもついかなる類の反核の反動も経験することなく、勧告的意見には巧みに見て見ぬふりをすることができた。肝心の第E節にある曖昧さが、「核兵器の威嚇あるいは使用は、一般的には国際法に違反する」という認定の核兵器国に与える衝撃をなんとか逸らせるだけの余地を与えたのである[45]。しかしこの曖昧さは別の面では、ことに第F節の、「あらゆる面において核軍縮に至るような締結交渉を誠実に行い、成果をもたらす」という法的義務を核兵器国に課す、全会一致の決定と合わせて、広島以来核兵器を世界からなくそうと頑張ってきた市民社会の闘争をはっきりと激励することにもなっている。主文のこの後半の構成部分は、冷戦終結や、核兵器の廃絶に関するキャンベラ委員会のような独立した活動による勧告にもかかわらず、核兵器国がそのような交渉を逃れようとしていることに抗議しているのであるから、もしかすると差し障りのないムード以上のものを意味しているのではないだろうか[46]。

この勧告的意見が、核兵器の将来の役割とその地位に対し、重要な影響を与えるかどうかについて何か言うには、今はまだ早過ぎる。我々は核兵器国の政府がその政策を変える気があるようには見えないことを知っている。我々はまず世界法廷計画を準備した主な反核勢力が、たぶん少なくとも一時的には、違法性を強調することから核軍縮の進行を支持する方向へと方針を変更して、努力を続けることにこれまでよりもいっそう強い決意を固めていることを知っている[47]。核政策に関するアメリカ法律家委員会は、すでにモデルとなる条約案を用意しており、国連において、諸政府に対して彼らを支持するようロビー活動を行なっている[48]。

法理論的には勧告的意見は、トランスナショナルなＮＧＯ界が、ＷＨＯや国連総会による要請を提出するよう導く、断固とした圧力をかけたことによって、また（裁判所の）決定が地政学の雑音の中に埋もれてしまうのを妨げることによって、その目的を促進するために世界法廷を利用する能力を有していることを示している[49]。すなわち立法と履行のいずれに関しても、地球市民社会の役割は明らかであるということである。実質的な結果については、その関係はより投機的で不確定なものであるが、地政学的な要因に関わるような圧力が仮にある場合、法律の専門技術上の理由から明らかにできないような範囲を除いて、それへの何らかの対抗する平衡力となっている。

核兵器に関する地球市民社会の努力というのは、地政学的な影響が最小になり、反核勢力の活動家によって表明されている人間の道義心が最大の力を発揮するような結論が、世界法廷において出されることを求めていた。勧告的意見に具体化されている結果は、政治的にまったく巧妙な妥協であった。核兵器の合法性いかんが訴訟手続全般において、これまでになかったほど前面に出されて問題となり、地政学的な勢力は困惑したが、しかし結局のところ彼らのやり口はとことん追い詰められてはおらず、また地球市民社会は励ましを与えられたものの、それはこの問題を引き続き地球的な課題としておくほどの充分な強さはなかった。

核兵器の法的地位に関してだけでなく、他の地球的な問題領域に関しても、人々の幸福についての法の役割を考えるために、ウェストファリア後の法理に頼らねばならない時がきている。かつての国家主義者の類は、これまでも決して充分に満足をもたらすことはなかったが、今やグローバル化の時代にあって新しい法を創成する力量を欠いている。一九九七年度のノーベル平和賞選考委員会はそのことをよく認識していたのか、ノーベル賞を草の根活動家のジョディ・ウィリアムズと、彼女の活動に関わる対人地雷を禁止するためのNGO活動である、まさに『地雷を禁止する「人民の」条約』を生み出したプロセスに与えた[50]。確かに地雷を禁止することは、核兵器を禁止し、それを除去しようとする努力に較べれば、地政学的な思考方法に与える影響力ははるかに小さいが、しかし法律学的観点は何にせよ、より明解である。つまり古典的な「法源」であるとか「強制力」というようなことを基盤として国際法を考えることではもはや充分ではない。人民の地球法が顕れてきているのであり、そして今や法律家がその理解と評価のための適切な枠組みを提供すべき時なのである。

注

1 Thomas M. Franck, The Emerging Right to Democratic Governance, 86 Am. J. Int'l, L. 46（1992）を見よ。これは種々の場において大きな支持を得ている。また W. Michael Reisman, Sovereignty and Human Rights in Contemporary International Law, 84 Am. J. Int'l. L. 866（1990）も見よ。

2 John Rawls, The Right of Peoples、および Richard Rorty, Human Rights, Rationality, and Sentimentality in Oxford（Amnesty Lectures）と On Human Rights pp.41-82, 111-34（Stephen Shute and Susan Hurley eds.,1993）において、人権が支持されていさえすればという条件で、非自由主義社会が受け入れられている点とを比較せよ。我々は、シンガポールがあまり「民主的」ではないからと言って、この国は西欧的な意味で不適切なというよりも、「正当」ではない民主社会であると言わざるを得ないのだろうか。

3 Richard Falk, The Quest for Normative Democracy in an Dra of Neo-Liberal Globalization,（未公刊、Hesburgh Lectures, University of Notre Dame, Feb. 19-20,1997）を見よ。

4 Richard Falk, The Right of Self-Determination Under International Law: The Coherence of Doctrine Versus the Incoherence of Experience, in Self-Determination and Self-Administration: A Sourcebook PP.47-63（W. Danspeckgruber ed., 1997）を見よ。

5 Francis Fukuyama, The End of History and the Last Man（1992）のような勝利主義者の解釈論を含めて、多数の「民主的平和」論の著作を見よ。この路線の最も説得力のある著作は、Michael W. Doyle, Kant, Liberal Legacies and Foreign Affairs, 12 Phil. & Pub. Aff. pp. 203-34, 323-53 および Michael W. Doyle, Ways of War and Peace pp. 205-311（1997）である。また、Bruce Russett, Controlling the Sword（1990）も見よ。ハンチントンの「民主主義」は西洋文明の一部分であるが、「非西洋」文明の部分をなしてはないという主張と比較せよ。Samuel P. Huntington, The Clash of Civilizations and the Remaking of World Order pp. 192-98（1996）.

6 有用ではあるがいくぶん見当違いの、国連に対する介入外交の裁量権の委譲が生じたと言えるかどうかという特定の問題に焦点を当てた世界秩序のより広い問題の研究については、Beyond Westphalia？ State Sovereignty and International Intervention（Gene M. Lyons And Michael Mastanduno eds., 1995）を見よ。国連は、それ自身国家主義の延長であり、国家がグローバル化の進展によってその能力を縮小させられている程度を示す最も有効な手段ではないので、そのような特定の関心は、的はずれである。

7 広範なグローバル化関連の著述がある。種々の解釈の仕方がある中で、以下を見よ。

Ian Clark, Globalization and Fragmentation: International Relations in the Twentieth Century（1997）；Ankie Hoogvelt, Globalization and the Postcolonial World: The New Political Economy of Development（1997）；William Grieder, One World, Ready or Not: The Maniac Logic of Global Capitalism（1997）；Paul Hirst and Grahame Thompson, Globalization in Question（1996）.

8　Ronnie Lipschutz, Restructuring World Politics, 21 Millenium（1992）; Paul Wapner, Environmental Activism and World Civic Politics（1996）; The State and Social Power in Global Environmental Politics（Ronnie Lipschutz and Ken Conca eds., 1993）; globalization -from-below に関して、Richard Falk, The Making of Global Citizenship, in Global Vision: Beyond the New World Order pp. 39-50（Jeremy Brecher, John Brown Childs and Jill Cutler eds., 1993）を見よ。

9　Richard Falk, Global Civil Society: Perspectives, Initiatives, Movements, in 26 Oxford Dev. Stud. pp. 99-110（1998）.

10　David Held, Democracy and the Global Order: From the Modern State to Cosmopolitan Governance pp. 267-86（1995）、ある範囲の見解については、Cosmopolitan Democracy: Beyond the New World Order（Daniele Archibugi and David Held eds.,1995）を見よ。

11　これらの矛盾の中には、一九九二年の選挙でＦＩＳが勝利した結果を逆転させるためのアルジェリアの軍人による乗っ取りを黙認したことや、議会にロシア製の銃を向けたにもかかわらず、エリツィンを支持したことなどがある。親市場指向を民主的手続に固執することよりもはるかに重要であるとみなしているように思われる対応形式がある。

12　このニューヘブン方式の最も影響力のあった初期の例については、Myres S. McDougal and Associates, Studies in World Public Order（1960）（以後 Studies と表示）を見よ。

13　Myres S. McDougal and Harold D. Lasswell, Jurisprudence for a Free Society, pp. 725-86（Vol. II 1992）を見よ。マクデゥガルとラスウェル自身の「世界公序の研究」におけるジェンクスの間違った普遍主義についての説得力ある批判も見よ。上記注（12）、pp.3-41.

14　例えば、Studies、上記注（12）を見よ。

15　重要な著作である、Martti Koskenniemi, From Apology to Utopia: The Structure of International Legal Argument（1989）（if not apologetic, then certainly utopian）を見よ。

16　そのような疑いは、本質的なものというよりは、参加に関して、除外を映し出すものである。Richard Falk, False Universalism and the Geopolitics of exclusion: The Case of Islam, 18 Third World Q. pp.7-23（1997）.

17　これも重要であるが、ここでは考察されていないのが多文明主義的な視野である。

18　Legality of the Threat or Use of Nuclear Weapons, Gen.List No. 95（advisory opinion of July 8, 1996）、以後 Nuclear Weapons と表示する。

19　注（8）および（9）の参考文献を見よ。

20　このことに対する概説については、McGeorge Bundy, Danger and Survival pp.130-234（1988）を見よ。もっと悲観的な見解としては、Richard J. Barnet, Who Wants Disarmament ?（1960）を見よ。Robert J. Lifton and Richard Falk, Indefensible Weapons: The Political and Psychological Case Against Nuclearism（rev. ed. 1991）; Marcus Raskin, Abolishing the War System（1992）も見よ。

21　Proceedings, London Tribunal on Nuclear Weapons.

22　Harold James Evans, Case for the World Court, an open letter to Members of the New Zealand Section of the International Commission of Jurists, Sept. 4, 1987; Evans, Supplement to Open Letter of 4 September 1987 を見よ。市民行動については、Katie Boanes-Dewes, Participatory

Democracy in Peace and Security Decision Making, 5 Interdisciplinary Peace Research pp. 80-108（1993）; Robert Green and Kate Dewes, The World Court Project: How a Citizen Network Can Influence the United Nations, 15 Soc, Alternatives pp.35-37（1996）を見よ。世界法廷計画がいかにしてその目的を達成したかの説明については、John Burroughs, The（IL）legality of Threat or Use of Nuclear Weapons pp. 9-11（1997）を見よ。

23　Andrew Strauss and Richard Falk, For a Global Peoples Assembly, Int'l Herald Trib., Nov. 14, 1997を見よ。Jeffrey J. Segall, A First Step for Peaceful Cosmopolitan Democracy, 9 Peace Review pp. 337-44（1997）も見よ。

24　ここでの議論は、まず、ウェストファリア流世界秩序の正統性は、国家が地球社会問題に対し、一方的な事業を通じて取り組む意思と能力にかかっており、次に長距離到達能力をもった核兵器とグローバル・コモンズの管理とが領域を基礎とする世界秩序制度の正統性を融解してしまったというものである。Richard Falk, On Humane Governance: Toward a New Global Politics（1995）を見よ。

25　地球市民社会は、ウェストファリア基準を考慮して選ばれ、運営される司法機関にアクセスすることのみを求めているので、それはほんのためらいがちな始めの一歩に過ぎない。そのような政府間の正式な手続に民主的参加というものは存在しない。

26　対の事案については、Legality of the Use by a State of Nuclear Weapons in Armed Conflict., Gen. List No. 93, 1996 I. C. J.（July 8）を見よ。

27　生存者によって提起された請求に応えて、一九六三年、東京地方裁判所により決定された下田事件は、唯一の例外で、それ自身重要であるが、ＩＣＪに持ち込まれた問題によって提起された一般的な性格の争点から外れている。下田事件の原文については、Shimoda v. The Japanese State, Jap. Ann. Int'l L. pp 212-52（1963）を見よ。

28　あらましについては、The South West Africa / Namibia Dispute: Documents on the Scholarly Controversy Between South Africa and United Nations（J. Dugard ed., 1973）を見よ。また、G. A. Res. 2145（XXI）も見よ。その政治的反応は国際社会の支配的な見解と一致する裁判所の態度を形成するための努力をすることで、一つの結果は勧告的意見を求めることであったが、結局一九六六年の判決の結論を逆転させる決定を生んだ。Legal Consequences for States of The Continued Presence of South Africa in Namibia Notwithstanding Security Council Resolution 276（1970）, 1971 I. C. J. 16（1971）.

29　この点に関しては現時点（一九九八年）で、裁判所所長のアメリカ出身のスティーブン・M・シュウェーベル判事の反対意見は、注目に値する例である。

30　受領した署名の数やそれらの意味の詳細については、Nuclear Weapons、上記注（18）（ウィーラマントリー判事の反対意見、pp. 4-5）を見よ。彼はこれらの署名が「法的関連性がなくはない、グローバルな世論の高まり（の）証拠」であるということを認めている。

id.

31　Nuclear Weapons、上記注（18）（小田判事の反対意見、第五五節、p. 37）。

32　id. 第一三節、p. 9（これより以前のいくつかのＩＣＪの勧告的意見に挙げている）。

33　id. p. 4.

34 id.（「裁判所が物理的に受け入れることが不可能なほどの」大量の追加的署名のことに言及している）。

35 id. p. 87.

36 id. p. 6、長い反対意見の結論も見よ。その中で判事は彼自身の志向するところを再び主張していて「この勧告的意見において、私は法に関する私の結論を押さえている。争点の大きさを意識しつつも、私は注意をあるがままの法に集中させた＜以下略＞」と。id.p.87.

37 id. P. 85.

38 id.100. cit.

39 id.100. cit.

40 大方の裁判所以上に、世界法廷は、法を専門的なやり方で適用していると頼られるような独立した司法機関としての信頼が確立することを求めている。一部の信頼性の問題は、国際法自身の不安定な評価を反映しているが、それはまた一部には、人々の代表が政府間の手続によって選ばれているあらゆる国連の活動と結びついた疑念とも関係がある。

41 ニカラグアにおけるアメリカの役割と関連した訴訟の経験は、判決の履行の直接の拒絶やアメリカの条件つき義務的管轄権の受諾からの脱退のみならず、アメリカ政府の最高の地位にある当局者による、裁判所に対する激しい攻撃を招いた。アメリカ政府の実際の行動は拒絶の言い回しに較べると、はるかに世界法廷の結論と共存できるものであった。結果的に調停外交が、ＩＣＪの決定によって示された立場にそって進められた。その法律学的意味を含めて、この主旨の議論については、Joaquin Tacsan, The Dynamics of International Law in Conflict Resolution（1992）を見よ。

42 Richard Falk, Reflections on the Gulf War Experience: Force and War in the U. N. System, in the Gulf War and the New World Order: International Relations of the Middle East pp. 25-39 (Tareq Y. Ismael and Jacqueline S. Ismael eds., 1994）を見よ。

43 Thomas J. Bodie, Politics and the Emergence of an Activist International Court of Justice（1995）を見よ。Richard Falk, Reviving the World Court（1986）も見よ。

44 第七章を見よ。Nuclear Weapons, 上記注（18）（ヒギンズ判事、シュウェーベル判事、ウィーラマントリー判事、コロマ判事、ギョーム判事、シャハブディーン判事の意見）も見よ。

45 裁判所においてアメリカの立場を論じた人物による、このわずかの余地の利用については、Michael J. Matheson, The Opinions of the International Court of Justice on the Threat or Use of Nuclear Weapons, 91 Am. J. Int'l L. 417 (1997) を見よ。

46 Report by the Canberra Commission on the Elimination of Nuclear Weapons（Aug. 14, 1996）; General (Ret.) Lee Butler, Changing the Nuclear beast, 27 Ploughshares Monitor pp. 17-18 (Dec. 1996）も見よ。

47 これらの線に沿って強く主張している Phon van den Biesen による Burroughs の著書における序文、上記注（22）、pp. ix-x を見よ。「勧告的意見のこの部分の重要性は、言い過ぎるということはない。それはまさにこの時点で全面的核軍縮の目標に特に焦点を当てた交渉手続をしていない国家は、今まさに、国際法の下での義務に違反しているのである。そのような交渉手続の当然の結果は、完全な核兵器の廃絶のための枠組みを作る、包括的核兵器条約の採択であろう」。この軍縮の法的義務の分析的議論については、Id. Burroughs, 上記注（22）、pp. 48-51 も見よ。

48 Lawyers・Committee on Nuclear Policy, Model Nuclear Weapons Convention（draft）（Apr. 1997）を見よ。

49 以下のような例を含む、いくつかの肯定的な影響がみられる。勧告的意見に照らして核兵器に関するその立場を再検討するという、カナダ政府による正式の決定。核兵器の除去を含意する核兵器条約制定へ向けて行動を起こすようにとの、諸政府や国際機構による一連の正式な呼びかけ。核兵器を世界から取り除こうという、Abolition 2000 運動を支持する、六〇〇以上のＮＧＯの連合である the Nuclear Age Peace Foundation およびその精力的な総裁である、ディヴィッド・クリーガーによる出版物と新規構想の急増。核兵器問題を強調する、一九九九年のハーグ平和アピール。勧告的意見によって確認された核兵器の違法性に基づく新しい市民主唱型の抵抗運動がある。これらのおよびその他の展開は、IPPNO Newsletter, Dec. 1997 pp.1-2 に要約されている。David Krieger, Countdown to Abolition 2000, Nuclear Age Peace Foundation の日付のついていない文書も見よ。

50 これらの線に沿った論評として、「Editorial, 28 Ploughshares Monitor 1（Dec. 1997）を見よ。一二二カ国がこの条約に署名した（アメリカ、中国、そしてロシアが欠けているのが目立つが）。一九九七年一二月四日、オタワで署名された条約の正式の名称は「対人地雷の使用、貯蔵、生産及び移譲の禁止並びに廃棄に関する条約」である。トランスナショナルな活動の役割はまた、核兵器の実験を制限し、ついで止めさせるための数年間にわたる種々の運動を含め、また核兵器区域を設定するという地域的新構想に関連するような、核兵器政策の他の面においても重要である。

第Ⅲ部　人道に適った統治へ向かって

第九章　来るべき地球文明——新自由主義か人道主義か

生活の仕方が国際的に統合されていく傾向は、多方面にわたって想像されるコンピューターネットワークの世界の未来と相俟って、二一世紀の始めには、地球文明ともいうべきものが、ある形で具体化されるのでないかと確実に予測させるものがある。しかしこの顕れてきそうな世界というのは、距離であるとか、境界線であるとか、また主権国家によって統治される領域の領土的特徴などとの関連性が薄れて、相互作用が頻繁に行なわれ、お互いが即時に認識できるということで結びついている、技術的な意味における文明なのである。そのような地球文明が、またもや市場に駆り立てられ、グローバルな資本の論理に従うものであれば、それは原理的に、効率を強調することに繋がって、貧困者や失業者の窮状に無関心で、抑圧と搾取に直面しても無感覚な、環境や二一世紀に生まれる世代を悩ませそうな持続性の危機については無責任なものとなるであろう[1]。

市場への介入を最小限にし、社会的課題の対象となる公共財の提供に関して政府の役割を縮小するという新自由主義的ドグマをもつ現代の考え方の風潮が続く限り、形をなしつつあるこの種の地球文明というものが、結束と調和の未来像を実現させるものではなく、主にエコノミスト的思考と圧力によって作り出される上からのグローバリズムがもたらす、理想郷とはほど遠い結果でしかないのだ、と広く認識されることになるであろう[2]。

A．地球文明への法律的なアプローチ——啓蒙プロジェクトを完成させる

世界をグローバルな資本の統制に従って編成するということは、C．G．ウィーラマントリー判事が学者として、法律専門家として、そしてごく最近は裁判官としての注目すべき彼の職歴を通じて、描き、推進してきた地球文明のイメージとは鋭く食い違うものである。地球文明についての彼の考えは、世界に現存する主要な諸文化の最も神聖な原典、伝統および信仰のシステムの中にすでに具現化されていると彼が信じているところの規範の一つの方向によって知ることができる。この規範の内容は、人道主義的で普遍的な性格をもち、調和、尊厳、および寛容という社会的・政治的条件の下での人間の生存を導き、人間の理性に基づく洞察力を信頼するが、極端な合理主義の礼讃とはならないような諸条件を達成することが何よりも重要であることを前提にしたものである[3]。結局、世界秩序の改善の基礎として、地球文明をこのように理解することは、一四、五世紀の封建制度の黄昏のヨーロッパにおいて繰り広げられたような、啓蒙主義運動の事業と表面的にはやや類似しているが、それは非ヨーロッパ文明の智恵と洞察力に頼ることによって、実在する文化的基礎を普遍的なものにしているのである[4]。

国際法の専門家の間で、ウィーラマントリー判事を際立たせるものは、これらの目標が、文化的同一性にとって不可欠であるのみならず、長い間国際法の奥深い構造に刻み込まれてきたものであるとの彼の心からの確信であり、それはホッブス流の根本的な敵対と闘争を人間の状態の永続する現実とし、それを緩和するには法強制国家という形で

のリヴァイアサンを設定することによってのみ可能であるとする観念とは対照的な、人間の未来に望みがあることを予示するものである。ウィーラマントリーの人道主義的な見方からすると、その時代の具体的な問題に関する現実に対して、その機会が訪れた時にはいつでも応答することが、学者、法律家そして裁判官の任務であり、義務であるということになる。この点に関して地球文明の性格とは、ウィーラマントリーにとっては、「埋もれたユートピア」と描写されるべきもの、すなわちその輪郭は、既存の世界観や信仰システムの中にすでに存在していて認識できるものであり、法を解釈する権限をもつ人々は、このユートピア的な可能性を社会的および政治的現実に一歩近づける機会と責任を有するのである。しかしながら世界は、まだホッブス流の世界観の地政学的変数に従って動かされているので、この規範に基づいた秩序は世間一般の視野から隠されており、諸国家の日々の実行によって否定され、抵抗を受けているのである。もちろんこのユートピア的主張は、現実主義者の世界観や陳腐な智恵とは衝突するものである。これらの理由により、それは、ウィーラマントリーが彼の職業を通じて、ことに国際司法裁判所の判事としての短い任期中に、強く現実のものとしようと雄々しくも求めた仕事にみられる、法律家の信念と勇気の結果としての実践行動にのみ向けられるものなのである。彼はこれを特に、ロッカビー事件、東ティモール事件や、最も重要で恒久的には、核兵器の威嚇あるいは使用の合法性に関する事案の勧告的意見における、その長い反対意見の中で実践した。

表面的には夢見る人であるにもかかわらず、この職業的な責任を明示するというウィーラマントリー判事の手法と法律学的立場は、中核をなす点において、彼が明らかに実定法主義者であって、司法の職務というのは、世界法廷に対して立法の役割を求めることによって立法府の大権を冒すことのないよう、今ある国際法を適用することであるというのが彼の考えであることに気づくのは重要なことである。一人の裁判官にとって重要な課題は、このような仕方で法を適用することであり、しかも地政学的圧迫に直面してひるむことなく、また特に多くの法実証主義者によって、国家は、法によってそうすることが明示的に禁じられていない限り望むことは何でもできるという、国家の法的能力を肯定しているものと理解されてきた、ロチュス号事件を広範に適用することによる、無制限の権限を主権国家に与えることのないよう法を適用することなのである。それどころか、人道主義の要素が危機にさらされるや、ウィーラマントリーの実証主義へのアプローチは、特に平和と安全保障の文脈においては劇的なまでに反対方向に向っていて、マルテンス条項やしばしば引用される害敵手段は「無制限」なものではないとするハーグ戦争法規の規定のような、極めて一般化された制限の法原則については、明確な禁止の効力を与えるのである。そのような法律学的な取り組みは、実定国際法に一連の強力な自然主義者的傾向を導入して、結果的にロチュス号事件の広い解釈を無効にし、それによって地政学および主権の自由裁量権に対する強力な異議申し立てが、現行の国際法の枠組みの中から司法活動で用いられる最も一般的に認められたプロフェッショナルな基準に従って、始められるようになるのである。

彼の任期中、世界法廷に提訴された三つの有名な法律論争の各々に対して、ウィーラマントリーは同業者仲間の多数派とは違って、核兵器事件における多数意見のように、主要国の実行にはっきりと従う妥協の形か、あるいはロッカビー事件や東ティモール事件の判決において生じたと推測される、圧倒的な権力と富をもつ政治的アクターたちの優先事項に公然と従うことによるかの、暗黙のファウスト的地政学との契約と思われるものを結ぶことを拒んでいる。ウィーラマントリーの際立った法感覚の放つ人道主義的な権威は対をなしている*（二つの）核兵器事件において彼が行なった長い反対意見によって極めて明らかに示されていると思われる[5]。

これらのウィーラマントリー特有の法の運用法の特徴のすべては、総会の要請に応える核兵器事件の勧告的意見におけるその彼のアプローチを少し考察すれば、はっきりと説明できるであろう[6]。彼が強く賛同している、「非合法という方向に」、裁判所が相当傾いていることを認めてはいるものの、ウィーラマントリーは個別意見ではなくて、あえて反対意見を出した理由を説明して、本決定の最も主要な部分は、「法を誤ってかつ不完全に述べている」ので、「決して明瞭ではなく、明らかに間違っている」と主張している[7]。彼が特に反対しているのは、第一に、裁判所がいかなる使用も無条件に不法であるとみなされるべきであるという、より強い主張ではなくて、個々のおよびすべての核兵器の使用も「一般的に」違法であると主張したことであり、第二は、裁判所が「国家の存亡そのものが、危殆に瀕し、自衛の極限状況」にある場合に、核兵器の使用が合法であるか否かについて、今「確実に結論を下す」ことはできないとさらに認めたことである[8]。ウィーラマントリーは、核兵器に向けられた明示的禁止の国際法が存在しないにもかかわらず、これらの兵器は現存する国際法の下では絶対的に不法であり、しかもこうしてたとえ限定されたものであろうと、裁判所が核兵器による威嚇またはその使用が、場合によっては合法的であり得るという可能性にすら言及したことは、法技術的に間違っているので、結論としては法の誤った陳述であると同時に、危険で歓迎し難いパンドラの箱を開けてしまうことになったと彼は信じているのである[9]。

現にある争点自体よりももっと意義深いのは、ウィーラマントリーが国際法のこの解釈に達するために頼りとした理由づけ、すなわち核兵器のいかなる使用も、正当性がどんなに申し立てられる状況であろうとも「あらゆる法が依拠している人間の尊厳と価値の根本原則に矛盾している」という見解である。そしてさらに、核兵器は「この惑星の

＊「対をなしている核兵器事件」の原文は、the companion Nuclear Weapons Cases である。ＩＣＪに対し、国連総会とＷＨＯが核兵器使用の合法性の問題について勧告的意見を求めた。裁判所は、前者に対しては求めに応じ、意見を出したが、後者に対しては管轄権を認めず却下した。詳しくは本書第七章と第八章を参照のこと。

生物全体を脅かすという意味で、人間環境を危険に晒す」がゆえに、すべての行使は禁止されなければならないという見解である。ウィーラマントリーは、世界のあらゆる偉大な諸文化は、それらの核心部において「人道上考慮すべき基本的事柄」[10]を侵すどのような行為に対しても反対しているのだとする彼の見解を含めて、そのような断定的な結論に到達するに至った多くの追加的理由を述べている。彼はまた、いくつかの決議という形で国連総会が到達した結論にも頼っているが、それらは核兵器の「完全な除去」を求めていて、しかも彼の考えでは、この兵器が「文明に対する脅威」を引き起こし「除去されなければならない」[11]という意味の「国際共同体の姿勢」の権威ある表現なのである。さらに、ウィーラマントリーは、国際人道法の一般原則や命令が、核兵器は本質的に不法であるという結論を支持するものと解釈している。ここでの主眼点は、核兵器に対するウィーラマントリーの見解を支える法の理論的根拠ではなく、そのような理論的根拠が、国際法の基礎的な原則の中にすでにあり、権威ある具現化された内なる普遍主義とヒューマニズムであって、この法律家がそれに導かれてもつに至った、より一般的な見解を説明する方法なのである。極めて明らかなことであるが、核兵器に常に大々的に頼るという見込みと結びついてきた人類の生残りに対する脅威、そして生命そのものに対する脅威ですら、本質的に普遍的なものである。その意味するところは、したがって、文明横断的なものであって、個々の文明の視点からは完全には理解することができない。その結果、ウィーラマントリー法学は人道主義的側面が強調されていてその文明的側面は皆無というわけではないが、いくぶん軽視されている。また後に論じることになるが、ウィーラマントリーは彼の倫理的な姿勢を、司法の裁量権の範囲に敏感であるという確かな専門家気質をもって実証しようとしており、裁判官というのは法を作るのではなく、裁判官の間で見解に相違のある法を…それはおそらく関連する法源を照合して採られる種々の解釈の仕方によって生じると説明されるのであるが…適用するものであるとしている。

ウィーラマントリーは、その非常に長い反対意見の結論において、国際法の役割について、特に考えるべき二つの異なったとり得る道があるということに言及している。まず、「国際法を恐怖に依拠させる」ことを認めるトーマス・ホッブスによって古典的な形で明確に述べられた、権力志向のアプローチがあり、その次には「グロチウスによって描かれたような国際的な法の支配」がある。ウィーラマントリーの見解は、これらの「大幅に異なった世界観…」の間にあって、「国際法は、明らかにグロチウスの洞察力に傾倒している」こと、しかも裁判所は、当該事案において、並外れた重要性をもつ争点に関して、この（グロチウス）への傾倒という特性を明らかにするその歴史的な好機を逸したというものである[12]。ウィーラマントリーは核兵器国の政治指導者が、違法性に関する裁判所の結論に従うことに不本意であったことはほぼ確かであったことから、本決定は地政学に真っ向から抵抗するものであるという議論に、直接大胆に立ち向かい、司法の機能の本質は政治的結果を考慮せず、「現にある法を主張する」ことであり、そのような誠実な公言が実行可能性についての見たところ堅固な現下の反対の評価を時が経って、変える見込みのある、「それ自身の固有の権威」をもつことになるであろうと論じている。彼はナミビア（南西アフリカ）に関する勧告的意見（一九七一年）において、裁判所によるアパルトヘイトの否認が、当時政治的現実に真っ向から逆らうもののように思われたが、その違法であるとの結論が、アパルトヘイトを取り壊すために活動していた政治的および社会的勢力を力づけて、それ自身が力関係を変える一要因となり、やがて歴史的現実を作り変えたことに言及して、いかに法というものが結局は勝つことになるのかということの抽象的な評価を支持している。ウィーラマントリーの感銘的な言葉で表現すれば、「裁判所は、その関心事ではない、政治的領域に属する諸々の理由に抑制されることなく、そうするように権能を与えられ、かつ責任を負わされているのであるから、法を宣言し、明らかにするというその司法的役割を果たす必要がある」のである[13]。ウィーラマントリーが、裁判官は、個々の決定の効力について政治的打算をはかる権利はもたず、法を見分けて適用するという厳密に法律上の職務にその役割を限定すべきであると信じていることは明らかである[14]。

B. 規範の普遍主義の前提条件を問う

ウィーラマントリーは、国際法に具体化された根本規範の実在というのは、少なくとも生存への脅威に関係する場合、あらゆる文明のアイデンティティの根元にある価値観と信条の収斂したものであるということを深く確信している。そういうものとして、彼は、他とは異なる価値観と信条を強調する文明志向と結びついた多くの最近の展開とは反りが合わないのである。そのような文明の多様性というのは、もちろんハンチントンの「西洋対それ以外のもの」ということを、あるいは相争う諸文明から構成される新ホッブス流の秩序が、諸国家の競合関係にとって代わる過程にある、ぼんやりと見えている「文明の衝突」ということを意味しているとまで考える必要はない[15]。もっと穏やかに表現すれば、文明のアイデンティティについての多元論者の見解は、価値観および信条という事柄に関しては、歴史的経験と同様に、顕著な差異があることを論じ、普遍的な規範による秩序という主張を打ち負かすか、少なくとも修正しているのである。さらに、世界の現況の目立った特徴は、これらの差異を言い立てることであり、冷戦および冷戦よりももっと短かったマルクス主義と、二〇世紀前半の二つのいわゆる「世界」戦争のような近代化と世界の覇権を求める西欧の目論見に内在する市場志向の立憲政治との間のイデオロギー紛争への専念が終わって以来、それは以前にもまして顕著になっているのである[16]。植民地独立が一九六〇年代半ばに完了するまではそれ以前における西欧の経験と世界史全体という異質なものを合成して一つにすることは、少なくとも議論の余地のあることであった[17]。

私の見るところ、普遍主義と、文明間の対話の弁証法的な基礎となるべき特定の文明の見解との間には、主として新たに引き起こされた緊張関係というものが現に作用している。非西欧的世界は明確に経済のグローバル化のもたらす均質化の影響を避けるための手段として、また欧米支配の記憶とその残滓という現実とを克服する手段として、いっそう強く、文明のアイデンティティを切望しているのである。そのような傾向は、ある種の見解の相違を主張し、世界経済の欧米による操作や支配と世界の安全保障の原動力、および国連によって権限を与えられ、履行される地球規模の努力であると考えられる活動までも非難する、最近のイスラムやアジアの奮闘において特に明らかとなっている[18]。この規範の解釈の基本路線は、妥当な世界秩序を建設する進行中の過程の部分をなすものとして、文明間の平等と参加の重要性を強調することも求めている[19]。

例えば、国際人権法を創案し、後に発展させる過程に、先住民の参加を排除したことが明らかに不満足な結果を導いたように思われる。先住民の考え方によれば、それら自身様々ではあるが、でき上がった条約は一般的に違法な枠組みであったのである。先住民たちは、彼ら自身の発意で、この枠組みの不備を修正するために最善を尽くしてきたが、それはきちんと整った完全な規範的命令を持ち出すということではなく、自決権という肝心の規範を彼らなりに表現することに関わって、彼らの固有の表現による考え方をはっきりと述べることによってなされた。これはまさに普遍主義者の枠組みから借用されたものであったが、すぐ後で先住民たちの個別の要求や条件に翻案されたのである。彼らはとりわけ、生き方を守ることを求め、また公然の搾取であるとか、おためごかしの理由づけで主権的世俗国家によってひどい抑圧を受け、あるいは同化の名の下に分裂させられると言った、単なる、どうにでもなる客体としての扱いを受けてきた近代化の過程での経験とは違って、一連の主体として歴史に再登場することにより、彼ら自身の運命を支配することができるようにと求めたのである[20]。国際法に根拠を求めたこの先住民たちの闘争はまた、最も基本的な形としては、人種ではなく、ある文明、より正確に言えば伝統的な、もしくは前近代的な世界観を共有するような一群の文明が生き残れるか否かという問題を主張しているがゆえに、核兵器の合法性について述べた前の議論と関わりをもっているのである。この場合、国際法との関連性は人種それ自体を維持することというよりも、文明のアイデンティティと多様性を保護することであるように思われる。

もちろん、文明のアイデンティティという言い方はまた、非西欧の抑圧的性格をもつ諸政権が、最小限度の基準の維持、あるいは残虐な文化的慣行の克服を拒むことを正当化し、現政権の政策を国の内外の様々な方面から寄せられる非難から守るための一つの方法としても用いられている。文明の多様性が内包するこの二重のリアリティ、すなわちその肯定的な面と否定的な面とを認めることによってこそ、文明の相互間および文明内部における対話によって規範的秩序の形成へのアプローチの基礎はしっかりと築かれるのである。

この点を考えると、ウィーラマントリーの普遍主義は、世界法廷の裁判官として彼が公にしたことにのみ基づくのではなく、彼のすべての著作を基にして理解される必要がある。彼の見解をそのようにより完全に理解するのでなければ、ウィーラマントリーのアプローチは、どこか不完全なものとして理解されることになるかもしれないし、西洋の覇権の脅威や構造についてなされた文明間の自己主張や、それに連なる抵抗の歴史の現実に対する彼の反応を充分に示すことができないということになるかもしれない[21]。ただし国際社会の現段階においては、規範的普遍主義が一般に受け入れられる法律学の出発点としての基礎を提供するものであるかどうかについては論争の余地が残る。ここで要請されるのはそれよりも、私の解釈するウィーラマントリーの司法への取り組みとは対照的に、やはり普遍的適用性と妥当性をもつような有効な諸文明間での基準と手続きを確立することを求めている法律的枠組みに、文明論的な観点を導入することなのであるが、それは段階的にのみ、そして多文明間の対話プロセスへの参加を通じて行なわれなければならないのである[22]。ウィーラマントリーのアプローチについての疑問は二つある。その第一は、法を創造したり、様々な段階にある文明を包含しあるいは排除したりする手続きをどうするかであり、第二は、国際法は、現状のままでは欧米の利益や価値観を明確に支持するような体裁になっているので、ある面では、権威を失っていることをどの程度認めるかということである。

C. 国際法と地政学——この悪しき結合の持続

ウィーラマントリー判事は法の適用に際して、ホッブス流に国際法を力関係と優先の力学に従わせている地政学の支配的構造から分離させることが必要であるとの見解に基づいて、司法の職分とか、法律学的姿勢という考え方を断固として選んでいる。国際法が自律性をもつことで、国際的な活動において、漸進的で人道的な傾向がやがて優勢となり、理性と正義に基づいた、人類の生存に向けて絶えず注意深く制御される地球文明というものが全盛となる基盤を提供することになるであろうというのがさらなる彼の信念である[23]。

この見方の対極に立つのが極端な現実主義者の認識であって、国際法と、それを解釈しそれによって裁判をする諸機関こそが、強力な権力政治の作用と関連して形成された国際社会の創造物であり、しかも個々の裁判官あるいは学者は、生まれや国家的アイデンティティが同じであるという偶然によるか、あるいは純粋にイデオロギーや倫理面で執着しているところの顕れとしてのいずれかで、現存する世界秩序内のある特定の行動主体に必然的に結びついているとするものである。理由は明らかであると思うが、法律学的な立場と地政学とのこのような結合は、国際法上主流の学者たちによって、そして官僚や政府によって任命された者たちによってさえ、彼らとイデオロギー上対立している者たちからの働きかけが監視される場合を除いて、はっきりと退けられている。西側は、ソ連圏諸国出身のマルクス主義者の法律家たちを軽蔑して放逐したが、他方では、共産主義体制側もそれらの諸国における西側出身の法律家たちに同じような仕打ちをしたのである[24]。

西側においては、この手の法律と政策との直接の結びつきは、客観性というオーラが保てるか否かを左右する法的分析の尊重が損なわれることを避けるために、決定の場においては隠ぺいされるか押さえ込まれているのである。法律的な結論が、地政学的状況のもとで偶然かあるいは当然に起こったことを反映しているだけなのだということを公然と認めるのは、国際法の尊重を妨げ、法的手法の最も基本で、広く共有されている規範を侵すことになるであろう。こういう法律学的方向づけは、マイレス・マクドゥーガルに関わるニューヘブン学派によってはっきりとした概念として支持されてきており、その結果権威を直接有効性と結びつけることになり、かくして裁判官あるいは他の政策決定者が、ある特定の解釈をする際には、それが実際に履行されるという何らかの合理的な見通しが必要なのだと考えるように彼らを変えることを意識しているのである。また、この分析の仕方では、国際法を適用することが、必然的に現に進行中の国際紛争に関わることになり、しかも実効性という実際的な理由から主要国の、その行動に課せられるある種の制約を受け入れたがらないという考えに譲歩することが必要であるとか、あるいはむしろ地政学的に求められることを法的に表現してこれを支持するのが適切なのではないか、なぜなら求めている側は望ましい世界秩序の推進のための代理人であり、それに反対する者や競争相手は破壊と抑圧の代理人ということになっているのだから、と信じているのである[25]。要するに、我が方の地政学の立場と国際法との間には、この種の緊張関係はあるはずがないと否定され、強い政治的関心を背景とする国際法を、大方の中立的な観察者ならば、単なる自己弁護や宣伝に法律的な外観を与えるだけのものとみなすであろうものに変えてしまっているのである。ある意味で世界秩序の価値基準に関わり、その法律家がもつ地政学的な考え方と偶然に一致するという、納得できる事案が生じるということは、もちろんあり得る。しかしもしこのような結論のまとめ方が、イデオロギー上の対抗者によって提出されたとしたら、それはすぐに単なる宣伝として捨て去られてしまうであろう。私の考えではこの法律が地政学に譲歩するということは、しばしば法的に議論する際にも、意識しないまでも決定要因として機能していて、地球というこの惑星のための人道に適った統治という形の好ましい世界秩序を推進する上で、国際法の果たす役割を損なうことになるのである。

それでも私は、ウィーラマントリーの立場よりも、核兵器事件の勧告的意見における多数派によって採択されたものにより近い、国際法と地政学との間の関係を作り上げようとする法律学的志向に賛成する[26]。それは国際法と道徳という規範的命題と、主要国が有効な実行力をもち、権威をもって行使する政治的強制との間を、特に平和と安全の面でとりもつ道を探し求めているのである。私の見るところ、どのような法原則を適用すべきかについて、このような妥協を考えないやり方をするというのは、法の領域においては非現実的な自律性を、また政策決定者あるいは司法官の側では、解釈がとても信じ難いほどに客観的になされるということを前提にしているのである。さらに国際法は、進んだ形の統治機構を欠いているような社会秩序の中で成長してきた、ある特別のタイプの法であり、国際法秩序を実際に作動させるに際して、問題の多い法基準を実施する場合には、意見交換の重要性を認めるとともに、有効性と適応性という要素を考慮するために、規則と実践との間の微妙な相互作用ということを常に信頼してきたのである。そのような複雑な形の相互作用は、特に海洋法の進展に関して顕著であった。もっとも継続して行なわれた法創造のそのような過程は、一九八二年の国連海洋法条約の履行によって、それ以後は実際上、影響力はいくぶん小さなものとなったのであるが[27]。

国連憲章は、戦争を選択することを思いとどまらせようとする努力において、国際境界を越える武力攻撃を受けるよりも前に、自衛行動という手段に訴えることを排除しているようであるが、そのような法律尊重主義的表現が全くの空言であるとしても、そうであるとすれば合理的な理由によって壊滅的な猛攻撃が目前に迫っていると認識した国家は、いかなる種類の武力による先制行動も回避しなければならないということになる。そのように法律尊重主義者的に法を守るということは、敵対する国家間の関係では、武力が対峙しているという現実を考慮すると、あまりにも単純で自滅的であるように思われる。事実一九六〇年代、一般的にイスラエルは国際的に不人気であり、一九六七年に戦争に踏み切ったことは明らかに国連憲章第二条四項と第五一条の文言と両立しなかったのであるが、国際社会において法律的な視点からは真剣に非難されることはなかった。このことは次のような意味合いを考え合わせて説明されるであろう。当時敵対していたアラブ軍が、戦争のために動員をかけたことを考え、彼らがイスラエル国家を破壊するという公然たる意図を有し、さらに軍事攻撃に対してはイスラエルには小さな領土しかないという弱みがあったことを考慮すると、イスラエルの反応は合理的であったのだと一般的に考えられたのである。加えて国連は集団的安全保障のメカニズムによって侵略の犠牲者を守るには明らかに能力を欠いていたし、その意思もなかったということが、イスラエルが自力救済を行なうことの正当性を強化したのである[28]。換言すれば、法律尊重主義と地政学との間の緊張関係を解く上で、状況的正当性という準法律的概念が徐々に人々の心に浸透していて、それは国際的な国家の営為が制度化される程度が低いために、矛盾なしには適用することができないのであるが、不偏不党に判断を下す権威ある機関が存在せず、頼りとなる強制力を欠いている状況では、武力による先制行動が多くの場合にはなし得ることのすべてであり、国際法に第二義的ではあるが、効力をおそらくは生み出してくれそうな手段を提供しているのである。ここでもまた、一般的なルールを複雑な世界における特定の状況に当てはめる上での困難さがあって、解釈の裁量の余地は最小限にとどめるべきであるとのはっきりした意図が存在しているような状況にあっても、結局のところは広範な解釈権を主権国家が保持することに帰着してしまう。このような除去できない主権は、諸政府を政治的独立や領土保全そしてたぶん国家の生存自体にすら関わると認識される、危機的状況に直面させるような平和と安全が問題となる場面において、特に関係してくるのである。そのような状況においては、安全保障上の感知される必要性を処理すべく、法はねじ曲げられてしまう。もしもこの転換過程が、状況的に正当であると大方の他の政府の目に映るならば、それは非難されないですむであろうし、まさに同じような状況に置かれた他の諸国の行動に対して先例となるであろう。もしもこの解釈に基づく主張が不当なものであると広く認識され、それに対して有効な対応が組織されるならば、解釈の自由を求めるという方法は許されず、一般的なルールの核心をなす意味が保たれることになる。この後者の典型が、クウェートに対するイラクの要求への対応であったと言えるが、その結果一九九一年の湾岸戦争において、イラクの要求を否認することになったのである。

核兵器事件の勧告的意見における多数派の見解に戻ると、判事たちは国際人道法の原則を形式的に適用することと、核兵器国が長期間にわたって少なくとも抑止あるいは報復という形で、この兵器を使用することができるのだという主張の下にその権利を提示してきていて、それらの主張が核兵器使用のもつ規範的意義を研究している人々を含む、多くのアカデミックな専門家たちによって支持されてきた程度との間にある、不一致を考慮に入れようと試みていたのである[29]。このような確認された地政学的な慣行を全く無視してしまったとすれば、特に公式の反対が持続してなされなかったことを考慮すると、裁判所はただ絵空事に耽っている機関であるのかと言われて、裁判所に対する軽蔑を招くことにもなるであろう。しかしながらこのような明白な法規則と、主要国によるこれらの実行が招く破滅的危険に対する公然たる反抗を無視すれば、国連の司法部門を核兵器の威嚇または使用は違法であるという意味の諸政府間の累化するコンセンサスとも、またそれを上回る明白な国際世論はもちろん、トランスナショナルな反核運動の感情とも不和状態に置くことになるであろう。他にも明確な法的境界線を越える形態の要求もあるが、それらとは異なって核兵器に関するものは常に国際社会の重要な部門にとって最も深遠な関心事であり、第二次世界大戦の終わりの時期に原子爆弾が日本の都市に対して使用された一九四五年以来、何十年間にもわたって盛衰はあったものの、力強い草の根運動を発生させたのである。

この状況に直面して、核兵器に焦点を当てた明確な禁止の制度の恩恵を受けることなく、裁判所はこの兵器が国際法の下で違法であると宣言するという大きな一歩を踏み出した。しかしそのことはまた、核擁護派と反核派の裁判官を両方とも怒らせ、どのくらいの大きさになるかは分りかねるような地政学的抜け穴を生み出した。核擁護派は、ロチュス号事件によって確立された原則は、事実に従って合法性を判断することのみが可能であるという意味であると考えていたのであるが、これに対して後者の反核派は、その中にもちろんのことウィーラマントリーも含まれていたのであるが、彼ら流の法の解釈によれば、この核兵器はすでに無条件に禁止されていて、そのように明晰となった法からのいかなる後退も、ただ法的基準をごまかす助けとなり、その回避を暗黙のうちに正当化することになるだけであると確信していた。安全保障理事会の五大常任理事国がこぞって反対しているような核兵器禁止体制をただ単に宣言するだけでは、それは司法的には愚行となるであろうという裁判所の判断は、的確であると思われるが、裁判所は核軍縮の選択を真剣に遂行するという長期間休眠していた義務—それは核不拡散条約（一九六八年）の第六条の核心的な義務となっていることによって、それ自身実証主義的地位を与えられている法的義務であるが—の履行に対して、驚くほどに非常に歓迎すべき強い支持も与えたのであり、この判断もまた同様に的確であると思われる。

法的規則や原則がある一方向を指しているのに、地政学は他の方向を指しているという場合、このような主題に関わる論争を有効に解決するには、頼みとする手続きを大切にするということを含めて、食い違いを和解させるための何らかの努力が必要となる。和解へ向けての一つのアプローチは、法と地政学が矛盾しているように見える領域では、例えばその生存が極度に脅威にさらされているようなある国家が、一九七三年の始めにイスラエルが行なったように、究極の挑発を阻止するためか、あるいは死にもの狂いで最後の防衛の手段としてか、ミサイル発射のための核弾頭を準備するような場合には、法が何を求めているかについては不確かであるということを認めることである。裁判所は、事実、この限定的な状況における法に関しては不確かであることを受け入れ、政策を選択するということではなく、従わなければならない法的義務事項としての核軍縮への強い要請とを結びつけたのであり、注意してみれば、そのようにして国際法はぎりぎりの自衛という局限状況においては核兵器を禁じてもいなければ許容もしていないと結論した不器用さを乗り越えることにもなるかもしれないのである。実際においてはしかし、裁判所はそのアプローチをそのように銘打ったり、位置づけたりすることはしないで、核兵器にまつわる状況における道理を述べているということなのである[30]。

確かに、政治的な制約に対してこのように敏感でありながらも、核兵器国の現在の政策に対して不利な法的評価を下した場合、それが彼らの行動に直接、すぐに影響するということは疑わしい。地政学優位ということは、主要国政府が国家の安全保障問題について、自らを国際社会に対して法的に説明責任を有するものとはみなしていない、すなわち、死活的利益が問題となる場合にはいつでも国益を国際法上の義務に優先させるようにと政府を励ます政治ドクトリンとして生命力を保ち続けている主権によって極めて広範に補強された考え方を意味しているのである。地政学的政策が優越している時、これに向けられた法的異議申し立てをそのように無視するということは、アメリカ政府がこのような説明責任を拒否し、かつ他の政府が拒否した場合にそれを有効であると支持する指導権のとり方を採用していることによって強められている。後に論じるように、核兵器に関わるこれらの政策に法的説明を求めることが重要であるのは、主に国連の特に総会における枠組みの中で、また核兵器の廃絶を優先事項とする長年の地球市民社会のトランスナショナルな活動の上で、それらの努力を支援し、奨励するためである。

D. 顕れてきた地球文明、この惑星の人道的統治、そして国際法の役割

国際的な活動が統合する傾向は、それぞれの主権的領域をもつ諸国家の間の相互作用に基づいて世界の全体像が構成されているという考えにとって代わる、ある種の地球文明が顕れてきているという見方を支えるものである。しかし新自由主義、すなわち市場推進政策の考え方が、特に北半球の最も影響力のある諸国家の間で優勢であるということは、それが理想的であるとはとても言えない二つの姿をもつものであることを示唆している。

・第一は、消費者志向の物質主義的世界秩序、すなわちグローバルな大ショッピングセンターであり、そこでは市場とインターネットが地球管理のための主要な自己組織化の仕組みを提供し、人間の連帯意識であるとか、あるいは自然保護に対して生態学的にどのように貢献するかといった倫理観はみられない。

・第二は、文明に基いて再構築された世界秩序であり、そこでは文明横断的な世界経済からなるグローバル化という面が見られ、そのことによって文明のレベルでは人間の連帯が維持されるが、あらゆる普遍化の要求は一、二の文明による、他の文明を犠牲にして企てられる地球上の覇権を掌握するための隠謀の表現に過ぎないものとして否定されていて、西欧が主要な非西欧文明に対してどのような関わり方をするかによっては紛争が激化するというものである。

ウィーラマントリー判事の地球文明に対する考え方は、グローバル化傾向についてのこれらの有力な解釈を両方と

も退けていて、理性とか人間の連帯とか人類の生き残りのための責務に駆られて共有する地球の将来への思いといった普遍的で当然の前提に基づいて地球文明のイメージを思い描くという形で具体的に表現されている。国際法は将来の国際社会にとって望ましいもので、その遠い目標を具現化するものとみなされている。そして裁判官は裁定を下すが、法律の制定はしないという法的義務に縛られてはいるけれども、法解釈の仕事の本質は、世界の偉大な諸宗教とそれらの文明的表現とがもち合わせている、それぞれが別個のものでありながら重複した特徴を導入することを含めて、そのような未だ始まったばかりの地球文明の具体的価値観に適切な表現を与えることであるとしている。

顕れつつある地球文明についての、この人道主義的な解釈を受け入れることについては、二つの扱い難い特徴が見られる。一つは、市場推進型論理が支配的であり、統治のあらゆるレベルでの政策立案者をグローバルな資本が厳しく統制しているので、あり得るシナリオとしてそのような解釈は、極めて行なわれそうにもないと思われることである。いま一つは、国際法を適用して履行するという意味合いにおいて、国際法に問題を預けるという委託そのものが、地政学的な考えによる優先課題と人道主義的な要請との間に、どうしても調整できない不一致を直ちに作り出すというものであって、そのことは特に平和と安全という問題で明白であり、すでに核兵器の合法性の問題に対する、世界法廷の判事たちによって取られた種々の判断の仕方において明らかになっているのである。

これらの理由によって、私は現段階においては、来るべき地球文明に対して国際法の占める役割については、未だよく分からないという見方を採用しておくのがより確からしいと考えている。この点について、出現する地球文明そのものは、市場推進型のグローバル化が、環境保護を願い、人権推進を求め、女性の抑圧や先住民の絶滅を解決するためにトランスナショナルな運動によって表明されているような民衆推進型の抵抗との間の緊張関係に直面することによって初めて明確になるものと表現するのがより有益であるように思われる。このような展開になるとすれば、多国籍企業と金融市場に信頼を置く、上からのグローバル化と、トランスナショナルな社会的勢力および活動家のネットワークに信頼を置く、下からのグローバル化との間に緊張関係が起こっているという証左として考えられてよい。

特に、国連システムを構成する公式の諸機関という舞台装置における地政学に関しては、法的義務を特定した上で、主要国の当局の実行がどのようなものであったのかを重視するのが法律学的にはより適切であると思われる。重視するというのは、それに服従するという意味ではなく、主要国によってなされた法律的大権の評価は、司法機関の解釈手続において評価分析して査定される必要があり、しかも普遍的人道主義という前提条件に関わる上では、国際法をその意義を考えずに適用することがあっては、それは決して満足が得られるものではないということを認めることを意味している。この点に関して核兵器事件での勧告的意見における多数派の決定は、核兵器国が採用している政策の合法性に異議を唱えはしたが、それは具現化された力の現実と、ある国の存亡が懸かっている状況においては、そのような兵器で威嚇する、あるいはそれを使用するという究極の権利は、合法的であるのかもしれないという、広く共有されたコンセンサスを認める仕方でそうしたのである。私はそのような結果は、対話の可能性を生み出すという大きな利点をもっていると思う。この結論は反核勢力を力づけるが、また法の力は、それだけでは主要国の長期にわたる基本的な政策を覆すことはできないということも正しく評価している。ここで対話というのは単に言葉のことではなく、民主的な実践の根本的要素である、意思伝達行動の基盤のことなのである[31]。

それはともかくとして、このようにして純粋に人道主義的な立場からの観点を拒絶するということは、単に国際法の役割をいっそう信頼できるものにするための実用主義的な判断に過ぎないのであろうか。それは言い換えると、法律家が、より高度な真実と関わることや、政治的圧力にどれほど抗することになろうとも法を適用するという義務を放棄することになるのであろうか。私はそうは思わない。国際社会の構造や、主権的権利を支持する強いドグマへの固執が続いている状況を前提として考えると、最も最適な法律家の役割というのは、法の自律性を放棄して政治領域に委ねてしまうことでもなければ、政治的指導責任を託された人々によって哀れな幻想であると拒否されるような法律万能主義の立場を推し進めることでもなく、弁解あるいはユートピアニズムに陥るという誘惑を避けることである[32]。私の見るところ、国際法と法律家は、自信をもって、充分に立場を固めて対峙している政治権力とトランスナショナルな社会的勢力との間の対話の場に入っていき、双方の関連性は認めつつも、それらの自律性をいずれに対しても従属させないことによって、より人道に適ったタイプの地球文明を作り上げるという目論見にいちばん貢献できるのである。ウィーラマントリーは、いくつかの極めて危険かつ反対すべき特質を露呈している現在の世界秩序に、国際法に頼るという方法で異議を唱え、変革しようという壮烈かつ極めて貴重な努力をしているのであるが、この点で私は彼とは異なっているのである。

注

1　新自由主義のガイドラインを支持する世界経済が及ぼす影響の重大性についての充分な世界秩序の議論としては、Richard Falk, An Inquiry into the Political Economy of World Order, 1 New Pol. Econ. pp. 13-26（1996）；Richard Falk, On Humane Governance: Towards a New World Politics（1995）を見よ。

2　この暗い予測の多くの解釈の中で注目すべきものは、Benjamin R. Barber, Jihad vs McWorld（1995）である。将来についての否定的（そして肯定的）シナリオの範囲については、Majid Tehranian and Laulra Reed, Human Security and Global Governance, in Prospectus For Collective Research Project 71（Toda Institute for Global Peace and Policy Research 1996）を見よ。

3　John Ralston Saul, Voltaire's Bastards: The Dictatorship of Reason in the West（1992）を見よ。

4　ウィーラマントリーのこれらの問題についての独特のアプローチに関する明確で包括的な意味や、植民地時代の間に生じた、第三世界への破壊的な影響力に対する彼の欧米批判と同様、欧米の物質主義と個人主義に対する告発については、Weeramantry, Equality and Freedom: Some Third World Perspectives（1976）を見よ。

5　核兵器の合法性に関する事件のうち、ＷＨＯが提訴した方の事案においてなされたウィーラマントリーの有名な反対意見も見よ。この意見の前提において、ウィーラマントリーは、「健康」の人道的な観点とＷＨＯの相当する使命に彼の核心的な理由づけに基づいて、裁判所は、勧告的意見の要請に肯定的に答えるべきであったと信じている三人の判事のうちの一人である。

6　多数派の決定についての私自身のいくらか肯定的な見解は、Richard Falk, Nuclear Weapons, International Law, and the World Court: A Historic Encounter, 91 Am J. Int'l L.（1997）の中に収録。

7　勧告的意見の本文は、Legality of the Threat or Use of Nuclear Weapons, Advisory Opinion のタイトルでＩＣＪの臨時出版物 General List No. 95, 8 July 1996. に収録。個々の判事の個別および反対意見は、別の頁付けで示されていて、判事の名前で言及される。Weeramantry, P.11. 以後の勧告的意見への脚注の参照は、Nuclear Weapons' と示される。

8　Nuclear Weapons, Weeramantry, pp.2-3.

9　Richard Falk, Elliott L. Meyrowitz, and Jack Sanderson, Nuclear Weapons and International Law, 20 Indian J. Int'l L. 541（1980）；C. G. Weeramantry, Nuclear Weapons and Scientific Responsibility（1987）；Elliott L. Meyrowitz, Prohibition of Nuclear Weapons: The Relevance ofInternational Law（1980）を見よ。

10　Nuclear Weapons, Weeramantry, PP.32-33.

11　Nuclear Weapons, Weeramantry, P.71.

12　923 I. L. M. 86.

13　922 I. L. M. 85.

14　別の設定において、二人の非常に保守的な判事が、議論の多い事案で、政治的なコンセンサスを無視するために同じ法理論的解釈を行なったことを銘記せよ。南西アフリカ事件（第二段階）I. C.J. Rep.（1966）P.3. は、安全保障理事会決議二七六が出されていたにもかかわらず、ナミビア（南西アフリカ）に居座りつづける南アフリカの法的帰結については後の勧告的意見によって覆された。Namibia Case, I. C. J. Rep.（1971）16.

15　この見方の完全な叙述については、Samuel P. Huntington, The Clash of Civilization and the Remaking of World Order（1996）を見よ。

16　国際法秩序に関連して、これらの冷戦の不和がもたらす規範に与える意味を強調する、有力で重要な主張について、また C. Wilfred Jenks の（Common Law of Mankind（1958）に表明されたような）普遍主義の論駁や F. S. C. Northrop の（The Meeting of East and West（1946）のような）黙示的な論駁については、Myres S. McDougal and Harold D. Lasswell, The Identification and Appraisal of Diverse Systems of Public Order, in Studies in World Public Order pp. 3-41（Myres S. McDougal and Associates eds., 1960）を見よ。

17　William H. Mcneill, The Rise of the West（1963）と Arnold Toynbee, A Study of History（1954）を比較せよ。

18　代表的な著述としては、Ahmet Davutoglu, Civilizational Transformation and the Muslim World（1994）；Chandra Muzaffar, Human Rights and the New World Order（1993）；Chandra Muzaffar, Dominance of the West over the Rest（1995）を見よ。

19　この路線の議論の詳細については、Richard Falk, The Geopolitics of Exclusion: The Case of Islam, 18 Third World Q. 7（1997）を見よ。

20　S. James Anaya, Canada's Fiduciary Obligation Toward Indigenous Peoples in Quebec under International Law in General, in Canada's Fiduciary Obligation to Aboriginal Peoples in the Context of Accession to Sovereignty by Quebec pp. 9-40（Royal Commission on Aboriginal Peoples Report）（Aug.1995）を見よ。subject という言葉は曖昧である。ここでは object と対比させて用いられているが、しばしばそれは全く反対の意味で用いられる。citizen と対比させて後者のような用いられ方をした場合、subject は受け身で、国王あるいは王室の人物との関連で考えられているが、前者の用いられ方の場合には、subject は、能動的で、運命の自主的な行為者であり、覇権勢力によって操作される対象ではない。

21　より詳細な意味については、特に Weeramantry, Equality and Freedom: Some Third World Perspectives、上記注（4）を見よ。

22　ウィーラマントリーは、文化的伝統の特性を通して普遍主義を伝えることを好ましく思っているように思われるが、まず彼の見解は私の理解によると、西洋の絶対的な力に抵抗することが重要となるような非西洋的背景においては、特に文明の特殊性を廃したり傷つけたりすることなく、文明的な観点からみた共通点を結びつける共有できる普遍的な規範のルーツを、最も意味のあるやり方で発見し、発展させたいということのようである。この点に関して、ジェンクスやノースロップ（上記注（6）で引用したように）と共通するある種の特色をもっているが、アーノルド・トインビーとも共通するものをもち、ウィーラマントリーは、学術的著作において、数回、肯定的に彼に言及している。例えば Weeramantry, Equality and Freedom : Some Third World Perspectives、上記注（4）の p.142, P. 186 を見よ。

23　法律学的に、ウィーラマントリーと共通するものを多くもっている、これらの考え方と調和する強力な議論については、Francis Anthony Boyle, World Politics and international Law（1985）、および同 The Future of International Law and American Foreign Policy（1989）を見よ。

24　ここで私が言いたいのは、ある程度はお互い様である、ということではない。ソ連圏のイデオロギー的な原則は、ずっと画一的でかつ強制的な性格をもっていたが、西側の自由主義的なイデオロギーに関するそのモニター装置はそれに比べ、はるかに微妙であり、それでいてそれから逸脱することにはそれほど大幅に寛容であるわけではなかったということに考慮すると、おそらくその効果は薄かった。

25　法と地政学を連結させるという規範上の主張は、特に冷戦期に顕著であり、ニューヘブン学派の仕事において明白であった。Myres S. McDougal and Associates, Studies in World Public Order（1960）；John Norton Moore, The Secret War in Central America: Sandinista Assault on World Order（1987）. これらの思考の方向に沿う著名な国際法学者による、いくぶん実証主義的な傾向で書かれた他の著作については、Thomas M. Franck, Nation against Nation: What Became of United Nations Dream and What the U.S. Can Do about It（1985）；Thomas M. Franck, Judging the World Court pp.35-76（1986）；Julius Stone, Aggression and World Order: A Critique of United Nations Theories of Aggression（1958） を見よ。実証主義あるいは自然主義の意見をもった多くの法律家たちは、彼らの理論的根拠についてはあまりはっ

きりと示していないか、あるいは意識していないようであるが、国際社会における法的義務の解釈に権力がからむことに等しく神経を尖らせている。おそらく富、影響力、および立場といった面の法的結果についての論争は、またよく秩序が保たれている国内社会における法の特徴でもある。

26　そのような見方は、これらのテーマに関する以前の私の著作とは相容れないと思う。Richard Falk, Elliott L. Meyrowitz, and Jack Sanderson, Nuclear Weapons and International Law, 上記注（9）、および Richard Falk, Toward a Legal Regime for Nuclear Weapons, 28 McGill L. J. 519（1983）を見よ。冷戦の文脈における核戦争の目前の危機に対して高まった関心を表現するものとしての核兵器の法的地位に関する私の以前の明解さを、今、私は部分的に割り引きたいと思う。もっととらわれない何がしかの見方をして、私は禁止、あるいは廃絶に向けた有効な制度には、それを引き続き支持するが、核兵器国によって認められる協定を基礎にした場合のみ、有効に達成され得るものと確信している。

27　これらの経緯については、Myres S. McDougal and William T. Burke, The Public Order of the Oceans（1962）に立派に描かれている。しかし、このように要因が影響し合うことは、国際間に生じる出来事のすべての面にわたって存在している。これはまた、International Incidents: The Law that Counts in World Politics（W. Michael Reisman and Andrew R. Willard eds., 1988）にも解説されている。

28　一九六七年に、イスラエルが武力を行使したことは、一般に「自衛的」とみられており、合法性の範囲内でこれは明らかに付加的な領土の強奪や保持に関する事案ではなかったが、国連やその他の場において多くの政府によって広範に三〇年間以上にわたって、違法であると非難され、反対されてきたことに注意せよ。この見方の包括的な展開については、Anthony Clark Arend and Robert J. Beck, International Law and the Use of Force（1993）を見よ。

29　例えば Joseph S. Nye, Jr., Nuclear Ethics（1986）と Michael Walzer, Just and Unjust Wars pp. 269-83（1977）を見よ。

30　バーンズ・H・ウェストンが Nuclear Weapons versus International Law: A Contextual Reassessment, 28 McGill L. J. 542（1983）で採用しているアプローチと比べてみよ。

31　Jurgen Habermas, The Theory of Communicative Action（2 vols. 1984,1989）を見よ。

32　そのような仲介的な見解は、Martti Koskenniemi, From Apology to Utopia: The Structure of International Legal Argument（1989）において明瞭に述べられている。

第十章　グローバル化の時代における人道的統治の探求

A. グローバル化を考える――肯定的効果と否定的効果

長い冷戦期においてグローバル・ガヴァナンスの探究の焦点は、平和と安全保障の問題に、特に核兵器を保有する二つの超大国間の全面戦争を回避するということに当てられていた。植民地主義の崩壊や西ヨーロッパの地域統合を含む、他の重要な展開がもちろん生じてはいた。しかし主流となっていた世界の姿は、それぞれの中では階層序列化が行なわれているような諸国家の二つのブロックが非対称に配置されていて、両者は相互に対立を繰り返し、その程度は様々であるが世界に緊張を生み出しているというものであった。この危険をはらんだ出合いが、一九四五年から一九八九年に至る期間の地政学のパターンを作り上げていたのである。

このような背景において、人道的統治という考え方は非同盟の美点を強調し、南半球の国々が民族自決という原動力によって駆り立てられる方向に進んで行こうとする、その努力を一般的に支持するものであった。このような見方からすると、冷戦中は東西いずれの側によるものであれ、北半球の世界からの介入があれば、それは国家のレベルで行なわれる人道的統治が首尾よく行くであろうという見込みをひどく損なうものであると感じ取られていた。アメリカのベトナムにおける介入戦争や、それより後のソ連によるアフガニスタンの侵略に対して世界中で引き起こされた反発は、そのような受け取り方を凝縮して示すものであった。

　基本的な秩序づけの感覚から言えば、冷戦期においては、世界秩序についての漸進的な考え方の当初の目的は、承認された境界内での社会の発展に対する地政学の影響をできる限り縮小することであった。この意味で独立した主権国家というウェストファリア・モデルが、植民地制度後の明確な特徴となり、遠い将来実現されるべき念願の的ともなったのである。アフリカを含めた脱植民地化の状況において、「国民国家」という擬制が反対なしに支持されたのは、植民地時代に定められた国家の境界線が人為的なものとは言え、万一異議を唱えることが許されるようになった場合に、起こるであろう民族的分裂に基づく紛争を避けるためであった。しかし同時に、ヨーロッパを――以前の（および後の）統一ドイツ国家までも含めて、――それぞれの覇権に従う地帯に分割したことと同様、「民族」をそのような国家内に押さえ込んだということは、独立の主権に重荷を負わせることとなったのであり、その重荷は第二次世界大戦以来、ソ連とアメリカが軍隊をヨーロッパに維持したことでいっそう強められたのである。別の意味では、アフリカの植民地後の実在に対して、国家の創設を押し付けるということは、しばしば様々な形で存続できない統一体を生むという結果を招いた[1]。そのような取り決めは、現に存在している国家の形式的な独立を尊重することによって、ウェストファリア体制の期待に沿おうとしたものであったが、同時に多くの国家にとって主権が実在しているということが地政学的に否定され、また多くの民族を敵対的な国家環境に閉じ込めてしまうこと（例えば、ソ連の国境内部のように）によって、これらの期待を歪めてしまったのである。

人道的統治という考え方は、このような現実にもっと応えるように国連憲章の権威と規範を援用することによって出てきたものであった。国連憲章は条約としての地位をもっているし、また冷戦下において両陣営の国連への関与が活発であったという意味で二重の利点をもっていた。この関与の仕方は、やはり不均衡であって西側に有利であったが、それでも平和、正義、開発や人権といったあまり現実主義的でない人々が使う政治用語で書かれた、歓迎すべき世界秩序の課題の枠組みに沿うもので、同じ憲法的文書を確認することによって、共通の規範的基盤とでも言えるようなものをもたらしたのである。国連憲章は、国家が政策の手段として武力を行使するという権利に対して大きな法的制限を課したという点において重要であった。なぜならそのことによって、公然と国際法における武力行使が主権の要素として扱われ、基本的に国家の自由裁量に委ねられていた初期のウェストファリア流の考え方に挑戦しようとしたからである。国連憲章はまた、攻撃を受けた国家を守るために集団的な行動を起こすことができるという構想を提示し、ウェストファリア体制が第二次世界大戦前の段階においてもっていた、自助の性格に代わるものを定めたと思われる。この冷戦の時期における人道的統治に関する考え方の多くは実際に、たとえ全く文字どおりではないとしても、国際法の権威を援用し、また諸政府に真剣な軍縮および非武装化の交渉に入るよう勧めることで、憲章が期待したこれらのことを実際の行為規範に変えようと試みたのである。

これも事実であるのだが、「世界秩序モデル・プロジェクト」によって押し進められたような、人道的統治についてのさらに野心的な考え方があって、それらはこの時期に、一揃いの世界秩序の価値という視点から、有益で必要な調整の仕方についての、より包括的な考え方を主張し続けていたのである[2]。それらのセットになった価値とは次のようなものであると言えよう。暴力行為を最小にすること、経済的な幸福を増進すること、社会的正義を実現すること、そして環境保護を最大限に行なうこと、である。このような規範としての行動の指針は、各国の軍備管理（そして軍縮はせずに）や国連活動の専門機関による機能的拡大のための支援に力を入れることが典型例となるのであろうが、国際紛争については調整や管理的解決法を増やしていけばそれでよいと考えている主流の改革論者を非難する側に形勢は有利になったのである。このようなより急進的な思考の傾向は、人間の潜在力についての省察のユートピア的な伝統に根差したもので、また歴史についての統合的な解釈に基づいて生まれたものである。それは人間性の統一というものを、人種、民族、性、階級、国籍、イデオロギーによる個々のアイデンティティを、人類全体にアーチを渡すようなアイデンティティで補完し、これを超える人間というアイデンティティを示しながら、互いに連帯する活発な精神の自然の発露であると見ているのである。

冷戦が終わると人道的統治についての議論がいくぶん深みのある方向に変わった。はっきりとした戦略的紛争のなくなった世界の舞台における唯一の超大国としてのアメリカの役割が、特にグローバルな市場勢力が顕著となった中で、曖昧な地政学的な空気を作り出している。この市場勢力が目立ってきたことと「グローバル化」への没入が結びつくと、力の均衡、抑止力、封じ込めといった理論と関連する古い型の地政学として描かれているものと、市場占有率、自由貿易、そして自由競争といった現在支配的となっている考え方、またこれ程支配的とは言えないが、人権、国際犯罪、テロリズム、および環境保護といった問題に関わる新しい地政学との間に緊張関係を生むことになる。アメリカは迷いながらも、この新旧の地政学の間の接点に座し、時に近代主義者の、時に脱近代化主義者の態度や取り組みに加担し[3]、それによってこのグローバル化の時代の初期の段階における、世界秩序の性格についての不確実感を広める手助けをしてきた。

古い地政学は、制裁を含む強制力を伴う外交手段によって、また、重要な技術や、時には資源さえも供与を差し控えるよう第三国に圧力をかけて「ならずもの国家」を封じ込める努力を続けていることに表れているように、依然存続している。反対に、中国との関係の場合のように、イデオロギーの違い、規範の問題についての異議、力の均衡などについての考慮はひとまずおいて、貿易や投資の機会を優先させるのが新しい地政学であるとされる。新旧の地政学の間の、このまだ解きほぐされていない緊張関係とともに、グローバル化による現況は、人道的統治とは何かということを考え直し、目下の世界秩序を作り出すという課題へのその関わりを広げることが重要であることを強調するものである。

人道的統治を推進しようという将来への展望をもってこの相互作用を考えるには、グローバル化が世界秩序に与える影響について、初めにいくつかのことをはっきりさせておくことが必要である。有害な影響と有益な影響とを考察してその概要を以下に述べる。

一．否定的効果

勝者と敗者の間に格差が拡大した。「人間開発報告一九九七」によると、「世界中の人々のうち、最貧層の二〇％の世界所得に占める分け前は、哀れなことに一・一％であり、これは一九九一年の一・四％、一九六〇年の二・三％から下落していて、縮小し続けているのである。そして最富裕層二〇％を占める人々の所得の最貧層二〇％の人々の所得に対する比率は、一九六〇年の三〇対一から、一九九一年には六一対一へと上昇し、一九九四年には、さらに驚くべきことに七八対一となっているのである」[4]。これらのますます広がる格差はまた、地域間の格差としても、社会における貧富のそれぞれの階層の、その内部関係においても明らかである。これらの格差が、国家レベルでは人々の団結力をもたらすはずの、自分はこの政治的なコミュニティに属しているという感覚を根底から崩しているし、また個人に対しては、互いに疎外し合うという結果を生み出していると思われる。このような成り行きが、種々の盲目的な愛国主義や、外国人嫌いの考え方や運動を引き起こしてしまっているのである[5]。

これに加えて、新しい正統派学説とも、苛酷な考え方ともいうべきものが顕れていて、グローバルな市場の論理を前提に、競争原理と財政緊縮を考慮することこそ必要な優先事項であると強調することによって、負け組に対する政府の役割を低く抑えているのである。このような思考や行動形態は、ほとんど批判されないままになっているが、そのことは国家の役割についての国民志向型の将来像を促進させる上で頼りとなるであろうと思われる、比較的まとまった社会的勢力としての組織労働力が衰退したことをある程度反映している。この結果、国家が主導権を握る意思と能力を減退させてしまい、そのことによってもうありふれたものとなってしまった長期にわたるホームレスや、輝かしい豊かさの中にあっても都市が急速に衰退するのを耐え忍ばざるを得ないものとなったり、あるいはヨーロッパ大陸の大部分におけるように、賃金水準を高く保ちながらインフレ率を小さくしておこうと思えばその必然的な支払うべき対価として慢性的な高い失業率を忍ばねばならないものとみなされるようになったりしている。このような「原則化された無関心」が、サハラ以南のアフリカ諸国への経済的援助を減らすことにもなってしまった。そこでは冷戦の間は政治的な成果を挙げることが、肝心の問題とされたがもはやそれが戦略的な重要性をもたず、したがって古い地政学のルールによってかつては正当とされた援助の投入は、価値がないということになっているのである。

また現代のグローバル化に関わっているイデオロギーは包括的な民営化を奨励している。この動向は目下広がっている、政府と官僚政治を嫌う社会的な傾向によって強められ、さらに自己組織型と思われているようなシステム、特に市場やインターネットが繁栄していることと、ソ連型の中央計画経済における、経済的および社会的実績が惨めな失敗に終わったことによって強固なものになっている。社会が集団として担っている責任に対する態度のこのような変化が政策に及ぼした影響は、多くの公共財、特に国連への負担金であるとか、海洋汚染や気候変動が悪化する傾向の中で、グローバル・コモンズを持続させようとして取られる行動のための資金供給といった、地球的な公共財に対する支援を減少させる方向への強い圧力を生み出すことになった。公共財の保全のための支援の縮小は特にアメリカにおいて明白であって、一九九七年末には温室効果ガスの排出削減への方策としてさえ、税金による刺激策であるとか汚染クーポン券のような市場装置によって処理する方法を選ぶことにより、グローバル化経済の命じるところへまっしぐらに最強の新自由主義の手法をもって駆けつけたのである。ヨーロッパと日本はこれまでのところ、グローバルな資本の統制による圧力と社会民主主義的な気風との間の折衷を図る、より強い能力を示している。グローバルな市場に関わる圧力に適応する方法はこのようにいろいろあるのだが、アメリカが方向を決めるような役割をもっていたということが一九九〇年代になされた努力を妨げ、グローバル・ガヴァナンスのために必要とされるレベルにまで達することができなかったのである。例えばアメリカの主に政府の行動の結果として、国連の五〇周年記念に関し、その二、三年前に取りかかっていた同機構の強化のための主要な提案を支持する世界中の市民活動を苦もなく無効なものにしてみせた。それどころか国連は、再び存続できるものと人々に思わせるために、規模を縮小することによって再構築することの必要な、あたかも病める法人であるかのように扱われたのである。

このように進歩的な改革案がしぼんでしまったということは、外部に存在しているグローバルな（そして地域的な）市場からの要請によって政治が取り上げるべき課題を決めてしまおうとする傾向と相俟って、政党、選挙、また立法機関といった手段を通じて政治に参加するという、伝統的な手法の有効性を縮小させてしまうことになった。このような傾向の相乗効果は、「民主主義」の効能がこれから先も立憲民主主義の従来の枠組みの中でうまく発揮され得るものであろうかという、深刻な疑問を生じさせることである。世界の多くの若者たちが幻滅を感じていることの一つの重要な面は、このように微妙で曖昧な形で一般市民が変革を勝ち取る力を剥奪されていることに関係していると思われる。これとは正反対の効果は、欧米化された消費第一主義とより大きな人の移動という民族的活動に直面して、「国民」を純粋主義者の言う意味において守ろうとするような右翼の瀬戸際的に過激な政策の復活である。また宗教上の過激主義も顕れていて、このグローバル化した全く世俗化の過程にあるとみられる世界で危機に瀕している、伝統主義者のアイデンティティをいくぶん守ろうともしている。

二．肯定的効果

資源や領土の獲得を目指して戦争をするという従来の動機が弱まったことは、グローバル化した経済の肝心なところである。石油は部分的に、そしておそらく一時的にはこの傾向の例外であり、現在見られるように世界経済に死活的な役割を果たしていて、湾岸戦争はグローバル化にもかかわらず、またある意味ではグローバル化のゆえに起こり得るこの種の戦争を表している。同じように、あまりありそうにもないことではあるが、南シナ海の豊富なエネルギー資源が、このたぶん大きなものと期待できそうなその管理をめぐる請求国間の将来の争いで、戦争を引き起こすという可能性を否定できない。これらの例はあるものの、グローバル化の全般的な影響は、少なくとも大きな戦争を時代遅れのものとしているように見える。この傾向が強められているというのは、確実とは言い難いが、アメリカと北半球の他の国々が、結果がしばしば不確実で長期化することや人命および資源の予測不可能な大きな犠牲、そして市民の支持を集め、それを長続きさせるのが難しいということを考えて、ますます介入外交を追求することに興味を失っているためである。介入に関わる政治的指導者にとっての危険性は、ベトナム戦争に対する反動に端を発して、過去数十年間に増大してきたが、それはまた、当該国の安全が確かに脅かされているというのでもない限り、危険性の高い関わりをもつことに対する気乗りのなさを反映しているのである。特に新自由主義のもつ個人主義的な雰囲気の中にあっては、介入が自分のためではなくて他人のために役に立ち、人道的な理由をもつものだということを一般人に売り込むことは難しい。

資本の可動性や、比較優位および規模の経済の諸原則を世界的に適用した結果、それに伴う技術革新の普及と相俟って、いくつかの、最も貧しくて最も人口の多い国々を、相当の時間をかけた後に、高い経済成長率を達成できるようにした*。この効能は、特にアジア・太平洋地域で何億という人々を極貧から救い出し、非欧米諸国をさらに重要性をもつ世界の共同参加者とし、その他の考慮すべき事柄を地球規模の問題としたことである。これらの国々がここ二年間の世界的な経済危機から脱却し、この励みとなる効果が再び蘇るかどうか、まだ予言するには早すぎる。

おそらく、とりわけ勇気づけられると思われる点は、一二億から一三億人の人々を悩まし続けている類の、極度な貧困の問題に取り組むことが今や実行可能となり、おおむね有益なものとなったように見える、その規模の大きさのことである。貧困を南半球から根絶するための基本的な費用は、一〇年をかけるとして一年当たり四〇〇億ドルと推定されていて、これは地球全体の収入の一％以下であり、最貧国自体を除いた国々の国民所得の二～三％に過ぎない[6]。さらに、もし貧困が相当程度に救済されないとすると、環境上の災害や、伝染病の蔓延などにより、またその反動としての不安定な政治状況が強まって、「成功した」人々を巻き込むようなカルト（例えばオウム真理教やHeaven's Gateなど）や偏執的な陰謀を企みそうに見える民兵組織が現れて来て、より富裕な国々はおそらくそれらの影響を被るとも言われている。すでに南半球から北へ送られた汚染された食物が、輸出国において汚染された水に依存してい

＊最近の中国、インドに代表されるようなアジア諸国の勃興ぶりを見ると、ここでは期待以上というべきであろう。

ることから発生する疫病を広げつつあるとも報告されている。この例ではグローバル化というのはそれ自身、ＷＨＯを通して取り引きを行なうという方法を取っている限りにおいて、輸入した食物が、国内産の食物よりも厳しく検査されることを認めないという意味を含んでいる。南半球では貧しいことが有利となる形で経済発展が促進されるという相関関係に気がつくことで、より富裕な国々において利己心が生まれるということもまた事実なのである。

政府や主流の野党が利用できるような政治の場の範囲が狭くなっていることが感覚的にとらえられ、事実減少していることに応じて、民主主義を深化させることに関してのみならず、人権、環境保護、核実験や軍縮、フェミニズム、社会的・経済的な正義を含む、トランスナショナルな課題に関して市民社会を活性化することは、さらに有益である。この後者の現象を、私は別のところで下からのグローバル化として述べたが、それは民衆志向型の政治意識から起こってくるものであり、それゆえに多くの政府と連携する市場勢力によって動かされている、すなわち上からのグローバル化に帰せられる、社会や環境に対する有害な影響とは対立するものである[7]。これらの市民主導の動きに関わる努力は、しばしばはっきりしないことがあるが、耳慣れた立憲的な形を整えている代表制民主主義によって与えられるものよりも、もっと意味のある形で政治参加を模索するためのものである。このような民主化の試みは、「政治の場」と位置づけられるものの概念を広げて、職場、近隣、家族、ショッピングモールや共同の施設などを含めることを意味している。それはこれまでも民主主義を世界的な規模で確立しようという計画、すなわち、時にトランスナショナルな民主主義であるとか、コスモポリタンの民主主義とも呼ばれるような試みを確立することも意味してきた[8]。

グローバルな市場勢力は、多くの政治的選良たちに、文化的かつ社会的な自律性を保持しながら、資本の論理とうまく折り合いをつけるような新しい制度的形態を探求させることになった。この成り行きの主な表れ方は、いろいろな形の地域主義が誕生したことであるが、その最も劇的な展開は、ヨーロッパにおいてなされた。疑いもなく、このようなヨーロッパの新たな構想は、初めのうちは主にひしひしと感じられていたソ連の脅威からヨーロッパを守るために連合することはもちろん、これ以上のヨーロッパ内部での戦争を回避するのに充分対応できる強固な安全保障共同体を作り上げるためであった。しかし時が過ぎ、ブリュッセルの官僚政治によって代表される、ヨーロッパの地域主義の経済面の大きさが関心の的となるようになった。一九九二年のマーストリヒト条約以後、ヨーロッパの地域主義というのは、国内の社会的要請は、国家のレベルで自由に扱える裁量権を保持しておくための方法であると同時に、アジア・太平洋地域と北アメリカからやってくる競争的な挑戦に、ヨーロッパを対抗させる手段であるとますます考えられるようになった。この点に関しては、地域主義は上からのグローバル化に対する一つの解答であると言える。非ヨーロッパ的な地域主義、例えば「アジア人によるアジア化」というスローガンを掲げた運動であるとか、アフリカやラテン・アメリカにおける状勢の進展にも、類似の考察が当てはまるように思われる。地域主義が人道的統治計画を押し進める手段であると理解されるべきかどうかは複雑で、まだ解決のついていない問題であり、次のような疑問を投げかけてみることが必要である。—地域主義は、まず上からのグローバル化の道具として仕えているのであろうか、それともそれは最も重大な損失をいくばくか逓減するかあるいは問題にならないようにする一方で、グローバル化によって得られる利益を保持できるように、もしかすると、また実際に、難点を克服するための折衷案を意味しているのだろうか。

グローバル化が世界秩序に及ぼす効果を肯定と否定の両面で見極めようと努力するのは、もっぱらやってくる未来という歴史の道具立ての中で、人道的統治という問題を考える、その舞台を整えるためである。歴史の道具立てこそが、希望をもたせてくれるものと、期待を打ち砕くものとの両方の吃驚するような出来事を引き起こす能力をもっていることが、最近明らかになったのである。我々を救済してくれた、冷戦の終結という素晴らしい経験とソ連の帝国主義の崩壊とは歓迎すべき驚きであったが、実際に起こった一連の出来事を、いくつかの起こり得る可能性の一つとしてさえ予測することもなく、将来のシナリオを描いていた「専門家」たちを驚かせた。同様に、現代横行している世俗主義は、イラン革命で最初に噴火し次いで世界の隅々にまで様々な文化をもった地域に広がっていった宗教の再生に対しては、全く用意ができていなかった。また、冷戦の終結が国連の弱体化を招くとは、特にこの機構の弱さが以前はその大半が東西の緊張から起きる停滞の結果であると説明されていたのであるから、殆ど誰もが考えつかなかったであろう。

この繰り広げられる歴史の力学への洞察力不足ということは、未来について我々に教えを垂れようとしているような向きに対しては謙虚であれとの戒めでもあるし、またよりよい世界を夢見る人々すべてを、いま主流となっている現実主義によって描かれているような可能性の限界をはるかに超えて、大胆に政治的な想像力を広げるよう勧誘することにもなるのである。ことに我々が二一世紀の入り口に近づき、新しい世紀へと船出しようとしている時に（訳注：この書物の書かれた時期に注意）未来図を描くことへの誘いこそが、人道的統治の考え方を復活させることの重要性を示唆しているのである。特に今世紀の終わりにあって、たとえとてつもなく頑強な障害が、そのような試みが成功するのを妨げているように思われるとしても。そのような障害とは大きな夢への幻滅、諸制度の役割を経済感覚で考えること、民営化への情熱、監督当局からなるべく離れて秘密を保っていることで際立っている金融市場の自律性、そして最近の歴史を読み取るに際して、社会の変化に対しては全く取るに足らないものだけを取り上げて、それ以外はどれも信用しないという支配的な考え方である。

B．グローバル化の挑戦に対応するために人道的統治のあり方を再構築する

前節に述べた対照的評価を基礎として、このグローバル化の時代における人道的統治の在り方の追求への道筋を概念化することが可能となる。冷戦の時代には適切であると思われたような、はっきりした世界秩序の価値基準の達成を強調することの代わりに、現在では学問的な探求と世界秩序を目指す行動主義とをつないでいるように見える、次の三つのより一般的な、なすべき課題が存在する。①世界の様々な地域ではその状況に不公平さがつきまとっているが、そのことを意識した上での首尾一貫したやり方で、上からのグローバル化に対抗して、様々な論点を特定した闘いを理論化すること、②プロセスとして、また結果としての民主主義―といっても、選挙による政治が影を薄くしているという背景の中で考え直され、拡大された民主主義のことであるが―との関わり合いを強調することによって、人道的統治のあり方の探求に、イデオロギーとしての統一を図ること、そして③統治に際しては、民主的で責任ある刷新が重要であることを、国内では、自決へ向けた声の高まりを重視するというミクロなレベルと、グローバル・コモンズの問題に立ち向かい、世界の人々にグローバルな市場勢力を規制するための可能な手順と場を提供するというマクロなレベルとの両方の面で強調すること、である。

一．下からのグローバル化

トランスナショナルな基盤において、活性化した市民社会は、国家とグローバルな市場勢力が人間の幸せな生活を危うくしていると認識されるような多くの場面で、両者に対して挑戦を行ってきた。これらの市民による圧力は、し

ばしば経済的・社会的な権利や公衆衛生、それに環境といったものを含むある範囲の公共財を、諸政府がもっと保護するよう、考えを改めさせることに焦点を合わせてきた。この点に関して、市場勢力と密接に結びついている人々のイデオロギーとしての考え方は、どうしても公共財に多くの出費をかけることを押さえ、その結果放置されることとなった社会的苦しみは、民間部門による支援に委ねるという方向に傾きがちであった。

このことに関しては、テッド・ターナーやジョージ・ソロスといった資本主義の超英雄たちが、グローバルな公共財の充足のために行なった莫大な金融面の貢献に留意することが必要である。彼らの行動は、その目的として前者にあっては国連の人道的活動を援助するために一〇年間にわたって一〇億ドルを拠出し、後者においては、もっと短期間に五億ドルをロシアの民主化を支援するために贈ったことである。人々の目を引くが疑わしいことは、このグローバル化という賭け事の勝者たちが所有している巨額の私有財産がしばしば、富裕な国家の財産よりもこれらの目的のためにはるかに容易に使われていると思われることである。またこのことと関連しているのは、今は聖者として扱われているダイアナ妃についての死後の描写が、もっぱら彼女自身の国以外の人々、特に対人地雷の犠牲者たちに向けられた彼女の哀れみの行為に結びつけてなされている、その度合いの大きさである。これらの事態の進展は、国家がもはや世界の社会的で人道的な課題について処理するだけの能力と意欲を失いつつあるということに対する、地球市民社会の一群による反応の革新的な側面を表している。

別のタイプの反応は、消費者パワーがグローバル・コモンズを守るためにはあえて苦難を耐え忍ぶように仕向けた抵抗運動と関わりがある。二、三年前にシェル石油が、その石油掘削装置を北海に沈めてしまおうと画策した時、グリーンピースはガソリンの消費者たちを糾合して、ヨーロッパのサービス・ステーションをボイコットするよう反対勢力を有効に指揮した。この話の全体はややこしくて、環境に関する議論にはまだ完全には決着がついていないが、この政治的な意味合いは明らかである。グローバル・コモンズに関する法人の活動が、ある政府や諸政府間の性格をもったウェストファリア的諸機関によって規制されないとすれば、その時には民間部門が、抗議の対象となった活動が止められない限りは危害が生じることになるだろうという情報を周知させ、抵抗運動を動員することで、国家を超えて騒動を起こすことができるということである。

いくつかの関連する結論が引き出される。第一に、今や個人は、啓発された国家の為政者たちによって与えられるであろうものに匹敵する、グローバルな公共財に対する支援ができるだけの規模の資産を意のままに操っているということである。このような推移は、公益を推進するという国家の立場を弱めるということになるし、また全体としての社会は、公共財の範囲で行なわれる様々な可能性のある事業の中から優先して選ばれるべき対象としては描かれなくなるということを意味している。そうなればまた、裕福な個人が世界のいろいろな地域での反民主的な政治活動に対する資金援助を含む、テロリストの活動や広範囲にわたる後ろ向きの政治運動を支援するという、「マイナスのグローバルな公共財」へ相当な額の資産を差し出して、本当の危険を招くことにもつながる。「平和維持」能力の提供といった、特に国連の仕事の中核をなすと考えられているような、以前は本質的にグローバルな公共財の範囲に属するとされていた任務でも、今や金銭化され、市場化されつつあるように思われる。南アフリカのアパルトヘイト制度に関わっていた安全保障関係のかつての公務員たちが、エグゼクティブ・アウトカムス*と呼ばれる組織を作り、そのサービスを国内の社会不安あるいは国外からの脅威に直面しているアフリカの諸政府に提供し、またしばしば民間

*民間の軍事安全保障請負会社である。民営の軍隊と思ってよい。

企業や鉱業に投資し、それらが生む大きな株式を受けとっている。

市民社会のこのような活性化による累積する衝撃や、それが情報、思想、金銭、そして組織的活動を通じて国家を超えて影響を及ぼすということが、人道的統治のためのプロジェクトに対して信用と支持を与えることになると考えてよいのかどうかという点は、現時点では不確かである。トランスナショナルな社会的勢力の台頭が、かなりの程度にまでグローバル化に対する反動と関わり合っていることは間違いないが、この反動には多面的な性格が備わっていて、それが規範に対して与える全般的な影響を評価することは難しい。もっと以前にはこれらのトランスナショナルな活動をロマンティックに描写する傾向があったが、今はこれらの役割は多岐にわたり矛盾することさえあるという、含みの多い解釈がなされている。それでもなお、下からのグローバル化は、上からのグローバル化に対して一連の挑戦状を突きつけているし、国を統制している政治的選良たちには、いくつかの難しい政治的選択肢を持ち出して対決している。

二．規範としての民主主義

一九九〇年代に革新的政治が終わりを告げたのは、冷戦の最終舞台において、伝統的な左翼の描く未来の予測図が信用されなくなったことと、新自由主義によってイデオロギー化されたグローバル化という現象が強い影響力を及ぼしていることに密接に結びついている。これらの展開から生じた二つの深刻な結果は、社会の弱い立場にある人々やその階層に対する支援を弱め、グローバルな公共財のためになるように資産を使うことがますます難しくなるということである。それだけでなく、この二つの最小限のなされなければならない事業に見合うだけの進歩的な政治は、マルクス主義流の分析や社会主義者の用いる政治用語に頼っている限りでは、成功を期待することはできない。グローバル化の帰結の一つは、それが政治問題の解明のために以前よりはるかに広く経済学的手法が用いられるようになるということであったのだから、これは皮肉なことである。

下からのグローバル化は、参加と直接的行動という民主主義的な考えに基づき、また、人権、環境保護、そして社会的正義というような世界秩序の価値基準によってしばしば鼓舞されて、種々の局地的な、またトランスナショナルな性格の新規構想に対する責任を担ってきた。これらの新規構想は、市民の自発的な連帯と、特定の問題に焦点を当てた強力なトランスナショナルなネットワークを生み出し、最終的な目的を推進するためにあらゆる舞台を利用してきた。国連が地球問題に関して、一九九〇年代前半に開いた会議は、環境、女性、人権および開発に焦点を当てたこの新しい政治的エネルギーを示すものであった。しかし、欠けていたのは入り交じった問題をお互いに結び付けるような方向性であり、それは首尾一貫した政治の進め方をその根元から支えていくのに必要なものであって、それなくしては、相互にバラバラではあるが、それでいてお互いを強めあっているような、新自由主義の結束性には対抗できないのである。トランスナショナルな社会的勢力が生み出している政策はこれまでのところその場限りで、ある問題だけに特化した性格をもち、それゆえ有効に組織化もされず、イデオロギーとして整備もされていないというような場合が目につく。組織化とイデオロギーとしての整備の過程を踏まないと、たとえ上からのグローバル化の影響力に対抗するだけの能力があったとしても、所詮それは一時的なものとなり、結局はうまくいかないであろう。

新たな首尾一貫した進歩的な政治が顕れるという可能性は、下からのグローバル化の創造的エネルギーにかかっているように思われる。いま主流となっている党派とその将来の見通しは、一般的にはグローバルな資本の統制に従っていると言えるし、おそらくは様々な反動的な形の後ろ向きの政策を作り出すように思われる。そうした政策はまかりまちがえば最も危険な国家主義者の感情を呼び起こす、盲目的愛国主義者の気質としばしば結びついている保護貿易主義者的考え方を具体化するのである。一九八〇年代には、緑の運動が、特にヨーロッパで、公共の目的とりわけ環境保護を実現することに共感し、推進するという新しい進歩的な政策を携えてやってきた。この緑の運動は、特に環境政策に関して強い衝撃を与え、政策全般にも影響を及ぼしたが、現行の政策に代わる進歩的な対案を提出するというには、彼らの能力は限られていたように思われる。彼らが提出する議題の対象はあまりにも狭く、緑（環境）の問題だけであると受け取られた。彼らがもっている実際の関心の対象はそれより広く、一般に人権から安全保障問題にまでわたっていたのであるが、緑の党が政府を統率するための充分な支持を集めることはできないということが分かった。たいていの国では、彼らの支持基盤は、以前の左翼と保守的な自由信奉者の連合を包含していて、そのことが包括的で首尾一貫した綱領を打ち出す能力を限定的なものにしていた。さらに、特に西ドイツという際どい舞台では、緑の党のメンバーたちは、まずいことに改革主義者と急進的な工業文明化志向の主張者に激しく分裂していたのである。しかしこの緑の諸党は、ヨーロッパ地域全体でも活動しているが、活動の中心は従来の国家あるいは社会の枠内であり、想像力を働かせた方法によって支持を獲得し、活力ある意義深い政治活動に、市民社会を再び引き込む戦術的な動きを含めて、グローバル化に関連する特定の課題や好機に応じていて、マルクス後の進歩主義を継ぐ思想となる可能性を暗示している。

現在、新たな将来の展望と思想を模索し続けている様々な政治集団が、いろいろな舞台において明らかになりつつあるが、そのいずれもが特に人権と民主主義という広く信任されている規範的枠組みに頼っている。ここでの著しい特徴は、民主主義的な政治がすべての政治の場に導入されるべきであって、単に主権国家における一つの政治の型であるというようには理解され得ないという認識である。参加、説明責任、合法性といった民主主義の決まり文句である種々の術語が、グローバル化とローカル化のどちらの方向にも向かう、二重の動きに使われていて、その中には

「コスモポリタン的民主主義」であるとか「実質的民主主義」などというのもある[9]。同じように、人権の深化と拡大も起こっていて、特に人権の範囲を、文化の違いを考慮しようという様々な努力はもちろん、社会的・経済的な問題にまで広げている。まだ萌芽期にあるこれらの革新的な展望を作り出そうとする動きはまた、そのトランスナショナルな性格そのものによって、社会的組織化のあらゆるレベルで、改革の首尾一貫した実行計画に対する政治的な支持を取りつけつつあり、このことは結果として、人道的統治を探求する運動として数えられてよいのである。つまり人道的統治のあり方を探求する計画の（実現の）見込みは、それをどのようにうまく表現するかは別にして、世界中の様々な環境の下で育ちつつある民主主義についてのコンセンサスと概念によってもたらされる、潜在的な政治的作用が顕れてくるかどうかにかかっているのである。私が「規範としての民主主義」という言葉と同一視しているのは、この、人々の意識を価値基準と（それを実現する）行動へと向けることなのである。

三．統治のあり方

グローバル化は人道的統治のあり方に到達する本質的な方法を、特にその国家の役割との関係において変えてしまった。これまでのたいていの著作では、主権的領域国家というのは、軍備縮小された世界を実現する努力に抵抗し、グローバル・コモンズを保護し、安全保障の基礎として地政学に代わる有効な方法を提供する超国家機関の地位を確立しようという努力に異を唱える、障害物であると理解されていた[10]。グローバル化が始まってみると、政治的のエリートたちは、世界貿易機構の設立あるいは北米自由貿易協定（ＮＡＦＴＡ）のような地域構想に関して、市民たちよりもはるかに経済活動主権を国際組織に委譲する傾向にあることが分かった。この傾向はまた、マーストリヒト条約の成立過程で定められたような通貨統合に向かうヨーロッパの動きにおいても明らかである。

市場勢力が興り、新自由主義的な考えが受け入れられると、国家はその自律性の一部を失い、もはや完全には自国民を含めて人々の幸せな生活について充分に頭が回らなくなった。この現実を前提として、人道的統治のあり方の観点から、例えば有効に機能する国連であるとか、気候変動に対する大胆な取り組み、また経済管理のために設立されたものに匹敵する環境管理のための機構を作ろうという意欲など、グローバルな公共財へ出資するよう姿勢を立て直すことを含めて、国家をしてもっと国民の方を向くように仕向けるのが有益であろう[11]。これらの点に関して国家には継続して活動し、資源を動員する能力があるのだから、グローバル化の有害な側面に対応するための唯一の希望のもてる方法は、国家を信頼してその国民の守り手としての役割を回復させることである。そのような成果は、再考された、領域にはさほどこだわらない民主主義というものを我が物とすることで動機づけられ、また目下経済政策を決定づけている新自由主義の考えに対抗することに焦点を合わせた、活動的で組織化された市民社会によってのみもたらされ得るのであり、そうなれば国家レベルでの、より強い責任感が（新自由主義の考えに）取って代わるようになるのである。

C. 結　論

グローバル化というのは本来、ローカルな規模から地球規模に及ぶ舞台装置としてのこの惑星のための、衡平で有効な統治構造を実現しようという闘いに反するものではない。しかし両者の間には、現在優勢なイデオロギーと歴史の風潮に関わって、緊張関係が存在している。また、グローバル化の構造が、技術革新の力学と資源の有効利用というものにあまりにも深くはめ込まれているために、もう予見できる未来はそれで決まってしまったという考えが抗い難いものとなっている。このような観点から、世界の再編成に対する政治的課題は二つの中心的な企てを含むことになる。すなわち新自由主義の与える将来像に代えて、規範としての民主主義の描く展望を示すこと、そして下からのグローバル化と結びつけて考えられる社会的勢力をさらに活性化させて、地域住民による、国民による、そしてトランスナショナルな人々による圧力を作り出すことである。そうすればもう一度国家をして国民の方に顔を向けた優先課題にさらに応えるように仕向けることになるであろう。このような背景の下に、二一世紀の世界秩序の首尾一貫した概念として、人道的統治を求める試みを、復活させることが可能となるであろう。

注

1　Robert H. Jackson, Quasi-States: Sovereignty, International Relations, and the Third World（1991）.

2　On the Creation of a Just World Order（Saul H. Mendlovitz ed., 1975）; Richard Falk, A Study of Future Worlds（1975）.

3　関連する議論として、Restructuring for World Peace: On the Threshold of the 21st Century（Katharine Tehranian and Majid Tehranian eds., 1992）を見よ。Albert Borgmann, Crossing the Postmodern Divide（1992）も見よ。

4　United Nations Development Program, Human Development Report 1997（1997）p.7.

5　欧米側のこのような姿勢に対する充分な理論的根拠として、ハンチントンの有名な「衝突論」の幾分修正された著作の明確な記述を見よ。Samuel P. Huntington, The Clash of Civilizations and the Remaking of World Order（1996）.

6　上記注（4）の Human Development Report 1997, p. 97, P.112.

7　この記述について、Richard Falk, The Making of Global Citizenship, in Global Visions: Beyond the New World Order pp.39-50（J. Brecher, J.B. Childs and Jill Cutler eds., 1993）を見よ。aul Wapner, Environmental Activism and World Civic Politics; The State and Social Power in Global Environmental Politics（Ronnie D. Lipschutz and Ken Conca eds.,1993）も見よ。

8　Cosmopolitan Democracy: An Agenda for a New World Order（Daniele Archibugi and David Held eds., 1995）を見よ。Richard Falk, The Quest for Normative Democracy in an Era of Neo-Liberal Globalization, 未公刊の Hesburgh Lectures, University of Notre Dame（Feb. 19-20, 1997）も見よ。Richard Falk, Global Civil Society: Perspectives, Initiatives, Movements, 26 Oxford Dev. Stud.（1998）, pp. 99-110.

9　詳細については上記注（8）の文献を見よ。

10　上記注（2）の引用文献を見よ。

11　この議論については、他の箇所（拙著）で提示した。Richard Falk, Will the State Lose Out?, Int'l Affairs（1996）を見よ。

人名索引

ア行

アリスティッド、ジャン・バプティスト 31
ウィーラマントリー、クリストファーG. vi, 208,228,242-243,260-269,274,277,279
ウィリアムズ、ジョディ 8,250
ウィルソン、ウッドロー 29,39
ウォーラーステイン・イマニュエル 54, 56,183,185
エルスバーグ、ダニエル 68
小田滋 240,241,243

カ行

カストロ，フィデル 142
カプラン、ロバート 27-28
カーモード，フランク 37,55
キッシンジャー、ヘンリー 113,114,153
クーパー、リチャード 174-175
クラーク、グレンビル 40-41
クリントン，ビル 38-39,192-193,
グロチウス，フーゴ 18-20,33,49,52,54,265

サ行

サッチャー、マーガレット 165
サマス、ロレンス 175-176
シアヌーク、ノロドム 102
ジェンクス、C. ウィルフレッド 41
ソーン，ルイス・B. 40-41

タ行

ダイアナ姫 296
ダマト，アンソニー iv,6,61,151-152,187,293
チャーチル、R. R. 197
チャーチル、ウィンストン 235
トルーマン、ハリー 39,235

ハ行

ハース、エルンスト 174,189
ハース、ピーター 174,189
ハーディン、ギャレット 43-44,56
バッソ、レリオ 59
バヌヌ、モルデカイ 68
ハンチントン、サミュエル 23-28,35, 38-266,280
フォーク，リチャード 18-19,38,41,43,52 56,77,82,83,84-85,87-88,89,93,99,100, 110,113,115,136,158,161,163,178,181-182, 194,215,222,225,231,234,235-236,238,245, 259-260,262,263-264,267,285-286,292,302
ブキャナン、パトリック 167,176
フクヤマ、フランシス 22-23,26,251
フセイン、サダム 30,67,80-81,151,195
ブッシュ、ジョージ（父） 22,29,94,98,185
ブトロス-ガリ，ブトロス 69,145
ブレジンスキー、ズビニエフ 113-119
ベイカー、ジェイムズ 128
ベジャウィ、ムハンマド 205,226,228
ベック、ウルリッヒ 48-49,58
ペロー、ロス 167,176
ボルギーズ、エリザベス・マン v,189, 202,203

マ行

マクドゥーガル、マイレス S. iii,56,116, 119,121,142,156,226,233, 252,270-271,280,281,282
メンドロヴィッツ，サウル H. iii,116, 118-119,303

ラ行

ライスマン、W. マイケル 122
ラスウェル、ハロルド 56,116,119-120,121, 142,252,280-281
ル・ペン、ジャン-マリー 27,176
ルーズベルト、フランクリン 39
ローヴェ、A. V. 197

ワ行

ウェストン、バーンズ H. iv,116,118,186, 187,203,227,282

ブッシュ政権（1989-1993） 128
ブラジル 71
フランス 27,158,176,198-199,246
ブリュッセル 293
ブルンジ 132,134,140,142
ブレトン・ウッズ体制 48,166,180
文明 24-28,233,234,259,260,264,266,268,276-279
平和維持 54,297
平和のための課題 69,145,190
ベトナム 25,102,111,131,139
ベトナム戦争 68,119,130-131,150,173,284
ヘブンス・ゲート（Heaven's Gate） 291
包括的核実験禁止条約（CTBT） 200
方向を変える 171
ポストモダン 34,38,57
ボスニア 28,62,77,84,85,97,101,107,132,134,140,142,143,144,145,147,151
ボスニア戦争 79
ホッブス流 266,269

マ行

マーストリヒト条約 293
マルテンス条項 216,262
南アフリカ 239,297
ミュンヘン協定の教訓 130
民主主義 289,300
民主主義による平和 46
民族自決 141,143,148,283
民族浄化 67,144
メディア 7,65,73,103,132,134
モンロー・ドクトリン 135

ヤ行

ヨーロッパ中心主義 19
ヨーロッパ連合 6,51,232
予防外交 202

ラ行

ライト・ライブリーフッド賞（Right Livelihood Award） 68
ラテン・アメリカ 293
ラロトンガ条約 199
リージョナル 116
リビア 95-96,150
ルワンダ 77,84,85,94,95,97,101,132,135,140,142,144
冷戦 21,22,24,39,53,61,63,90-91,93,129-130,131,140,148,168,194,216,233,283-286,288,295,298
レバノン 111
連帯（ポーランド） 58
ローマクラブ 42
ロシア 151,296
ロチュス号事件 262,274
ロッカビー事件 95-96,136,226,247,261

ワ行

ワールドウオッチ研究所 165
ワルシャワ条約機構 136-137
湾岸戦争 22,29-31,62,80-81,93,94,96,98,104,109,116,117,151,190,195,215,220,245,273,298

ストックホルム・アピール 236
スプラトリー諸島 290
成長の限界 42-43
世界銀行 48,89
世界人権宣言 40,65-66,83,110
世界政府 40
世界秩序 19,28,36,40,42,49,57,58,63,145,159,230,269-271,276,303
世界秩序モデル・プロジェクト（WOMP） 123,285
世界貿易機構（WTO） 31,32,79,88,155,166,301
世界法廷計画（World Court Project） 72,237,248,249
世界保健機関（WHO） 210,223,237,239,241,262,280,292
説明責任 106,275-276
セルビア 145
先住民 21,64,71,112,267-268
戦争犯罪 144
ソフト・ロータス 209,242,246
ソマリア 28,62,77,94,96,101,104,132,134,140
ソ連 90-91,92,143,194,235,236,284

タ行

第二次世界大戦 40-41,62,67,102,117,215,218-219,231,235,274
台湾 191,227
脱植民地化（植民地独立） 92,152,266
地域主義 26,79,293
地域的機構 78
チェコ 143
チェチェン 134,142,146
チェルノブイリ 224
地球環境機関 180
地球市民社会 57-73,229-255
地球文明 260-261,276-277,279
地政学 22,46,69,81,86-87,94,95-96,100,148,149,168,192,233-234,244,245,249-250,265,271-278,284,286,287,301
チベット 134,141
中華人民共和国（中国） 98,100,131,184,191,210,227,287
中東 27,64,140,142,151,224
朝鮮 115
朝鮮戦争 91,93,104,107,108,150
デイトン合意 140
デイトン和平協定 79,143
デュポン 170
ドイツ 102,110,131,153,175,233
トラテロルコ条約 199
トランスナショナルな社会的勢力 64,69-70,278
トルコ 81,100,112

ナ行

ナイジェリア 71
長崎 215
ナフタ（NAFTA） 71,166,186
ナミビアに関する勧告的意見 246,265
南西アフリカ事件 239,246
難民 88,101
ニカラグア 87,136,223
ニカラグア事件 226,247
二極対立構造 109
西ドイツ 300
二重基準 100
西ヨーロッパ 283
日本 102,158,175,215,274
ニュージーランド 199,237
ニューヘブン学派の研究方法 142,233
ニュルンベルク原則 40,67-68,83,110
人間開発報告 1997 287
人間の安全保障 231
ノーベル平和賞 68,71

ハ行

ハーグ戦争法規（ハーグ条約） 81,217,262
ハード・ロータス 209,216
排他的経済水域（EEZ） 197
ハイチ 94,96-97,101,107,136
パナマ 136,145
バハマ 71
パラセル諸島 190
バルーク計画 235
東ティモール 87,134,141
東ティモール事件 261,262
東ヨーロッパ 73,136,151
広島 215,246,249

グレナダ 136
グローバル・ガヴァナンス 31,166,283
グローバル・コモンズ 49,61,63,72,157,190,231,275,296
グローバル化 32-33,45-53,59,61,109,155-162,168,169,230,232-234,283-303
グローバルな安全保障制度 103
グローバルな改革 80-81
グローバルな市場 32,89,157,288
グローバルな市場勢力 89,160,230,238,286,292,295
グローバルな資本（世界資本） 49,158,165,176,259,271
ケイマン諸島 71
経済的、社会的および文化的権利に関する国際規約 110
憲章77 58
公共財 46,49,161,168,172,259,277,288,295,298,302
構造調整計画（SAP） 70
国際海洋研究所 189
国際刑事裁判所（ICC） 50,80
国際司法裁判所（ICJ） 83,96,98,136,205-255
国際人道法 104-109,202,207,270,273
国際赤十字委員会（ICRC） 127
国際平和事務局（IPB） 237
国際法 115,135,136-137,141-142,164-165,192,203,207,211-212,221-222,233,234,246,250,263,269-270,271,279
国際法委員会（ILC）
国際連合（国連） 28,29,30,36,38-40,49,64,68,69,73,79-123,126-129,132,134,139,142-145,147,148,179,193-195,221,223,230-232,244,267,278,286,288,289,294,297,299
国際連盟 39
国内管轄権 81,99
国連海洋法条約 271
国連環境計画（UNDP） 64,71,179
国連憲章 90,91,93,97,105,106,115,207,272,285
国連義勇軍 69,108
国連人口開発会議 78
国連総会 72,83,91,119,120,210,211,216,221,223-225,237,239,240,241,247-249,262,264,276
国連多国籍企業センター 70,89
国連人間環境会議 164
コソボ 142
国家 19,20,24-25,28,46-47,50-51,57,59-61,98-99,150-159,162-167,169,197,198,214,222,233,284,301,303
国家間システム 59-60
国境なき医師団 133

サ行

ザイール 31
三〇年戦争 19,52
自衛 214-219,221,272
ジェノサイド 85,111
ジェノサイド条約 40,111,231
シェル石油 170,296
自決権 22,66,118
持続可能な開発のための実務会議 169
下からのグローバル化 51,64-65,231,232-233,244,278,292,295,299
実証主義的法理 244
市民社会 58-73,77,115,163,177,221,239,253,292
社会的責任を追求する医師団 237
集団的自衛 105,108
主権 125
主権的権利 81
ジュネーブ諸条約 81,104,202
常設人民裁判所 59,70
新ウィルソン流 114
人権 49,59,97-99,115,127-128,148-149,163,231,267,285,299,300-301
人権規約 60
新自由主義 33,158,159-162,259-282,289,302,303
真珠湾 130
新世界秩序 29-30,33,34,35,41
人道的介入 77-119,125-153
人道的支援 46
人道的統治 276,283-303
人道に対する罪 137
人道法 57-73
人民の条約 8,250
人類の共通法 41
ステークホルダー資本主義 171,185-186

事項索引

ア行

IWC（国際捕鯨委員会） viii
アジア・太平洋地域 19,27,41,180-181,291,293
アパルトヘイト（人種隔離政策） 141,244,265,297
アフガニスタン 111,131,143,284
アフリカ 293
アムネスティ・インターナショナル 58
アメリカ（合衆国） 27-35,158,175,220,223,235,236,246,254,286,290
アラブ - イスラエル戦争 215
アルコア 170
アルジェ宣言 59
アルジェリア 100
安全保障理事会 50,80,84,89,91,93-98,100,101,105,107,109,110,115,127,136,152,216,220,245,274
イスラエル 81,97,272
イスラム 24
イラク 80,87,93,112,145,151,158,190
イラン 87,158
インド 71
インドシナ 97
インドネシア 81
上からのグローバル化（上からのグローバリズム） 51,64,65,178,231,233,278,292,293,295,298
ウェストファリア（講和・条約、体制・後） 3,5,6,9,10,19,20,59,230,285
ウェストファリア・モデル 284
英国 110,141
エグゼクティブ・アウトカムス 297
オーストラリア 237
オゾン層消失に関するモントリオール議定書 165
オウム真理教 291
オランダ 133
オレンジ剤（枯葉剤） 173

カ行

介入 111,113,125-153,284,290
介入外交 101,102,290
介入戦争 284
海洋 189-204
海洋法 198
核軍縮 235,236,248,275
核実験 198
核不拡散条約（NPT) 207,224,274
核兵器 198,205-255
核兵器および他の大量破壊兵器の海底における設置の禁止に関する条約 199
核兵器事件の勧告的意見 234,262,273,278
核兵器に反対する国際法律家連合（IALANA） 223,228,237
核兵器の廃絶に関するキャンベラ委員会 228,249
カナダ 133
環境保護 46,49,61,70,115,155-187,231,285,286,299,300
環境保護主義 63
カンボジア 102,139,172
北アイルランド 140
北大西洋条約機構（NATO） 79,105,122,142,145,147,148
北朝鮮 158
キプロス 81
キューバ 100,131,138,142,158
キューバ危機 194
(旧) ユーゴスラビア 60,67,84,116,134,143-145,190
京都会議 230
恐怖の均衡？ 42
共有地の悲劇 43
クメール・ルージュ 102
グリーンピース 164,177-178,296
クリミア戦争 127
クルド 80-81,112,151

原著者
リチャード・フォーク（Richard Falk）
プリンストン大学名誉教授。カリフォルニア州立大学サンタバーバラ校客員教授。
国際法・国際政治学専攻。
S.H. メンドロヴィッツと共に「世界秩序モデル・プロジェクト（womp）の創設に携わり、公正な世界秩序のあり方を探求している。
ペンシルバニア大学卒業後、イェール大学およびハーバード大学ロースクールにて学ぶ。
単著に、The Status of Law in International Society,（Princeton Univ. Press 1970）をはじめとして、The Costs of War: International Law, the UN, and World Order after Iraq,（Routledge, 2008）など多数。編著に、The Vietnam War and International Law, 4vols.（Princeton Univ. Press, 1968 ～ 1976）や、S. H. Mendllovitz との The Strategy of World Order, 4vols.（World Law Fund, 1966） や、D.Krieger と の At the Nuclear Precipice: Catastrophe or Transformation?（Palgrave, 2008）など共編書も多い。

訳者
川崎　孝子（かわさき たかこ）
東京国際大学名誉教授。
ケンブリッジ大学国際研究センター Visiting Fellow（1993-94 年）。
国際法専攻。
一橋大学法学部卒業（1963 年）。同大学大学院法学研究科修士課程修了（1965 年）。
同大学大学院法学研究科博士課程単位修得退学（1968 年）。
論文に
'International Enclaves' 東京国際大学国際関係学部論叢第 10 号（2004 年），
「日本の領土」国際法学会編『日本と国際法の 100 年』第 2 巻（2001 年三省堂）所収，
「領域管轄権と共通利益」大谷良雄編『共通利益概念と国際法』（1993 年国際書院）所収，など。

21 世紀の国際法秩序—ポスト・ウェストファリアへの展望

2011 年 4 月 20 日　初版　第 1 刷発行　〔検印省略〕

＊定価はカバーに表示してあります

訳者 © 川崎孝子　発行者　下田勝司　印刷・製本　中央精版印刷

東京都文京区向丘 1-20-6　郵便振替 00110-6-37828
〒 113-0023　TEL 03-3818-5521 (代)　FAX 03-3818-5514
発行所
株式会社 東信堂

Published by TOSHINDO PUBLISHING CO.,LTD.
1-20-6,Mukougaoka, Bunkyo-ku, Tokyo, 113-0023, Japan
E-Mail tk203444@fsinet.or.jp　http://www.toshindo-pub.com

ISBN978-4-7989-0008-7 C3032

東信堂

国際法新講〔上〕〔下〕	田畑茂二郎	〔上〕二九〇〇円 〔下〕二七〇〇円
ベーシック条約集〔二〇一一年版〕	編集代表 松井芳郎	二六〇〇円
ハンディ条約集	編集代表 松井芳郎	一六〇〇円
国際人権条約・宣言集〔第3版〕	編集 松井・薬師寺・坂元・小畑・徳川	三八〇〇円
国際経済条約・法令集〔第2版〕	小原喜雄・小室程夫・山手治之 編集	三九〇〇円
国際機構条約・資料集〔第2版〕	編集代表 香西茂・安藤仁介	三二〇〇円
判例国際法〔第2版〕	編集代表 松井芳郎	三八〇〇円
国際環境法の基本原則	松井芳郎	三八〇〇円
国際機構法の研究	中村道	八六〇〇円
国際立法—国際法の法源論	村瀬信也	六八〇〇円
エティック国際関係学	奥田宏司・佐藤誠・原毅彦・文京洙 編	二四〇〇円
宗教と人権—国際法の視点から	N・レルナー 元百合子訳	三八〇〇円
ワークアウト国際人権法—人権を理解するために	W・ベネデェック編 中坂・徳川編訳	三〇〇〇円
難民問題と『連帯』—EUのダブリン・システムと地域保護プログラム	中坂恵美子	二八〇〇円
国際法から世界を見る—市民のための国際法入門〔第2版〕	松井芳郎	二八〇〇円
東京裁判、戦争責任、戦後責任	大沼保昭	二八〇〇円
国際法／はじめて学ぶ人のための〔新訂版〕	大沼保昭	三六〇〇円
国際法学の地平—歴史、理論、実証	中川淳司・寺谷広司 編著	一二〇〇〇円
国際法と共に歩んだ六〇年—学者として裁判官として	小田滋	六八〇〇円
21世紀の国際機構：課題と展望	安藤仁介・中村道・位田隆一 編	七一四〇円
グローバル化する世界と法の課題—EUのダブリン・システムと地域保護プログラム	編集 松井・木棚・薬師寺・山形	八二〇〇円
(21世紀国際社会における人権と平和)〔上・下巻〕		
国際社会の法構造—その歴史と現状	編集代表 山手治之・香西茂	五七〇〇円
現代国際法における人権と平和の保障	編集代表 山手治之・香西茂	六三〇〇円

〒113-0023 東京都文京区向丘 1-20-6 TEL 03-3818-5521 FAX03-3818-5514 振替 00110-6-37828
Email tk203444@fsinet.or.jp URL:http://www.toshindo-pub.com/

※定価：表示価格（本体）＋税

東信堂

〈未来を拓く人文・社会科学シリーズ〈全17冊・別巻2〉〉

科学技術ガバナンス	城山英明編	一八〇〇円
ボトムアップな人間関係—心理・教育・福祉・環境・社会の12の現場から	サトウタツヤ編	一六〇〇円
高齢社会を生きる—老いる人／看取るシステム	清水哲郎編	一八〇〇円
家族のデザイン	小長谷有紀編	一八〇〇円
水をめぐるガバナンス—日本、アジア、中東、ヨーロッパの現場から	蔵治光一郎編	一八〇〇円
生活者がつくる市場社会	久米郁夫編	一八〇〇円
グローバル・ガバナンスの最前線—現在と過去のあいだ	遠藤乾編	二二〇〇円
資源を見る眼—現場からの分配論	佐藤仁編	二〇〇〇円
これからの教養教育—「カタ」の効用	葛西康徳・鈴木佳秀編	二〇〇〇円
「対テロ戦争」の時代の平和構築—過去からの視点、未来への展望	黒木英充編	一八〇〇円
企業の錯誤／教育の迷走—人材育成の「失われた一〇年」	青島矢一編	一八〇〇円
日本文化の空間学	桑子敏雄編	二二〇〇円
千年持続学の構築	木村武史編	一八〇〇円
多元的共生を求めて—〈市民の社会〉をつくる	宇田川妙子編	一八〇〇円
芸術は何を超えていくのか？	沼野充義編	一八〇〇円
芸術の生まれる場	木下直之編	二〇〇〇円
文学・芸術は何のためにあるのか？	吉岡洋・岡田暁生編	二〇〇〇円
紛争現場からの平和構築—国際刑事司法の役割と課題	城山英明・石田勇治・遠藤乾編	二八〇〇円
〈境界〉の今を生きる	荒川歩・川喜田敦子・谷川竜一・内藤順子・柴田晃芳編	一八〇〇円
日本の未来社会—エネルギー・環境と技術・政策	城山英明・鈴木達治郎・角和昌浩編	二二〇〇円

〒113-0023　東京都文京区向丘1-20-6　TEL 03-3818-5521　FAX03-3818-5514　振替 00110-6-37828
Email tk203444@fsinet.or.jp　URL:http://www.toshindo-pub.com/

※定価：表示価格（本体）＋税

東信堂

- ハンス・ヨナス「回想記」　H・ヨナス　盛永・木下・馬渕・山本訳　四八〇〇円
- 責任という原理—科学技術文明のための倫理学の試み（新装版）　H・ヨナス　加藤尚武監訳　四八〇〇円
- 空間と身体—新しい哲学への出発　桑子敏雄　二五〇〇円
- 環境と国土の価値構造　桑子敏雄編　三五〇〇円
- 森と建築の空間史—南方熊楠と近代日本　千田智子　四三八一円
- メルロ＝ポンティとレヴィナス—他者への覚醒　屋良朝彦　三八〇〇円
- 堕天使の倫理—スピノザとサド　佐藤拓司　二八〇〇円
- 〈現われ〉とその秩序—メーヌ・ド・ビラン研究　村松正隆　三八〇〇円
- 省みることの哲学—ジャン・ナベール研究　越門勝彦　三二〇〇円
- カンデライオ（ジョルダーノ・ブルーノ著作集 1巻）　加藤守通訳　三二〇〇円
- 原因・原理・一者について（ジョルダーノ・ブルーノ著作集 3巻）　加藤守通訳　三二〇〇円
- 英雄的狂気（ジョルダーノ・ブルーノ著作集 7巻）　加藤守通訳　三六〇〇円
- ロバのカバラ—ジョルダーノ・ブルーノにおける文学と哲学　三六〇〇円

（哲学への誘い—新しい形を求めて　全5巻）

- 哲学の立ち位置　松永澄夫・鈴木泉編　三二〇〇円
- 哲学の振る舞い　松永澄夫・村瀬鋼編　三二〇〇円
- 社会の中の哲学　松永澄夫・高橋克也編　三二〇〇円
- 世界経験の枠組み　松永澄夫・伊佐敷隆弘編　三二〇〇円
- 自　己　松永澄夫・浅田淳一編　三二〇〇円

- 哲学史を読むI・II　松永澄夫　各三八〇〇円
- 言葉は社会を動かすか　松永澄夫編　二三〇〇円
- 言葉の働く場所　松永澄夫編　二三〇〇円
- 食を料理する—哲学的考察　松永澄夫　二〇〇〇円
- 言葉の力（音の経験・言葉の力第I部）　松永澄夫　二五〇〇円
- 音の経験（音の経験・言葉の力第II部）—言葉はどのようにして可能となるのか　松永澄夫　二八〇〇円
- 環境　安全という価値は…　松永澄夫編　二〇〇〇円
- 環境　設計の思想　松永澄夫編　二三〇〇円
- 環境　文化と政策　松永澄夫編　二三〇〇円

〒113-0023　東京都文京区向丘 1-20-6　TEL 03-3818-5521　FAX03-3818-5514　振替 00110-6-37828
Email tk203444@fsinet.or.jp　URL:http://www.toshindo-pub.com/

※定価：表示価格（本体）＋税